中国天使投资

创新驱动下的市场机制与政策体系研究

王佳妮 著

China Angel Investment

中国财富出版社有限公司

图书在版编目（CIP）数据

中国天使投资：创新驱动下的市场机制与政策体系研究 / 王佳妮著．—北京：中国财富出版社有限公司，2022.7

ISBN 978-7-5047-7739-3

Ⅰ．①中… Ⅱ．①王… Ⅲ．①创业投资—研究—中国 Ⅳ．① F832.48

中国版本图书馆 CIP 数据核字（2022）第 121526 号

策划编辑	李　如	**责任编辑**	邢有涛　李　如	**版权编辑**	李　洋
责任印制	梁　凡	**责任校对**	卓闪闪	**责任发行**	杨　江

出版发行	中国财富出版社有限公司		
社　　址	北京市丰台区南四环西路 188 号 5 区 20 楼	**邮政编码**	100070
电　　话	010-52227588 转 2098（发行部）		010-52227588 转 321（总编室）
	010-52227566（24 小时读者服务）		010-52227588 转 305（质检部）
网　　址	http://www.cfpress.com.cn	**排　　版**	宝蕾元
经　　销	新华书店	**印　　刷**	北京九州迅驰传媒文化有限公司
书　　号	ISBN 978-7-5047-7739-3/F · 3450		
开　　本	710mm × 1000mm　1/16	**版　　次**	2022 年 9 月第 1 版
印　　张	19	**印　　次**	2022 年 9 月第 1 次印刷
字　　数	311 千字	**定　　价**	68.00 元

前 言

天使投资起源于纽约百老汇的演出捐助，当时百老汇使用“天使”这个词形容演出的资助者，他们为创作演出进行了高风险的投资。随后天使投资被用于纯商业行为。天使投资主要指个人以自有资金进行直接的投资，主要投向早期阶段的成长型创业企业，从事天使投资活动的人也被称为天使投资人。

笔者对天使投资的研究，始于一个偶然的机会。2012年，还在中国光大银行工作的笔者，突然收到一个中科院博士后研究的工作消息。博士后的合作导师是成思危先生和刘曼红教授，主要研究方向是天使投资。事实上，笔者当时对这个领域几乎一无所知，尽管笔者在读博期间获得了很多风险投资和私募股权基金的相关知识。或许是对当时的银行工作不感兴趣，或许是想离开上海，又或许是缘分使然，笔者在2013年年初开始了自己的博士后研究工作，也正式跟着两位恩师开始学习并深入研究天使投资这一新兴话题。

几年过去了，笔者发现，无论是在国外还是在国内，天使投资仍然是一个小众且不易出成果的领域，但是笔者对这一领域的研究依然充满热情，因为天使投资是“创新资本”，也是“智慧资本”，更是“耐心资本”。天使投资在我国的发展不仅有助于资本市场发展战略目标“提高直接融资比重”的实现，还关乎金融对实体经济尤其是创新型中小微企业成长的支持。在过去二十年，我国已经培养了一批有梦想、有能力、有格局、有情怀的企业家和天使投资人，天使投资在未来大有可为。实践出真知，前提是真知理论化。天使投资实践需要理论指导，实践的经验需要有人不断总结，需要有人不断产生新知识。所以，笔者不仅有了信心和信念，还将天使投资研究视为终生事业。

2014年以来，随着中国“大众创业、万众创新”热潮的蓬勃兴起，我国天使投资也开始流行和发展起来。2016 年，天使投资正式被国务院写入了政府工作报告。随后，《国务院关于促进创业投资持续健康发展的若干意见》（国发〔2016〕53号）发布，提出了“培育和壮大天使投资人群体，促进天使投资人与创业企业及创业投资企业的信息交流与合作”。2018年，《国务院关于推动创新创业高质量发展　打造“双创”升级版的意见》（国发〔2018〕32号）发布，再次强调了“加快发展天使投资，鼓励有条件的地方出台促进天使投资发展的政策措施”。

过去几年，在市场和政策的双重驱动下，我国天使投资市场进入高速发展阶段，中央和地方政策出台了大量的激励政策，天使投资人队伍不断壮大，他们当中的一部分人还自发形成各种组织，活跃在全国各大城市，正在形成一种优势互补、资源共享的新型合作模式和资本力量。经验证据显示，天使投资人在服务我国实体经济中扮演了不可取代的重要角色。2021年3月，《中华人民共和国国民经济和社会发展第十四个五年规划和2035年远景目标纲要》正式发布。该文件明确提出“坚持创新驱动发展”“提升企业技术创新能力”“鼓励发展天使投资、创业投资”。因此，有必要站在新发展理念角度，重新审视中国天使投资的市场态势与现有的政策安排，这对于促进天使投资市场发展、助推经济高质量发展有重要的现实意义。

本书通过梳理文献、理论探讨、实证检验及案例分析的方法，系统性分析创新驱动背景下中国天使投资市场机制与政策体系。本书主要分为三大部分：第一部分主要回顾国内外已有的文献，以及分析天使投资的基本原理；第二部分是本书的核心内容，包括天使投资市场、天使投资人、天使投资组织及政策相关的实证检验和经验研究；第三部分为研究结论与对策建议。

本书汇集了笔者过去多年的研究成果，包括已经发表的论文、调研报告以及一些探索性研究，还包括最近两年新冠肺炎疫情背景下天使投资市场受到的冲击及政策应对的经验研究。本书为国家社会科学基金一般项目“突发事件下民营企业融资纾困与政策效应研究”（编号：20BGL069）的阶段性成果。

在此感谢恩师成思危先生和刘曼红教授！是他们，让笔者懂得“治学严谨、方得始终”，也是他们，让笔者感受到“为人师表、无上光荣”。感谢中国财富出版社有限公司的李如及其他老师为本书的编辑出版做了大量的工作。

致敬每一位坚守抗疫一线的工作者!

本书是关于天使投资相关问题的一些思考和总结，其中有些问题尚处在探索中。希望本书的出版能够带动更多人关注这一领域。未来，笔者会分享更多天使投资研究发现。欢迎大家随时跟笔者交流（邮箱：jiani0204@163.com）。

王佳妮

2022年6月

目 录

contents

第一章 导 论

第一节 研究背景及意义

作为创业企业穿越“死亡之谷”的救星，天使投资市场的发展受到世界各国的高度重视。OECD（经济合作与发展组织）(2011）指出：天使投资人不仅提供资金，还利用自己的经验知识和社会资源帮助创业企业发展壮大。过去几十年，天使投资在欧美地区及其他国家快速发展，在扶持创业、推动创新、创造就业等方面发挥了重要作用［Dutta和Folta，2016；EBAN（欧洲天使投资网络），2020；Sohl，2021］。近年来，随着中国“大众创业、万众创新”热潮的蓬勃兴起，我国天使投资也开始流行和发展起来。2016年，天使投资正式被写入了政府工作报告。随后，《国务院关于促进创业投资持续健康发展的若干意见》(国发〔2016〕53号）[①]发布，提出了培育和壮大天使投资人群体，促进天使投资人与创业企业及创业投资企业的信息交流与合作……2018年，《国务院关于推动创新创业高质量发展　打造“双创”升级版的意见》(国发〔2018〕32号）发布，再次强调了加快发展天使投资，鼓励有条件的地方出台促进天使投资发展的政策措施……

过去几年，在市场和政策的双重驱动下，我国天使投资市场进入高速发展阶段，中央和地方政府出台了大量的激励政策，天使投资人队伍不断壮大，他们当中的一部分人还自发形成各种组织，活跃在全国各大城市，正在形成一种优势互补、资源共享的新型合作模式和资本力量。经验证据显示，天使投资人在服务我国实体经济中扮演了不可取代的重要角色。2021年3月，《中华人民共和国国民经济和社会发展第十四个五年规划和2035年远景目标纲要》正式发布。该文件明确提出“坚持创新驱动发展”“提升企业技术创新能力”“鼓励发展天使投资、创业投资”。因此，有必要站在新发展理念上，重新审视中国天使投资的市场态势与现有的政策安排，这对于促进天使投资市

① 《国务院关于促进创业投资持续健康发展的若干意见》(国发〔2016〕53号）全文见附录2–1。

场的发展、助推经济高质量发展有重要的现实意义。

鉴于天使投资对企业早期融资有重要作用，这种新兴投资方式引起了社会各界的广泛关注。从学术研究层面来看，天使投资的研究工作最早可以追溯到20世纪80年代早期。Wetzel（1983）对美国新英格兰地区的天使投资进行了一系列开创性的研究。这是首次关于天使投资的ABC（Attitude，Behaviors，Characteristics）研究，即研究态度、行为与特征，这项研究对于天使投资活动做出了一些探索性发现。当时，天使投资这种新型创业投资活动常常被研究者忽略，但是Wetzel（1983）的研究使得研究者对天使投资人开始有所了解，并且带动了对于美国其他地区天使投资的探索，例如，加利福尼亚（Tymes和Krasner，1983）、阳光地带（Gaston和Bell，1986）、五大湖区（Aram，1987）和东海岸（Haar等，1988）等地区。这些针对美国天使投资市场的前沿研究有着非常重要的启示，激发了全球其他地区学者的研究兴趣，包括加拿大（Riding和Short，1987）、英国（Mason等，1991）、瑞典（Landström，1993）、澳大利亚（Hindle和Wenban，1999）、日本（Tashiro，1999）、新加坡（Hindle和Lee，2002）。这一阶段的研究关注于天使投资市场规模有多大以及天使投资人是些什么样的人群，是“第一代”研究（Mason和Harrison，1999）。

接着，研究学者们专注于研究天使投资微观行为和宏观运行机制，出现了“第二代”“第三代”及“第四代”研究（White和Dumay，2017）。有大量的学者关注投资决策过程（Riding等，1994；Landström，1995，1998；Mason和Rogers，1997；Osnabrugge，2000）。有些人则把目光投向了相关政策，比如，鼓励发展天使投资网络（Business Angel Network），以减少企业家和投资者之间的寻找和匹配成本，并提升其市场的活跃程度（Harrison和Mason，1996a）。与此同时，一部分研究集中于传统理论在天使投资领域的应用并得出一些新观点，如决策制定（Landström，1995；Feeney等，1999）、代理理论（Landström，1992；Fiet，1995；Osnabrugge，2000）、社会资本理论（Satre，2003；Sörheim，2003）和信号理论（Prasad等，2000）等。随后几年，越来越多的学者开始探索本国天使投资的市场特征，如波兰（Brzozowska，2008）、瑞典（Avdeitchikova，2008）、智利（Chandra和Narczewska，2009）、意大利（Capizzi和Tirino，2011）、中国（Li等，2013；Wang等，2016）及东南亚市场（Scheela等，2015）等。在微观行为方面，一些学者开始研究更深层次的问题，如天使投资交易的退出与绩效（Bonini等，2019；Zhou等，2021；Botelho等，2021）、天使投资人与创业投资（VC[①]）的关系（Goldfarb等，2012；Hellmann和Thiele，2015；Hellmann等，2021）、天使投资人与创业者之间的利益冲突（Collewaert和Fassin，2013）、天使投资的组织化与机构化（Mason等，2019）等。现有关于天使投资的研究比较丰富，但是由于数据采集难度较大，有关中国情景的研究较为缺乏，尤其是实证研究比较少。因此，有必要收集更多资料，总结中国天使投资人决策行为的基本规律，论证天使投资人对企业发展和科技创新的作用，以及评估公共政策对于促进天使投资市场发展的有效性，这对于进一步发展和丰富现有研究有着重要的学术贡献。

第二节 国内外研究综述

一般认为，天使投资人是向小型私人创业企业提供风险资本的个人，是创业企业的第二轮融资者，天使投资发生在创业者已经花完其家庭或朋友的钱之后，接触创业投资机构之前（Prowse，1998）。在文献中，"非正式投资者"（Informal Investor）、"私人投资者"（Private Investor）、"非正式风险资本投资者"（Informal Venture Capitalist）、"商业天使"（Business Angel）和"天使投资人"（Angel Investor）经常交互使用（Szerb等，2007）。

天使投资的系统研究可以追溯到Wetzel（1983）关于美国新英格兰地区天使投资人的论文，他指出天使投资人在科技型小企业资金支持上发挥了重要作用。随后，Tymes与Krasner（1983）分析了美国加利福尼亚州的样本。接着，关于美国其他地区天使投资的研究不断涌现，相关学者收集不同地区的样本并更新了Wetzel早期的工作。20世纪80年代末，Harrison与Mason（1988）开始研究英国的天使投资。随后，天使投资研究开始在国际上发展起来，涉及的国家包括加拿大（Farrell，1998；Feeney等，1999）、挪威（Coveney和Moore，1998）、日本（Tashiro，1999）、阿根廷（Pereiro，2001，

① VC有创业投资和风险投资两种译法，本书基本上统一为创业投资。

2005)、新加坡(Wong和Ho，2007)、瑞典(Avdeitchikova，2008)、智利(Chandra和Narczewska，2009)、意大利(Capizzi和Tirino，2011)等。

天使投资市场是一个“隐形”的市场，要想获得数据十分困难，这给学术研究过程带来了压力(Wetzel，1994)。这种市场特征也对天使投资实务的基础工作造成了影响，那些有资金需求的创业者无法及时寻找到这些天使投资人，而天使投资人也因缺乏信息而无法获得投资机会。为了克服非正式投资者的隐形障碍以及企业寻找天使投资人的高搜索成本等相关问题，欧美一些发达国家开始涌现了天使投资网络——主要是为非正式投资者和企业家提供一个沟通渠道，帮助投融资双方更好获取信息、谈判以及达成投融资目的(Mason和Harrison，1997)，大量的学者也开始转向研究这种天使投资网络的特征及其对天使投资市场的影响。更重要的是，由于R&D(研究与开发)外部性及信息问题引起天使投资市场的无效，政府不得不通过一些调控措施进行干预(EBAN，1998)。下面先从天使投资的市场机制、组织发展以及公共政策三个方面对国内外研究进行梳理与评价，然后着重介绍了中国天使投资的研究现状，最后进行了国内外研究总体述评[①]。

一、天使投资的市场机制

投资行为是指投资主体在一定的投资动机的驱使下为达到既定目标做出的具体投资活动(Jorgenson，1967)。笔者认为该定义也适用于天使投资领域。其中：投资主体是天使投资人；投资动机为追求经济利益或者其他意图，如扶持创业者、学习新知识、兴趣爱好等非经济动机(Shane，2005)；投资目标为获取投资回报、企业控制权、成就感、帮助创业企业成长的满足感等；投资活动涵盖从搜寻投资项目到资金退出整个流程。天使投资和创业投资都属于私募股权投资范畴，但天使投资倾向于向处于种子期和创业期的中小企业投资，二者的投资行为有很多差异(见表1-1)。但也有学者指出二者的差异也存在“模糊边界”

① 部分内容出自王佳妮、刘曼红的《天使投资的行为、组织与政策研究综述》(《经济问题探索》2014年第11期)。

（Avdeitchikova等，2008）。在实际操作中，有些天使投资人可能会采取混合投资策略，比如，投资不同发展阶段的企业、与风险资本联合投资等。

表 1–1　　天使投资和创业投资的主要区别

特征要素	天使投资	创业投资
主体背景	企业家、创业者	金融、咨询行业人员、实业家
投资方式	自有资金入股	管理一个基金或用其他人的资金入股
投资阶段	企业种子期和发展初期	企业种子期、创业期、成长期以及成熟期
投资工具	普通股	优先股
项目来源	社交圈、天使联盟及天使投资网络	社交网络及其他渠道
尽职调查	基于个人经验评估企业价值	雇用专员（借助法律、会计等外部机构）评估企业家
区域特点	倾向于本地投资	跨区域及国家投资
角色定位	积极参与、亲自决策	通过董事会给予一定决策权，战略性较强
经济回报	重要但不一定是天使投资最主要的目的	非常重要，通过给予投资者一定的回报来维持整个基金的运作

资料来源：根据OECD（2011）、EBAN（2006）等相关资料整理而得。

1.天使投资的主体特征

并不是所有的私人投资者都想开展天使投资活动或者能够成为真正的天使投资人。Maula 等（2005）基于计划行为理论和家庭投资组合理论，使用芬兰的数据研究了影响天使投资的因素，这一研究首先区分了投资于密切的家庭成员拥有的企业还是关系更远的企业（家庭投资者还是非家庭投资者）。结果表明，做出两种类型投资的决定因素是与创业者的个人私交、曾在企业中作为业主管理者（作为创业者的经历）、创办新企业的技能以及性别等，人口统计学因素如收入、年龄或教育不被认为是重要的决定因素，但社会心理学因素如机会识别和个人网络是重要的因素。Wong 等（2007）引入社会资本的概念，拓展了Maula等的研究，提供了一个新加坡天使投资特征和决定因素的统计分析。他们发现：有管理和创业经历的人、有开创新企业的技能的人和私下了解创业者的人成为天使投资人的可能性较大，有开创新企业的技能是成为天使投资人还是家庭投资者的主要的决定因素。Szerb 等（2007）认为，尽管投资于其他人的企业是个人行为，但其根植于大的环境背景，天使投资决策受到个人和环境因素的影响。

早期一些研究者基于不同的行为特征对天使投资人进行了分类（见表1-2）。Coveney和Moore（1998）从投资者背景与投资动机两个维度将挪威投资者分为了六个类别：初始投资者、潜在投资者、追求财富最大化投资者、企业家投资者、寻求稳定收入投资者、公司型投资者。Feeney等（1999）基于投资活动频率，发现加拿大有四类天使，即积极投资者、偶尔投资者、潜在投资者和不投资者。Paul等（2003）基于投资经验，将苏格兰的天使投资人分为初生的“天使”、新手、“投资组合天使”、“超级天使”。Szerb等（2007）基于创业经历与投融双方的关系，将天使投资人分为四类：①爱心投资人，即为很近的家庭成员企业融资且没有创业经历的“天使”；②外部投资人，即为不是家庭成员企业融资且没有创业经历的“天使”；③亲属“天使”，即为很近的家庭成员企业融资且有创业经历的“天使”；④天使投资人，即为不是家庭成员企业融资且有创业经历的“天使”。Robinson和Cottrell（2007）研究了加拿大阿尔伯塔省私募股权市场天使投资发展情况，将投资者分为四类，即关系投资者、机会投资者、传统投资者以及新手投资者。Wong和Ho（2007）区分了新加坡两类非正式投资者，即与创业者有家庭联系的非正式投资者和与创业者没有家庭联系的天使投资人。此外，一些学者研究了特殊类型的天使投资人，如“T&T艺术家投资人”（Visser和Willians，2001）。

表1-2　天使投资人的主要类型

研究	分类标准	类型及定义	国家/地区
Coveney和Moore（1998）	投资者背景与投资动机	1.初始投资者 2.潜在投资者 3.追求财富最大化投资者（这一类投资主体一般是富有的商人，投资的目的是获得最大化的收益，一般采用的是共同投资的方式） 4.企业家投资者（这一类投资主体是富有的企业家个体，倾向于个人独立投资，纯粹为了个人兴趣而投资） 5.寻求稳定收入投资者（这一类投资主体会为了获得固定收益而投资，如退休的老人以及风险厌恶者，其通常偏向于共同投资） 6.公司型投资者（这一类投资主体一般为大型的投资公司，采用长期投资的方式，对初创项目进行投资，通过转让股权或者公开上市获得收益）	挪威

续表

研究	分类标准	类型及定义	国家/地区
Feeney等（1999）	投资活动频率	1. 积极投资者（每年投资一个项目） 2. 偶尔投资者（每几年投资一个项目） 3. 潜在投资者（目前还没有投资但打算投资） 4. 不投资者（无论怎样都不进行天使投资）	加拿大
Paul等（2003）	投资经验	1. 初生的“天使”（从没投资过但认真考虑投资计划） 2. 新手（投资1次，在开始天使投资生涯之前没有任何投资经历） 3. “投资组合天使”（投资2~25次，有经验的天使投资人） 4. “超级天使”（投资活跃，非常有经验）	苏格兰
Szerb等（2007）	创业经历与投融双方的关系	1. 爱心投资人（为很近的家庭成员企业融资且没有创业经历的“天使”） 2. 外部投资人（为不是家庭成员企业融资且没有创业经历的“天使”） 3. 亲属“天使”（为很近的家庭成员企业融资且有创业经历的“天使”） 4. 天使投资人（为不是家庭成员企业融资且有创业经历的“天使”）	美国、中国、英国、日本等31个国家和地区
Robinson和Cottrell（2007）	投资者背景与投资偏好	1. 关系投资者（来自朋友圈、家庭成员、企业协会等群体） 2. 机会投资者（关注投资项目的质量） 3. 传统投资者（企业高管、富商） 4. 新手投资者（投资经验尚浅，没有区域偏好）	加拿大
Wong和Ho（2007）	投资者背景	1. 非正式投资者［在过去的3年里对家庭成员或亲戚（不包括购买公开交易的股份或基金）的创业企业进行投资的人］ 2. 天使投资人（在过去的3年里，将自己的财富投资于与自己没有家庭联系的创业企业，但不包括购买公开交易的股份或基金）	新加坡

资料来源：根据表中文献整理而得。

2.投资决策和投资行为

“投资决策”是天使投资人微观行为领域相对热门的话题。天使投资人不仅是有钱人，而且有着丰富的知识经验。大部分天使投资人曾经担任企业高级管理人员或者是成功的创业者。从投资企业的成立时间短、创新性强、风险高的特征来看，天使投资人的投资行为受到多方面的驱动。

关于投资决策的影响因素，大多数研究关注被投资对象的特征，仅有少数的学者提及了天使投资人主观因素的重要性。Feeney 等（1999）发现天使投资人通常会根据被投资企业和投资人自身两大方面综合评价投资交易的可行性。MIT（2000）调研指出，项目所在地、行业特征、项目来源、增值潜力、企业发展阶段、尽职调查过程、管理团队素质、董事会记录、企业家个人贡献等是天使投资筛选及评价项目的常规因素，其中项目所在地、行业特征、增值潜力、管理团队素质与企业家个人贡献被认为是相对重要的几个因素。

天使投资人个体间存在一定的差异，尤其是由于人口特征、动机、知识及经验不同，用于做出决策的评价标准和所选择的投资对象可能有区别（Gruber等，2010）。Pereiro（2001）调研发现：阿根廷天使投资人偏好投资工业领域，除了目标行业的增长潜力外，天使投资人以前的经历也是投资决策的主要影响因素；相比刚入行的新手，老练的天使投资人在做决策时会更看重“投资者匹配度”（Investor Fit），结合自身的背景投资更为熟悉的领域和创业项目。Mason 和 Stark（2004）也得出了类似的结论：对比银行家与创业投资家，天使投资人在决策时更强调“投资者匹配度”，主要是受到自身背景和从业经历的影响。

天使投资人的投资动机呈现多重特征，如投资回报、社会责任感、帮助年轻的企业家创业等（Ramadani，2009）。Macht（2007）的调研结果说明，约有2/3的天使投资人是为了追求经济回报，但也有一半以上的天使投资人认为通过自己的知识、从业经验以及社交网络去支持他人创业是开展天使投资的一个强烈动机。Harrison与Mason（2005）调研发现：天使投资人最主要的投资动机是获得参与创业过程的满足感，其次才是经济动机。他们还发现，相比男性天使投资人，女性天使投资人追求“义利并举”，更偏好支持那些能够创造社会价值的项目。

在决策过程方面，Osnabrugge 和 Robinson（2000）对创业资本家和天使投资人提出了一个八阶段投资模型，但缺少实证基础。Hains 等（2003）基于与加拿大天使投资人的面谈，提出了一个更为精细的八阶段模型。Amatucci 和 Sohl（2004）将投资过程分成三大阶段，即投资前、合同谈判和投资后阶段。Paul 等（2007）将天使投资过程分为五个阶段：①熟悉阶段，即了解投资机会，拜会创业者；②筛选阶段，包括最初筛选和详细筛选；③谈判阶段，即项目构建和签署协议；④管理阶段；⑤收获阶段。此外，Wiltbank 等（2008）从两个维度分析天使投资人的决策过程，即强调预测控制的战略和强调非预测控制的战略对投资的影响。根据 OECD（2011）的研究，天使投资的决策过程包括项目搜寻、项目筛选、信息反馈、项目演示、尽职调查、价值评估、合同签署以及投后支持。

大量的实证研究（Tashiro，1999；Ardichvili 等，2002；Paul、Whittam 和 Johnston，2003；Brettel，2003；Satre，2003；Amatucci 和 Sohl，2004）证明了天使投资人不仅提供资本，还为其投资的企业带来价值增值服务。例如，Ardichvili 等（2002）发现天使投资人提供的服务包括商业创意和社会网络等；Politis（2008）将天使投资人的作用概括为四个方面：管事的董事/战略作用、资源获取作用、监管作用和指导作用。从传统意义来看，天使资本和风险资本在项目融资中呈现出互补关系（Gannon，1999；Aernoudt，1999），但基于天使投资的增值效应，两种资本还存在一定的合作关系。Harrison 和 Mason（2000）发现英国天使资本和创业资本之间有几种类型的合作关系：交易中联合投资、后续投资、天使投资人作为创业投资基金的投资者或项目推介。Mason 和 Harrison（2002）在一项关于英国创业资本回报的研究中发现天使投资人与风险资本联合投资比天使联盟、天使独立投资回报要高。Stanco 和 Akah（2005）发现，在美国只有 12% 的创业投资机构不与天使投资人联合投资。Madill 等（2005）发现，作为新技术企业（NTBFs）早期阶段的融资者，天使投资人的出现提高了风险资本融资的机会。

有一些学者从风险管理视角研究了天使投资的行为特征，并与创业投资行为进行了比较。Osanbrugge（2000）比较分析了英国天使投资人和创业投资机构的风险控制问题，发现天使投资人把更多的精力放在投资后（不完全契约方法），而创业投资机构把更多的精力放在投资前（委托代理方法）。Wong（2002）的研究表明，与创业投资者相反，天使投资人采用非控股的方式将创业者自身的利益与企业经济效益捆绑在一起，或者通过小规模资金投入以及联合投资的方式来降低风险。Kelly和Hay（2003）基于对英国106位天使投资人的调查发现天使投资人和创业者之间有两种合同约束，即“严格”（Tighter）合同和“宽松”（Looser）合同，并指出了两类合同使用的条件。Gavious（2003）剖析了创业者、天使投资人和创业资本家三者之间的关系，探讨了博弈方达成契约均衡的特征以及相关的风险控制安排。Schwienbacher（2007）研究了两种类型的融资策略，提出了有关证券设计、天使投资人和创业资本家融资之间相互作用，以及通过创业资本市场专业化来解决风险问题等实证检验的命题。

3. 天使投资的绩效特征

有关天使投资绩效问题的研究并不多（McDonald和DeGennaro，2015）。在早期的文献中，有一部分学者从“预期”的角度调查了天使投资人的退出计划，包括退出方式、退出的数量、预期回报率以及投资绩效的结构分布（Wetzel，1981；Tymes和Krasner，1983；Mason和Harrison，1994）。但是，天使投资人的实际投资绩效究竟如何？经验数据显示：天使投资成功率存在着“二八定律”，即只有20%左右的投资交易能够产生高额回报。Lumme等（1996）最早探索了这一问题，他们分析了芬兰20个活跃天使投资人的退出案例，其中有20%的退出是令人满意的，其内部收益率（IRR）超过20%。Mason和Harrison（2002）调查了英国天使投资人的128笔退出交易，投资回报呈现负偏态分布，约40%投资的IRR为负，仅有28.7%投资的IRR超过25%，并且天使投资人和创业投资机构的回报结构不同，因为两者管理风险的方法存在差异。Wiltbank与Boeker（2007）开展了一项大样本调研，他们研究了美国天使投资人的1137笔退出交易，结果表明，约有一半的交易是亏损的，仅有7%退出回报超过十倍，天使投资人平均在3.5年内的投资回报为2.6倍，平均IRR为27%。

影响投资绩效的因素有很多方面：投资绩效与被投资企业本身的特征有关，比如，发展阶段、所处行业（Wiltbank，2005；Wiltbank等，2009；

Capizzi，2015）等。一些学者从成功退出的样本中识别了天使投资人的特征，以及投资动机、投资策略等方面的特征。他们发现，成功的天使投资人追求投资带来的乐趣和参与创业实践的满足，他们有更为广泛的投资机会、会花费更多时间开展尽职调查和投后活动、有追加投资的经历、常常与机构投资者进行联合投资（Lumme等，1996；Mason和Harrison，2002；Wiltbank，2005；Wiltbank和Boeker，2007）。还有一些因素会导致投资回报的差异，比如，投资人持股时间、退出策略（Capizzi，2011，2015）等。

值得注意的是，天使投资人不一定用经济回报来衡量投资成功与否。对于天使投资人来说，成功往往取决于自己的个人利益和需要。有时天使投资人可能会接受非经济型的投资回报，比如，帮助其他企业家获得的满足感和成就感，参与创业的乐趣等。天使投资联盟或天使投资团体更倾向于使用更直接、可量化的工具度量投资回报，如成员资格、投资收益率、目标完成以及成员满意度等（Kauffman，2004）。

二、天使投资的组织发展

1.天使投资组织的种类

根据国外文献，天使投资组织的相关术语较多，概念也有差异，且不同国家的使用范畴也不尽相同。第一，“天使团体”（Angel Group）。根据美国天使投资协会（Angel Capital Association，ACA）和EBAN的定义，很多天使投资人聚在一起评估和投资创业企业，从而形成一种非正式的组织或者发起设立一个正式机构。相对于独立投资的天使投资人，“天使团体”的交易规模更大且资金运作能力更强。第二，天使投资网络。与“天使团体”不同的是，天使投资网络更像是一种对接服务机构，为创业者和私人投资者建立了一个投融资信息桥梁，这些机构本身不进行投资交易，也不干涉投融资双方的决策活动（Mason和Harrison，1997）。第三，天使联合投资团/辛迪加（Syndicates）。无论是“天使团体”，还是天使投资网络，一个重要功能就是向天使投资人提供联合投资机会，天使投资人将资源汇聚在一起，共同商议进行投资决策和投后管理活动。合作模式可以是所有成员形成一个固定的联合投资团，也可以是针对每笔不同的交易形成动态化的联合投资团（Paul和Whittam，2010）。第四，“天使协会或者联盟”（Angel Association/Federation）。全球很多国家和地区涌现了大量的国家级天使投资行业协会或者联盟组织。相对于“天使团体”和天使投资网络，这类机构的作用更加广泛，不仅是把各类市场主体聚在一起，更重要的是通过增强投资意识、分享投资经验、发展本地天使社群、研究天使投资行业及进行政策倡导等服务来促进整个天使投资市场的发展。OECD的一项研究报告指出，“天使协会”和天使投资网络存在隶属关系，“天使协会”通常属于半官方机构，一些地方性“天使团体”和天使投资网络联合在一起，从而形成国家级（或国际级）的协会及网络组织。

2.天使投资组织的规模

天使投资网络是区域性、地方性或全国性机构，旨在为天使投资人和企业提供中介服务，包括公布投融资信息、帮助供求双方联系等。ACA登记了300个美国天使投资团体的信息，平均每个团体内约有42名成员（Kerr，2010）。在欧洲，为了鼓励建立跨区域网络，大多数国家已成为EBAN的成员国。OECD（2011）研究报告指出，欧美地区“天使团体”及天使投资网络的数量在1999—2009年增势迅猛，随后十年也在稳步增长（见图1-1）。根

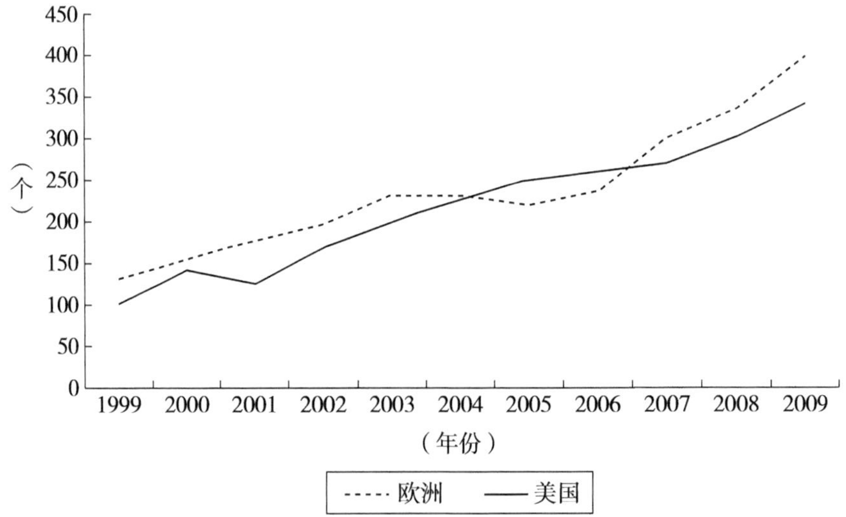

图1-1 欧美地区“天使团体”及天使投资网络的数量（1999—2009年）

资料来源：根据OECD（2011）《高增长企业融资：天使投资人的作用》研究报告整理而得。

据EBAN（2012）的统计：截至2011年年底，有351个天使投资网络（经协会注册）及约75000位天使投资人加入市场，投资额约为30亿欧元。EBAN（2020）数据显示：欧美地区活跃的天使投资人组织已经超过400家，活跃的天使投资人达到了34万余人，投资额超过80亿欧元。

3. 天使投资组织的网络效应

学者们对天使投资组织的研究兴趣，很大程度上来自他们在市场中发挥的作用。早期一些研究指出了中小企业融资的不足和天使投资市场的无效率（Lerner，1998；Acs等，1998；Berger 和 Udell，1998；Wright 和 Robbie，1998）。正因为如此，美国1995 年起开始建立天使资本电子网络（ACE-Net），天使投资组织也不断涌现并向专业化和结构化方向发展（May，2002）。Aernoudt 和Erikson（2002）高度评价了天使投资组织的重要性，认为它是促进创业文化发展的重要工具。Lange等（2003）以40家欧美天使投资网络为样本，重点分析它们运用信息技术为天使投资人和创业企业提供对接服务，市场中也会出现越来越多的融资需求和投资人信息，这在一定程度上节省了投融资交易双方的搜寻成本。Kerr 等（2014）的研究指出了美国“天使团体”和天使投资网络会员获得的五大好处：联合投资产生的大额投资机会、利用投资组合来分散风险、降低尽调和交易成本、容易与创业企业联系、与一些资深的天使成员合作。也有一些学者对天使投资网络的预期效果持有怀疑态度（Mason 和Harrison，2002；Jose等，2005；Westphal，2008）。Jose 等（2005）、Mason和Harrison（2004）等学者还提出了综合的解决办法，如创办“天使学校”（Business Angel Academies）这类包括培训教育、信息交流等功能的综合服务平台。总体来看，建立天使投资组织对投资绩效的影响主要体现在三个方面：一是便于天使投资人获知有潜力的投资项目信息；二是发挥人力、资金以及信息等资源在投资中的杠杆作用；三是帮助解决早期天使投资人和后期天使投资人的信息不对称问题（Werth和Boeert，2013）。

究竟这些优势是否能够为天使投资人创造价值？Knyphausen-Aufseß与Westphal（2008）通过对德国最活跃的一家天使投资网络进行案例分析，发现天使投资网络并不能为其成员带来可持续的价值。然而，利用美国两个活跃组织的交易数据，Kerr等（2014）论证了天使投资组织支持的创业企业的业绩远远好于那些未获得融资的企业，这些被投资企业在发展能力、创新绩效、后续融资以及资本退出机会等方面都有优势。Bonini等（2018）利用意大利天使投资协会相关的交易数据，分析了天使投资人交易决策的影响因素，通过对比天使投资网络成员和非成员的情况，发现天使投资网络在信息获取、社交网络、投后监督和风险减缓方面有积极的影响。总体来看，样本、研究方法的差异导致了不同的研究结论。

三、天使投资的公共政策

经济学理论指出，当市场失灵时，有必要通过政府干预手段对市场进行调控。金融市场失灵是屡见不鲜的现象，比如，企业的融资瓶颈与信贷供给的不匹配，投资者过于集中的理财渠道导致资产泡沫，信息不对称、道德风险带来的投融资管理失效，资本市场制度的不健全带来的不良影响等，政府有必要在法制建设、激励政策、环境优化等公共服务上发挥应有的作用。同样，有效的法律体系、完善的信用环境、健全的退出机制等政策对天使投资市场的发展有重要意义。

1. 天使投资公共政策的种类

为促进天使投资行业的发展，很多国家和地区已经陆续出台了一些政策：Lipper和Sommer（2002）发现美国许多州出台了优惠政策激励天使投资，超过1/3的州批准了（或在批准过程中）天使投资激励计划；在欧洲，激励政策包括个人投资者和公司的税收优惠、担保计划、可转换债务以及联合投资机制等（Aernoudt等，2007）；比利时政府为有天使投资支持背景的企业提供一笔贷款（Lerner，1998；Jose等，2004）。总体来看，关于天使投资的公共政策可以分为两个种类：一是针对资金供给方——天使投资人的激励措施，如税收激励、联合投资基金、天使网络平台等；二是针对资金需求方——企业的扶持政策，如担保计划、建立孵化器、培植创业文化等（Mason，2008；OECD，2011）。

2. 天使投资公共政策的效果

有大量的研究评估了创业投资公共政策的效果（Lerner，1999，2002；

Ayayi，2004；Darin等，2006；Cumming，2007），但对天使投资政策有效性的论证还不多。Shane（2005）指出，政府针对投资者和企业制定了不同的税收激励政策，天使投资人普遍认为这些政策发挥了一定的积极作用。但也有一些研究者发现或认为税收优惠不是主要支持手段（Mason和Harrison，2002；Paul等，2003）。比如，Carpentier与Suret（2007）分析了加拿大魁北克商业投资公司（Quebec Business Investment Company，QBIC）税收优惠的激励效果。这个政策的实施是为了鼓励更多天使投资人将资本投向高成长性的中小企业，但证据显示，受资助的公司的绩效很一般，并且融资后增长乏力，经营业绩明显低于规模和行业平均相当的公司，从中长期来看，该政策无法吸引到真正的天使投资人。

R&D外部性及信息问题引起了天使投资市场调节的无效性，政府不得不通过一些调控措施进行干预，如帮助资金供求双方直接交流以减少信息不对称，借助网络平台提供一些辅导和咨询以提升交易效率（EBAN，1998）。Collewaert 等（2007）检验了政府对天使投资网络的补贴是否有助于区域经济增长，他们的研究发现天使投资网络有助于缓解企业间信息封闭及融资困境，还带来了其他积极效应，政府对天使投资网络的支持是极其必要的，但是从公司业绩来看，这些天使投资网络支持的企业的价值并没有显著提升。因此，学者们也提出警告，市场失灵不是政策干预的适当理由。

Mason（2009）认为，天使投资市场规模难以准确估算，公共政策是否有效还有待进一步论证，政府要对天使投资市场特别是投资活动有一个清楚的认识，发现市场中存在的问题并有针对性地制定政策来解决问题。此外，政府在制定政策时，要考虑每种政策工具的优点和缺点（OECD，2011）。政策制定者仍然很关注企业早期融资问题，一些国家的经验值得学习和借鉴，但也有很多教训需要总结和梳理（Wilson，2015），尤其是要搞清楚政策动机以及从更为综合的视角评估政策效应。Harrison等（2020）认为：现有的政策制定要考虑到市场结构的变化，比如，天使投资人团体的崛起、天使投资在股权投资产业链中的作用，一些政策能够帮助投资人和企业分担风险，但无法帮投资人创造价值，也无法吸引专业的天使投资人，因此，政策制定者需要重新思考对天使投资市场的干预程度和政策效应。

四、中国天使投资的研究现状

国内外学者在21世纪初才开始关注中国天使投资的相关问题。文献检索发现，早期的研究内容主要是理论探讨和国际经验描述性分析，如“天使投资国际经验的借鉴”“天使投资在中小企业融资中的作用”“天使投资与创业投资的比较研究”等。2007年之后，关于中国背景的探索性研究浮出水面，这些文献从“发展环境”“市场特征”“运作模式”等视角分析了中国天使投资的发展状况。2011年之后，个别学者进行了天使投资人的实证研究（刘曼红，2009；Xiao等，2011，2012，2022；Li等，2014；王佳妮等，2015；Wang和Scheela，2020a，2020b）。这些研究成果是伴随中国天使投资实践的发展而不断出现的。张一博（2007）以“天使投资”为主题在中国知网进行检索，统计并分析了2001年至2017年发表的文章，发现2011年以后的文献急剧增加，到2015年达到峰值，2016年之后出现减少趋势。总体来看，由于数据采集难度较大，实证研究相对比较少，这类文献的数量也没有快速增长。

1.天使投资的特征：投资人和投资行为

与中国天使投资市场的快速发展相比，有关中国天使投资人的学术研究，尤其是实证研究的发展相对滞后。为数不多的学者采集了真正意义上的天使投资数据，其他则选择“替代型样本”。在过去十几年中，伴随着创业生态环境不断优化，中国早期股权投资也呈现高增长态势。中国天使投资人究竟是什么样的群体？Liu和Chang（2007）最早分析了中国天使投资市场，指出了五类天使投资人，即有海外学习或者外企高管经历的“新贵”群体、有创业经历和产业背景的企业家、“富二代”、对中国企业感兴趣的海外投资人、政府引导基金。Xiao与Ritchie（2011）在2005—2010年开展调研，采访了来自广东省和广西壮族自治区的11个非正式投资人。数据显示，这些投资人都有丰富的创业经历，他们总共开展了70笔投资交易，然而，与以往研究发达国家样本的结果不同，绝大多数（61%）的交易是以纯债或债股混合的结构进行的，并且大部分债务交易是短期投资。他们认为，这些非正式投资人并不是真正意义上的天使投资人，而造成这种投资偏好的原因与当时的监管环境有关。经验证据表明，制度完善对解决我国中小企业融资难至关重要。

Xiao的两篇纵向研究显示，随着对创业金融制度环境的不断改进和优化，长期股权投资活动越来越普遍，天使投资人的投资策略也会相应变化（Xiao和North，2012；Xiao和Anderson，2022）。合肥工业大学李姚矿教授团队率先在国内开展了大规模的调研，他们在2011—2012年通过向MBA（工商管理硕士）和EMBA（高级管理人员工商管理硕士）学生群体发放问卷，最终识别出78个天使投资人样本。调研结果显示，大部分为男性（76.6%），年龄在30~50岁（89.7%）且受过良好的教育（硕士及以上占57.7%），与其他国家的投资人相比，这些受访的中国天使投资人并非高净值人群、投资经验较少、投后活动也相对消极（Li等，2014）。由此可见，这些受访对象也不完全符合西方经典的天使投资人特征。

考虑到样本的精确性，笔者使用“滚雪球”和“目标人群”两种方法识别天使投资人样本，即通过网络检索、朋友推荐、参加天使投资的社交活动等渠道直接联系天使投资人，并在2013—2014年开展了大规模的天使投资人调查，最终回收70份有效问卷。调研结果显示，大部分天使投资人为男性（88.57%）、高学历（硕士及以上占48.57%），大多从事金融行业（68.57%）或者具有创业（57.14%）和担任企业高管（54.29%）的经历；大部分人积极地参与投后管理，尤其是加入创业企业董事会（88.57%）；在投资规模方面，多数人累计投资数量高于5个（56.25%），但投资规模呈现两极分化（500万元以上占比50%，100 万元以下占比50%），这些都比李姚矿教授团队调研人群的投资规模大（王佳妮等，2015）。两项调研结果的差异可能与采样渠道、天使投资人的界定有关。总体来看，这些证据显示，与西方国家天使投资人相比，中国天使投资人群体更年轻、投资经验偏少、多数人对天使投资仍缺乏深入了解（王佳妮等，2015，2016）。天使投资人之间存在明显的异质性，笔者与美国明尼苏达州立大学Scheela教授基于“目的性抽样”方法，在2017—2018年联系并成功采访了21名天使投资人。调研结果表明，这些天使投资人很活跃，同时很积极地支持被投资企业发展，对投资绩效较为满意（Wang和Scheela，2020a，2020b）。

中国天使投资人在投资决策时非常看重“人”的因素。调研发现，投资人尽职调查主要的三项指标为团队素质和能力（31.43%）、行业发展（31.43%）

以及市场前景（25.71%）。由于制度文化背景不同，中外天使投资人在投资决策上存在一定的差异。Ding等（2014）采用“策略捕捉技术”，对中国和丹麦MBA学生进行天使投资决策模拟试验，结果显示中国的天使投资人依赖“关系”做决策，而丹麦的天使投资人更看重投资规则。也有一些学者收集了创业者或是创业企业的相关数据，从投资交易视角来分析天使投资人的决策因素。如倪宁、魏峰（2015）利用《赢在中国》等创业类真人秀节目中的创业项目数据进行分析研究，发现创业身份清晰度与天使投资意向呈正相关；项目相对区分度与天使投资意向呈负相关；身份相似度正向调节了创业身份清晰度与天使投资意向之间的关系。沈睿等（2020）通过“天使汇”众筹平台上的创业项目数据开展研究，他们发现：创始团队具备多样性的职业背景，更容易获得天使投资人的投资；成员先前关系（比如，创始团队成员在创业前就是校友或同事）和内部资源分配机制（比如，创始团队在融资前达成资源分配共识）均加强了多样性职业背景对吸引投资的积极影响。

2.天使投资的运作模式：组织化与机构化

天使投资市场不断发展，与外国一样，中国也出现了抱团投资的模式，并且越来越多的正式组织不断涌现，专门给天使投资人提供联合投资的交易机会。Liu和Chang（2007）介绍了中国天使投资俱乐部的情况。他们指出，在深圳，有很多天使投资人积极地推动高科技产业的发展，他们经常组成一个联合投资团来降低投资风险。经验显示，优质的地理位置、高质量的会员以及出色的管理人员是成功运营天使投资俱乐部的关键点。李姚矿、姚倩和江竹青（2011）总结的中国天使投资运作模式主要有以下三种：一是天使投资俱乐部及天使投资网络模式；二是李开复“创新工场”模式；三是天使投资与完全事业型企业孵化器结合模式。也有学者指出这些运作模式本身存在一些问题，如天使投资俱乐部和天使投资网络的针对性不强，“创新工场”的创业动力不足，“天使”与孵化器目标不一致等（邵坤，2012）。

最近几年，天使投资组织发展迅猛，不仅是在“北上广深”等一线城市，越来越多的天使投资组织已涌现在国内的二线城市。通过检索公开资料及调查汇总，笔者分析了中国公开披露信息的46家天使投资组织。从组织背景来看，早期天使投资组织依托于政府机构或相关行业协会而成；随后，一些活跃的创业投资家、企业家、公司高管等专业人士聚集在一起；近几年，一些地方政府、大型企业、高校等机构也在推动当地天使投资组织的创建与发展（王佳妮，2020）。

各个天使投资组织不断探索自身的运营模式，有一些天使投资组织仅仅发挥中介作用，为天使投资人提供联合投资交易的机会，本身不参与任何投资决策，而有一些天使投资组织带有投资属性，在天使投资人群体之间募集成立了基金工具，用更加专业化的方式进行投资（王佳妮，2020a；Zhou等，2021）。总体来看，这些组织中的一部分存在会员定位与运营管理间不协调、联合投资模式及其规则不清晰、组织活力和可持续发展能力不强等问题。

3. 天使投资的区域发展

由于各地在经济发展水平、创新创业活跃度、营商环境等方面存在差异，天使投资在中国呈现出地理集中和区域差异双元特征。2008年以来的天使投资案例，大多数来自北京、上海、广东、浙江和江苏，这五个地区的投资案例数量和投资金额在总数中占比都超过七成（谈毅等，2015）。调研证据显示，作为中国的“硅谷”，北京中关村的天使投资领跑全国，这里的天使投资人约占全国天使投资人的六成，大部分是成功企业家与企业高管，媒体曝光率高，在业内形成了一定的影响力，有一定的知名度。上海地区的天使投资也较活跃，投资人较为分散，大多偏爱TMT[①]领域。而以宁波为代表的江浙投资人很多都是潜在的“天使”，他们更重视在传统产业升级中投资，这与当地的产业特征有关。珠三角地区的天使投资以深圳最为活跃，与北京不同，珠三角地区的天使投资主体既做实业又兼做“天使”的占多数。香港地区的天使投资人相对理性，偏好投资海外以及内地项目。此外，以武汉、成都为代表的中西部地区，尽管本土的个人天使投资刚刚起步，但政府支持和引导十分突出，天使投资有了发展的土壤和空间（刘曼红、王佳妮，2015）。

2015年之后，全国各地科技型中小企业的数量不断增加，相应的融资缺口也变得越来越大。在此背景下，很多学者都呼吁壮大各地天使投资人队伍

① TMT是科技（Technology）、媒体（Media）和电信（Telecom）三个单词的首字母缩写，含义是未来互联网（科技）、媒体和通信。

（刘博等，2017；黎精明、曹方琪，2018）。区域之间的创业和投资活动并不是完全孤立的。早期的研究已经证实金融集聚通过集聚效应、扩散效应以及金融功能促进实体经济发展（刘军等，2007）。熊文和周莉（2017）构建了天使投资空间溢出模型，利用2012年经济、地理等相关数据，实证检验了中国天使投资在各地区之间的溢出与扩散情况。检验发现，中国天使投资行为存在一种空间扩散的过程，形成溢出圈层结构，并衍生了北京、长三角地区两大核心溢出圈，以及依托于这两大核心溢出圈的多个次级溢出圈。这些溢出圈对中国天使投资起到了核心驱动作用，带动全国各地天使投资良性发展。随后，杨绪可等（2018）进一步拓展并更新了前人的研究成果，他们计算了2000—2015年京津冀及周边地区相互之间的溢出水平。结果表明，在京津冀区域，已经形成了以北京为中心，以北京、天津、河北为核心区域，以山西、内蒙古、山东、河南为外围区域的溢出圈层；区域间的经济交流能促进溢出作用的良性互动。

4.制度环境对天使投资市场的影响

中国天使投资的发展与中国经济增长、转型密不可分。相对于发达经济体，中国天使投资人和创业者都面临了更大的不确定性，但也有更多的发展机遇（He等，2019；Liu等，2017）。Liu和Chang（2007）指出：中国天使投资市场发展的最大障碍就是法律法规的不完善。一些证据也显示，在一些新兴市场国家，正式制度的不完善也导致天使投资人在决策中更加依赖非正式制度，比如，“熟人文化”和“圈子文化”（Scheela和Jittranun，2012；Xiao和Ritchie，2011；Ding等，2014）。

经过40多年的改革开放，中国的制度环境已经发生巨大的改变。民营经济和非正式金融市场相关的监管制度和政策体系也在不断完善（Xiao和Anderson，2021）。这些制度安排在中国天使投资市场发展的作用和效果究竟如何？中关村民营科技企业家协会（前身为北京民营科技实业家协会）2007年7月的《中关村科技园区天使投资发展环境研究报告》中指出，“中国最早的天使投资起源于1986年开始实施的‘863计划’和1988年开始实施的‘火炬计划’，这是两个由政府主导的投资于种子期的天使投资计划”。这样看来，中国最早的天使投资是政府推动的。这是中国天使投资的特色之一（刘曼红，

2009）。2004—2008年，中国政府呼吁加快民营经济的发展，鼓励金融资本更多投向中小企业。纵向研究资料显示，体制环境的改善有助于高科技中小企业获得长期贷款和股权融资（Xiao和North，2012）。为了支持中小企业发展、激励创业投资企业投向中小企业，2009年国家出台了两项重要政策——《国家税务总局关于实施创业投资企业所得税优惠问题的通知》（国税发〔2009〕87号）与《国务院关于进一步促进中小企业发展的若干意见》（国发〔2009〕36号）。实证研究表明，这两项政策能够提升天使投资规模（Li等，2016）。

2009—2014年，中国创业投资和天使投资市场显著增长。创业板和新三板的启动给投资者提供了较好的退出机会（Liu，2015；Liu 等，2017）。2015年以来，在“大众创业、万众创新”的推动下，中国早期市场发展迅猛，而天使投资市场也进入了快速发展阶段（ Wang 和Scheela，2020b；Xiao和Anderson，2021）。最近几年，中国经济进入高质量发展阶段，天使投资市场也在相应升级，天使投资组织、大型企业、高校科研机构等组织加大了交流与合作，构造了良好的生态环境。值得注意的是，政府也加大了市场扶持力度，成立了一些大规模的政府引导基金，旨在引领天使投资行业，培育创新型中小企业（刘阿祺、马旭飞，2021）。

五、国内外研究总体述评

概览关于天使投资的文献，可以发现国外已经借助问卷调查、深度访谈、上市企业财务信息、证券市场信息等获取天使投资的经验数据，对现有的天使投资市场及公共政策有了较为深入的探讨，既有定性描述也有定量分析，既有实证检验也有规范研究。但我国天使投资市场尚不成熟，有关天使投资的研究仍处于缓慢发展阶段，大多数文献都以定性分析和规范研究为主，缺乏丰富的定量研究。此外，天使投资概念的模糊性、样本及变量选择的差异性导致很多研究结果不一致，对研究结果的可靠性和科学性是一个很大的挑战。

1.关于概念界定

对天使投资人概念进行科学界定一直是学术界和实务界争论的热点。不同的研究学者出于不同的研究目标，对天使投资人的定义存在差异，模糊的天使投资人概念导致研究结果出现较大的偏差。Mason和Harrison（2008）、Farrell等（2008）以及Avdeitchikova等（2008）集中论述了天使投资研究中概念界定问题，笔者将其归结于以下三个方面。

第一，非正式投资者与天使投资人是同义使用还是区别对待。不同的研究者在研究天使投资主体时使用“商业天使”“天使投资人”“私人投资者”“非正式投资者”“非正式创业资本家”等不同术语。有些学者将“商业天使”与“私人投资者”同义使用（Blease和Sohl，2007），也有些学者将“商业天使”与“非正式创业资本家”同义使用（Hindle和 Lee，2002）。考虑到不同投资人的背景、动机与行为有差异，一些不同类型的非正式投资被识别出来，从某种意义上说“非正式投资者”不完全等同于“天使投资人”，如Avdeitchikova 等（2008）将非正式投资者分为四类，而传统天使投资人角色只是其中一类；又如全球创业观察（GEM）报告的“非正式投资”是指所有对未上市公司非机构风险资本组成，天使投资只是其中一小部分，更大的资金来自家人和朋友的“爱心资本”（Love Money）。

第二，天使投资人概念界定所需的指标是多元的、复杂的以及动态化发展的。在定义天使投资人时通常需要考虑以下几个指标。一是个人背景，争论点在于投资人与创业者是否有亲缘或密切的关系。有些学者认为天使投资人不包括创业者的家人和朋友（Seymour和Wetzel，1981；Reitan和Sörheim，2000）；但也有学者将朋友纳入天使投资人范畴（Lumme，1996）。二是投资经验，争论点在于那些经验不足或不活跃的天使投资人很可能是偶然投资，不足以对理论、实务以及政策制定产生影响，如Osnabrugge（2000）将天使投资界定为在过去3年对未上市公司的投资，而Avdeitchikova（2009）则将时间界定为5年。三是权益形式，争论点在于是否应剔除那些以债务形式支持企业融资的投资人。Seymour 和Wetzel（1981）、Hindle和Lee（2002）认为，天使投资的权益形式不包括债务，但Farrell等（2008）认为有一部分投资者习惯于使用混合工具降低风险，可以考虑将可转换债券纳入天使资本的范畴。四是运作模式，争论点在于天使投资人是否包括那些成立公司进行投资的人。美国硅谷也出现了天使基金化的案例，如果这一趋势显著，逐渐成为主流模式，其势必成为理论工作者新的研究点。

第三，严格的天使投资人定义需要借助参照系，即投资者机构与非正式投资者。通过回顾天使投资相关概念的发展过程，Avdeitchikova 等（2008）分层次给出了“机构创业投资者”（Institutional Venture Capitalists）、“非机构创业投资者”（Non-institutional Venture Capital Investors）、“非正式投资者”（Informal Investors），以及“天使投资人”（Business Angels）的定义（见图1-2）。通过与其他概念的区别，天使投资人被严格定义为“将其一部分资本投资于高风险、高回报创业企业的高净值人群，除给予投资外，还需要贡献自身的商业技能、经验、社会关系，并对创业企业提供‘手把手帮助’”。但这种定义仍然有一定的“灰色地带”：其一，资金渠道，即如果投资人不是用自己的钱直接投资，而是把钱交给某个专业机构去投资，这种情况下其属于“机构创业投资者”的投资人（出资人），这些投资人通过机构创业投资者间接投资创业企业；其二，对创业企业的贡献，即如果投资人不是积极主动参与投后管理，而是只投少管或不管，这种情况下其属于“非正式投资者”；其三，投资人与创业者之间的关系，如果投资人与创业者有家庭联系，这种情况下其属于“非机构创业投资者”。

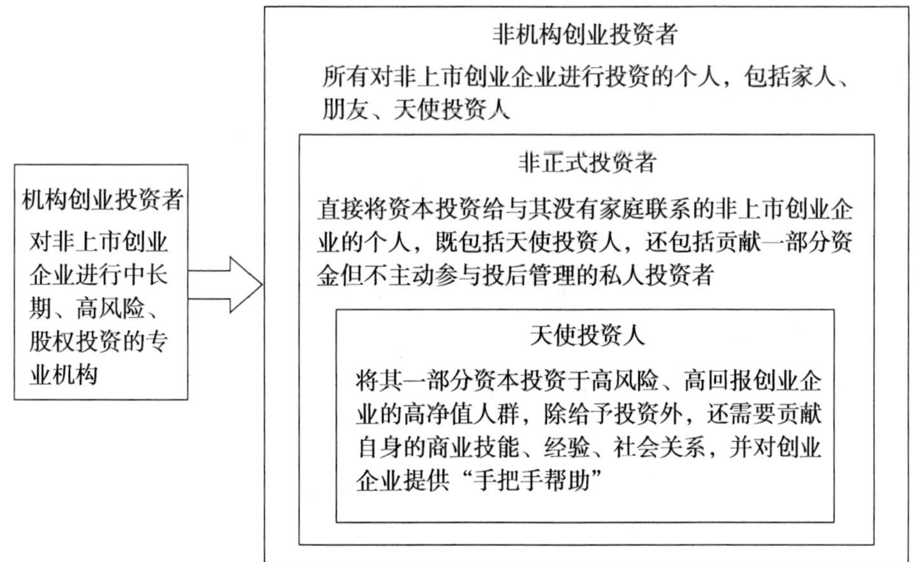

图1-2 “天使投资人”及相关术语的定义

资料来源：Avdeitchikova 等（2008）。

2. 关于数据获取

大部分天使投资的数据来自问卷调查、访谈、天使投资网络登记的会员信息、GEM数据库等渠道，还有少量学者借助了上市公司交易所（Hearn，2010）、专业数据库（Werth，2011）、文档资料（Goldfarb等，2012）等渠道获取资料，这些成果为后人的研究奠定了良好的基础。Mason和Harrison（2008）、Farrell等（2008）以及Avdeitchikova等（2008）总结和归纳了目前研究者获取数据的来源，主要有以下几种。

（1）大规模抽样及推理。

主要用于非正式投资市场规模的估算。如Wetzel（1987）从高收入家庭和企业融资的大量数据中估算出美国非正式投资市场的规模；Mason和Harrison（2000）则利用天使投资网络中5000多名投资者的数据估算了英国天使投资市场的规模。

（2）资金供给方。

直接调查早期投资人相关信息，比如，全球创业观察（GEM）提供了一些非正式投资者的数据，包括天使投资人、家人、朋友等，但天使投资人的规模仅占一小部分；从一些便利样本处识别天使投资人信息，比如，企业家群体，会计、律师、医生等专业人士等。

（3）资金需求方。

通过企业方的调查识别外部投资者。美国小企业管理局（SBA）在20世纪80年代资助了三项地区性的研究，从被投资企业的层面来识别非正式创业投资市场，设计、程序和关键结果的一致性允许将这三项研究的结果整合为一个美国非正式创业资本市场的数据库（Gatson，1989）。

（4）第三方及公共部门。

通过资金供给双方以外的渠道获取数据，比如，从天使投资组织（如天使投资网络、天使投资俱乐部、相关协会等）登记的会员记录中获取数据（Sohl和Wetzel，1993），也可以从享受公共部门优惠政策时的登记信息中来获取数据，如英国很多天使投资人基于企业投资计划（Enterprise Investment Scheme，简称EIS）做出投资。

3. 关于研究趋势

最近几年，天使投资相关的研究增速放缓，主要原因在于一部分学者把目光转向了创业金融市场中的一种新方式——众筹（Landström等，2019）。总体上，有关天使投资的文献主要集中讨论以下四类话题。

（1）天使投资的微观机制。

有一部分学者从投资人和企业绩效层面分析了天使投资后产生的经济效应。比如，Croce等（2018）利用1933家受到天使投资人资助的创业企业数据，分析天使投资人的投资经验和投资行为对企业绩效的作用，研究发现早期投资经历有助于被投资企业获得后续创业投资和融资，后期投资经历提高企业成功的概率（上市或者发生并购），但会降低企业找创业投资和融资的需求。Bonini等（2019）追踪了天使投资支持的企业绩效，调研发现“天使”之间的联合交易、积极的投后增值能够提高企业生存和发展的概率。Zhou等（2021）则通过“天使”支持的IPO（首次公开发行股票）企业绩效数据，论证出天使投资能够正向影响企业上市后绩效、抑制股价崩盘风险。需要指出的是，天使投资绩效的实现，最终还是依赖资本退出交易。这些退出交易究竟是如何发生的？Botelho 等（2021）基于计划行为理论解释了天使投资人的退出行为和策略，案例证据表明英国天使投资人的退出是计划性行为的结果，天使投资人会采取积极主动的行为，与一些潜在的“接盘者”建立联系，也存在一些机会主义行为，如跟随主动找上门的买家而行动。

（2）天使投资市场的组织化和机构化。

Mason等（2019）指出，天使投资市场结构已经发生变化，组织化和机构化正在改变传统的天使投资运作模式，有大量新问题需要深入分析。有学者注意到了联合投资以及天使投资组织运营管理的影响因素。Block等（2019）借助1364个天使投资人的交易数据，论证出“外向型”的天使投资人更可能参与联合投资活动。Bonnet 等（2021）对法国和意大利两家天使投资组织的会员进行调查，发现天使投资人决策风格、人力资本、退休状态、加入组织的动机等特征是驱动他们积极参与组织活动的关键因素。在投资决策层面，Wood等（2020）通过试验发现，天使投资网络制造了大量的天使投资集体活动，天使投资人的决策受到“同行意见”（Peer Opinion）的影响。此外，无论是天使投资组织，还是线上的众筹平台，天使投资交易基本是一种群体活动，联合投资网络对投资行为有重要影响（李姚矿等，2021）。经验数据显示，企业获得融资的概率与天使投资人的网络位置有显著的关系，并且这个关系受到天使投资人的投资经验和地理优势的影响（Butticè 等，2021）。

（3）天使投资市场的制度安排与政策效果。

政策不是天使投资市场存在与否的决定性因素，但是科学合理的激励政策有助于天使投资市场的发展。从市场数据来看，在相关政策出台后，天使投资人的数量以及天使投资交易规模稳步增长。但是，很多学者对部分政策的效益和目标实现持有保留意见。Carpentier 与 Suret（2016）通过梳理关于天使投资政策效果评估的文献发现，较少有证据显示面向天使投资人的税收激励是有效的，主要原因在于制度安排和政策设计存在问题。与税收激励不同，政府引导基金是政府通过与私人投资者建立合作关系，以直接或者间接的方式资助创业企业，这类政策能够刺激天使投资交易，但是在发展天使投资组织和培育天使投资人方面的作用有限（Harrison，2018；Owen 和 Mason，2017）。Harrison 等（2020）指出，现有的政策还有改进的空间，政府应该重点考虑天使投资组织化与机构化、政府引导对象的质量以及税收政策方案设计合理性等问题。

（4）欧美以外的天使投资市场。

作为创业金融系统的一部分，天使投资已经发展成为一种世界级现象，相关的研究也层出不穷（May 和 Liu，2015；Lo，2016）。天使投资市场的发展受到正规制度和非正式制度的共同影响，但各国之间在制度环境上有差异，因此市场异质性的存在显而易见。Lingelbach（2016）分析了撒哈拉以南非洲地区天使投资的发展情况，并指出当地制度环境与西方发达经济体有明显的差异，这会导致天使投资活动朝着“本土化”特征发展。Harrison 等（2018）通过当地天使投资组织，成功采访了 19 名马来西亚天使投资人，调研发现，由于马来西亚法律和金融体制不够完善等，当地天使投资人在投资过程中更受非正式制度的影响，偏好与熟人、政府机构等交流合作，审慎地对待投资前的尽职调查和投资后的监管活动。Scheela（2018）分析了 12 名越南天使投资人的基本特征、投资策略以及在本国投资所遇到的挑战，发现受访者有积极的投资绩效；与马来西亚、菲律宾、泰国等亚洲国家情况一致，这些投资人能够发展和实施有效的投资策略，以应对制度缺失带来的投资风险。

4.对中国天使投资相关研究的启示

国内学术研究领域的数据来源不多，现有成果主要来自研究机构和媒体的调研报告。天使投资的数据来源有限并不是中国特有的，世界各国普遍存在这个问题。其原因是天使市场十分隐蔽，加之行业协会数据的不透明以及监管层的资料机密性较强，数据可得性挑战制约了学术研究的拓展。因此，在未来的研究中，国内学者应进一步加大市场调研的力度，并建立必要的数据库。

伴随着天使投资文化在中国的深入以及创业氛围的不断浓厚，中国天使投资势必在“天使”数量、投资规模、机构的专业化、孵化机构多样化、多层次资本市场对天使投资的接力作用以及政府扶持等方面进一步深入发展。实践离不开理论的指导，新实践呼唤新理论。在未来很长一段时间，国内学者应在探索新研究方法、丰富数据获取渠道的基础上，运用质性案例、计量实证等，探讨我国天使投资市场的深层次问题，这对于天使投资理论与实践的发展都具有重要意义。结合Drover等（2017）、White与Dumay（2017）、Mason等（2019）以及最近的研究来看，未来的研究方向有以下几个方面：一是天使投资人的异质性问题（性别、职业背景、关联背景、独立或团体、积极或消极投资风格等）；二是天使投资组织化和机构化问题（投资决策流程、与其他投资者的互动、经济效应和社会价值等）；三是天使投资人与相关利益者之间的关系（天使与创业企业、天使与创业投资机构、联合投资伙伴内部关系等）；四是天使投资公共政策（政策有效性、政策诉求、政策实施障碍等）。

第三节 本书的框架安排

天使投资是一类特殊的创业投资活动，是创业企业早期阶段的关键融资渠道。本书通过文献梳理、理论探讨、实证检验及案例分析，系统性研究创新驱动背景下中国天使投资市场机制与政策体系，主要包括七章。

第一章为导论，包括研究背景及意义、国内外研究综述、本书的框架安排、所做探索与不足。

第二章是天使投资理论分析与现实意义，包括天使投资的概念与本质；天使投资人不同的态度、动机及特征，以及他们在投资风格和行为绩效的异质性特征；天使投资人对企业融资、发展壮大、技术创新等方面的作用；公共部门政策干预的理论依据与作用机理。

第三章是天使投资市场特征与运行机制，包括借助欧美研究资料，阐述国际天使投资市场特征；基于两轮调研证据，分析中国天使投资人及其行为特征。

第四章是天使投资人行为绩效实证研究，包括利用一手调研数据和上市公司数据，研究天使投资人TMT行业偏好的影响因素；天使投资人持股对企业创新的影响。

第五章是天使投资组织化与机构化发展，包括国际与国内天使投资组织发展现状。最近几年，全球天使投资市场不断发展和演变，从“野路子”到“专业化”、从“单打独斗”到“抱团取暖”，天使投资人开始朝着专业化、群体化及机构化方向发展。

第六章为天使投资政府干预和政策体系，包括国际天使投资市场政策干预的经验和做法；中国政府促进天使投资市场发展的政策体系；突发事件下天使投资市场变化与政策应对。

第七章为研究结论与对策建议，包括有关天使投资人行为、天使投资组织发展以及政策体系相关问题的研究结论；对实践部门和公共部门的建议。

第四节　所做探索与不足

一、所做探索

第一，拓展了天使投资人行为和绩效影响因素的研究。本书从天使投资人的主观因素出发，论证天使投资人TMT行业偏好以及其对投资绩效的影响。以往分析天使投资决策和行为偏好时，大多关注被投资方——创业者或者创业企业这一维度，忽视了天使投资人自身特征产生的影响；分析绩效时，前人更多的是研究天使投资产生的财务绩效，较少关注天使投资对创新绩效的影响。

第二，丰富了天使投资、创业投资与企业创新关系的研究。已有的研究大多是通过调研、质性研究来发现天使投资人促进企业创新相关的投后管理行为，本书则是利用上市公司信息，从“是否有天使投资人支持”“天使投资人持股比例”“天使投资人联合投资”几方面对企业创新的影响进行实证检验。同时，本书提供了天使投资人与创业投资机构交互作用对企业创新影响的新证据。以往的文献要么是仅仅关注创业投资机构的影响，要么是比较创业投资机构和天使投资人作用及其机理，本书重点考察了天使投资人与企业创新的关系以及创业投资机构对这一关系的影响。

第三，为天使投资组织化与机构化的研究提供了新证据。尽管有学者注意到了天使投资组织化与机构化趋势，但没有考虑组织建设的异质性以及不同国家天使投资组织的差异。国外天使投资组织内部设立的天使投资基金大多数是公司制组织结构以及“边车”（跟投）模式，但是我国情况不完全一致，往往采用有限合伙制，而且是发挥“领投人”角色。存在这一差异的主要原因还是国内外天使投资人在投资经验和投资能力上存在差异。

第四，加深了对中国天使投资市场和政策体系的理解。有关中国天使投资市场的实证研究还比较少，笔者通过不同渠道收集数据，提供了关于中国天使投资人、天使投资组织、天使投资交易的新的研究内容。在政策研究方面，本书从天使投资组织角度提出了新的政策呼吁。此外，本书关注了后疫情时代促进天使投资市场发展的政策干预与制度性安排。从中长期来看，政府可从资金需求、资金供给及第三方等多个层面，构建更为立体、更为多元的政策体系。

二、不足之处

在数据上：在TMT行业偏好视角下投资决策影响因素的研究中，并未考虑被投资对象方面的因素；抽样方法和数据采集渠道的不同，使得样本之间存在差异，这也导致部分研究结果的不一致性和异质性特征；创业板上市公司数据仅仅是2017—2019年的数据，样本量相对较少，需要收集更多的历史数据以及增加科创板、北京证券交易所样本数据。

在方法上，在解决多重共线性的问题时剔除了性别、年龄、留学经历、创业经历和投资数量等自变量，对于这些因素是否显著影响TMT行业偏好，本书没有进行详细论证，对研究结果有一定影响。此外，本书并未识别上市公司天使投资人的投资经验、专业和行业背景，也没有识别天使投资人的董事身份，缺失一些关键变量，模型的解释力度有待提高。

在内容上，研究深度有待提升，大多数分析只是就研究假设进行了基本回归和稳健性检验，对于二者之间是如何影响的，其作用机制是什么并没有进行论证。比如，没有探讨天使投资人对创业板公司的创新行为的影响机理和路径，对政策研究仅仅是描述性论述，缺乏量化的政策评估。

总体上，本研究在数据采集、研究设计、论证方法、影响机制等方面还有一些问题，下一步的研究还将继续加大数据采集力度，通过多样化、深层次的分析方法确保论证过程的科学性和研究结果的稳健性。

第二章　天使投资理论分析与现实意义

天使投资是一类特殊的创业投资活动，是指除被投资企业职员及其家庭成员和直系亲属以外的个人以自有资金进行直接投资，主要投向早期阶段的成长型创业企业，从事天使投资活动的人也被称为天使投资人。天使投资人大多有着不同的态度、动机及特征，他们的投资风格和行为绩效也会存在异质。从宏观视角来看，天使投资人对实体经济有着重要的支持作用，为了促进天使投资行业的发展，公共部门制定了一些激励政策，发挥了一定的积极作用，但是仍然需要持续跟踪、系统性评估政策效果，不断优化改进政策。

第一节　天使投资的概念与本质①

一、天使投资概念与特征

1. 天使投资的概念

以Jeffery Sohl教授为首的美国新罕布什尔大学创业研究中心是著名的天使投资研究基地。该组织提出，天使投资是具有一定闲置资本的个人对于种子期的具有巨大发展潜力的企业（项目）进行权益资本投资的行为。

天使投资有时也被称为“非正规创业投资（Informal Venture Capitalist）”。与创业投资相似，天使投资也是向非上市企业，特别是种子期/早期的创业企业进行非控股性投资的非公开权益资本投资。不同的是，创业投资是机构行为，而天使投资则是个人行为。创业投资家投的是他人的钱（主要是机构投资者的资本），而天使投资人投的是自己的钱，二者有明显的区别。

严格来说，并非所有的非正规创业投资都是天使投资。根据Martin Haemmig

① 见刘曼红、王佳妮的《中国天使投资：理论、方法与实践》（中国发展出版社，2015年）和刘曼红、王佳妮、陈苏的《天使投资学》（对外经济贸易大学出版社，2018年）。

教授的研究，关于主要资金来源，创业者的家庭成员为创业者创业提供主要资金，占43.7%，其次为朋友或邻居，占29.2%，再次为陌生人，占9.3%，最后是其他亲戚、同事，各占8.9%。而所谓的陌生人与创业者既非亲朋好友，又非邻居或同事，这种人的投资完全是一种商业行为。他们看准了创业者本人、创业的项目和市场，愿意承担投资风险，以获取潜在投资收益。由此可见，真正意义上的天使投资仅占非正规创业投资的资金来源的9.3%。Scott Shane教授则认为，这个数字大约只有8%。这样看来，天使投资的概念有广义与狭义之分。

广义的天使投资指投资者用自己的钱，对种子期或创始期企业给予资金支持的行为，包括家人的拆借，也包括亲戚、朋友间的解囊相助。而狭义的天使投资仅指那些依赖于自己的资金，并以投资为职业（作为主业或作为副业）的投资者，针对项目的盈利前景或针对项目执行人的能力、人品、经验、责任心、奉献热情等素质，以期获取高额投资回报的投资行为。严格意义上，天使投资人所投的对象是和自己没有任何亲朋关系的陌生人。因此，投资者与被投资者的关系是天使投资狭义和广义定义的重要区别标准之一。①

天使投资概念的狭义和广义之分还有第二层意义。狭义的天使投资仅指那些以权益资本向创业企业进行种子期/早期投资的资本运作模式，因此天使投资是非公开权益资本的一个子范畴。广义的天使投资还包括其他投资模式，如短期拆借、延期付款、企业商业信用等其他借贷资本形式。在我国，有人把天使投资的定义进一步延展，包括所有个人的权益资本投资，不仅是种子期和早期投资，还包括中晚期的权益资本投资，都可以是天使投资。这种定义有别于目前世界各国普遍认可的天使投资的定义，即天使投资与项目或企业的种子期或早期融资相联系。

ACA创始人John May（2008）认为，天使投资是一种个人的、私人的权益资本投资，天使投资人运用自己纳税后的资金投入早期的陌生人（非亲非故）的企业，获取非控股的权益；天使投资人在投资后要耐心等待多年，而这期间所投资

① 这个定义在学术上和实业界都存在争议，一些人认为，陌生人有时也可能成为朋友，因此陌生人和朋友之间很难区分，狭义与广义之分应主要看投资者是否为被投资者的家庭成员或其他亲戚（Global Entrepreneurship Monitor Report，2003）。

本长期不能流动；天使投资人承担比一般投资更高的风险，以期获取高回报。

2016年9月，《国务院关于促进创业投资持续健康发展的若干意见》（国发〔2016〕53号）[①]发布，首次明确了天使投资的概念，并且厘清了创业投资与天使投资的关系。根据该文件，创业投资是指向处于创建或重建过程中的未上市成长性创业企业进行股权投资，以期所投资创业企业发育成熟或相对成熟后，主要通过股权转让获取资本增值收益的投资方式；天使投资是指除被投资企业职员及其家庭成员和直系亲属以外的个人以其自有资金直接开展的创业投资活动。

本书拟采取两种定义。狭义的或更严格意义上的天使投资是指个人投资者以自己的资金向与自己没有家庭联系的具有巨大发展潜力的企业所进行的早期的股权投资，并给予该企业财务以外的资源支持。广义的天使投资是指一切从事早期企业首轮外部投资，以期获取利润的股权投资行为，投资主体包括个人和机构（这里主要是天使投资组织）。天使投资的概念界定如表2-1所示。

表2-1　　天使投资的概念界定

项目	（严格的）狭义天使投资	（宽松的）广义天使投资
主体形式	个人投资者	团体、机构、孵化器等
资金来源	自有资金	自有资金、其他合伙人/机构资金
资本权益	股权或者债转股	股权、债转股
决策机制	个人决策	领投人、团体或决策委员会决策
投资者与创业者关系	非亲非故	不限（家人、朋友以及非亲非故的天使投资人）
是否控股	不控股	不限
投资阶段	早期（种子期、初创期）	早期（种子期、初创期）
签订协议	正式签约	正式签约、口头转书面
投后管理	给予创业公司一些帮助	不限（包括不管或者少管）

2. 天使投资的特征

天使投资有时被称为“非正规创业投资”。对比创业投资，天使投资往往

① 《国务院关于促进创业投资持续健康发展的若干意见》（国发〔2016〕53号）全文见附录2-1。

是分散的、个体的、小规模的和非正规的。天使投资具有以下特征。

（1）投资额度偏小。

由于天使投资是一种分散的、个体的投资模式，它的投资规模往往比较小。以美国天使投资为例，2006年，美国天使投资总规模为256亿美元，和当年美国的创业投资总规模几乎一致。不同的是，天使投资共投入了51000个项目，而同等额度的创业投资却仅投了3416个项目。前者平均每个项目的投资额约50万美元，而后者约为750万美元，约是前者的15倍。由于每笔投资额度较小，同样的资本金，天使投资可以支持更多的初创企业，对于种子期的企业来说，天使投资不是“锦上添花”，而是真正的“雪中送炭”。

（2）投资期限偏早。

21世纪以来，创业投资越来越有向晚期转移的趋向。这种创业投资“私募股权（PE[①]）化”的倾向不仅存在于中国创业投资界，也存在于世界各国，包括美国创业投资界。从表2-2中可以看出，无论是美国还是中国，创业投资均转向投资晚期项目。在企业发展的扩张期投资往往被看作创业投资的投资特征，而这种状况正在发生变化。2007年，在美国，创业投资投向创业期和扩张期的资本占创业投资总额的40%，而其总资本的60%投入了企业发展的晚期。在中国，这种状况有增无减。创业投资的早期投资仅占4%。作为“投资窗口”的扩张期通常是创业投资的主要投资期，中国的创业投资在这个时期仅投入了总资本的3%，其余96%的风险资本投入晚期项目。

表2-2　　中美创业投资双双向晚期转移

发展阶段		美国创业投资分布	中国创业投资分布
早期	创业期	1%	1%
	扩张期	39%	3%
晚期	利润前期	50%	67%
	利润后期	10%	29%

资料来源：刘曼红．创业投资圣经：天使投资理论与实践［M］．北京：经济管理出版社，2009.

① PE可译为私募股权或者私人股权，本书以前者为主。

事实上，不仅是美国和中国，全球创业投资都或多或少具有这种“PE化”的倾向。根据安永会计师事务所2007年的报告，各国创业投资都有偏向晚期投资的趋势。以全球创业投资第二轮投资的中值为例，2002—2006年，美国的风险资本每轮投资额增长了12.5%，欧洲与以色列增长了100%，而中国增加了233%。这些数字说明创业投资正在向晚期投资转型，有“向北走”的趋势，即创业投资的投资额越来越大，使得创业企业的早期融资更加困难，企业种子期、创始期的资金供给不能应付资本需求，出现了明显的资本缺口，加深了企业早期投融资矛盾。这种资本缺口的形成一方面对创业企业造成了巨大的资金困难，另一方面给进行企业早期融资的资本带来了空前的机会。而天使投资正是弥补这一缺口的重要资金来源。也正因为天使投资的这一性质，各国政府以及各地方政府都从某种程度上出台了多种优惠政策（包括税收政策），以鼓励天使投资在本国或本地区进行投资，从而进一步推动当地创业企业的发展，尤其是高科技创业企业的发展。

（3）投资风险偏高。

天使投资的这一特征是与其投资期限偏早密切相关的。一般来说，投资期限越早，投资风险就越高。企业在创立的早期，尤其是种子期，技术还没有完全成熟，产品还没有得到市场的承认，经营模式还没有经过商业竞争的洗礼，管理团队还没有受到各类考验，一切的一切还在尝试阶段，种种不可预测的变数、种种不可避免的不确定性都会造成新的问题、新的矛盾。在这个阶段投资，投资者所承担的高风险可想而知。

然而，高风险、高潜在收益是金融的基本要素之一。正因为天使投资的这种高风险，一旦成功，它的收益也是相当可观的。天使投资人由于投资自有资金，具有较强的风险承受力。天使投资人勇于承担风险，以资金和自己的宝贵经验扶植初创企业的精神自然也能够得到丰厚的回报。

从高风险、高潜在收益的理论基础来看，向创业企业投资的时间越早，其潜在风险越高，预期未来收益也相应越高。否则，就没有人向早期项目，尤其是种子期项目投资。当然，预期收益高，并不是说高风险就一定会有高收益。如果未来预期收益是确定无疑的，自然没有高风险可言。

相比创业投资机构，天使投资人的投资期更早，潜在风险更高，其未来预期收益也就更高。创业投资与私人权益资本相比，更具有高风险、高未来预期收益的特征。一般来说，投资政府证券风险最低，其未来预期收益也相对较低。

（4）投资成本偏低。

与创业投资机构相比，天使投资人的投资成本略低一些。二者的最大区别在于创业投资家是投资别人的钱，而天使投资人是投资自己的钱。投资别人的钱，自然受别人的监督与控制，而监督与控制会提高以代理成本为主的交易成本。而投资自己的钱，代理成本趋于零，交易成本也可大大降低。

典型创业投资的运作往往采取有限合伙制。在有限合伙制下，投资者是有限合伙人，而创业投资家则是资金管理者，是一般合伙人。由于投资者不是资金管理者，必然产生管理和监督成本，这种成本可以用代理关系阐述。总之，由于创业投资家是管理别人的钱，他们与投资者之间形成委托代理关系，产生委托代理成本。而天使投资人是投资自己的钱，天使投资在这个层面不产生委托代理成本。仅此一点，就使得天使投资的投资成本相对较低。

（5）投资决策偏快。

天使投资的这一特征与天使投资的其他几个特征相关联。由于天使投资人投入的是自己的资金，自己觉得项目可行即可决定投资，决策时没有中间环节，自然投资速度也相对较快。天使投资人则可在对所投项目具有较大把握的情况下迅速作出投资决策。这是天使投资人凭借自己的投资经验或自己的投资直觉在短期内作出的决策。与此相反，创业投资家是机构投资者，他们对于任何一个项目都要反复推敲、尽职调查，有时还需要创业投资公司内部一般合伙人协商、讨论、最终决策。

二、天使投资与创业投资

1. 天使投资与创业投资的共性

严格来说，天使投资与创业投资同属于“非公开权益资本”。然而天使投资是个人的、分散的、非正规的、规模更小的投资。从企业生命周期的角度看，天使投资往往投资于企业发展过程的种子期和创始期。天使投资处于3F

（家庭、朋友、创业者）与创业投资之间的一个阶段。天使投资的使命是弥补3F和创业投资之间企业融资的空白。

由于近年来，创业投资越来越向中晚期投资发展，创业企业融资的需求越来越强烈，天使投资越来越为创业者所青睐。创业投资的发展趋势可从第二次世界大战后谈起。第二次世界大战后一直到20世纪80年代，创业投资基金规模相对较小，投资期偏早，所投项目的价值评估也相对比较低。

1990年，第一只总额为1亿美元的创业投资基金出现，这在当时创业投资界是一件新闻。人们把这种巨大融资额的创业投资基金称为“Mega Fund”（巨额基金）。1992年，出现了第一只5亿美元的创业投资基金。1998年，出现了第一只10亿美元的创业投资基金。2007年，美国创业投资公司共有741家，共管理风险资本2570亿美元，创业投资基金平均规模为1.66亿美元。创业投资巨额基金比比皆是。基金规模大了，每笔投资额随之增长。2007年，全美风险资本投资额为300亿美元，共投入3226个项目，平均每个项目投资额约为930万美元。创业投资规模越来越大，投资额越来越高，这种现象一直维持到2008年年末全球金融危机爆发。这也说明了天使投资为何应运而生。

天使投资与创业投资的共性主要体现在以下几个方面。

（1）权益形式。

二者都是对于创业企业的股权投资，天使投资虽然也做些与股权投资相联系的债权投资或信用担保，但以股权投资为主。

（2）风险收益特征。

二者都具有高风险、高潜在收益的特征。

（3）看重成长性。

二者都投资于快速增长的、具有巨大发展潜力的创业企业，“高增长”是选择投资对象的主要目标。此外，管理团队、市场、产品或服务、专利等知识产权持有等因素也是确定被投资目标的重要依据。

（4）参与投后管理。

二者都在一定程度上参与被投资企业的管理与建设。

（5）投资策略。

二者都偏好采取一定形式的联合投资模式，以期减少投资风险。

（6）投资周期。

二者都在一定程度上是放眼长期的耐心资本，虽然创业投资越来越趋向投资创业企业的后期项目。

2. 天使投资与创业投资的区别

天使投资作为非正式创业投资，其和正式的创业投资存在着一定的区别。有些区别在前文论述天使投资的特征时已经加以说明。下面从流程上把天使投资人与创业投资家的区别再梳理一下（见表2–3）。

表2–3　　天使投资人与创业投资家的区别

流程	天使投资人	创业投资家
融资	投资自己的钱，基本上不需要向其他人融资	投资其他人的钱，需要向富有的个人、家庭，主要是向机构投资者融资
投资	投资于种子期、初创期及初创后期，以投资于种子期和初创期为主	投资于种子期、初创期、初创后期、扩张期、成熟期，以投资于扩张期为主
	一次投资，往往缺乏后续资金投入	多轮投资，往往有后续资金投入
	投资工具以普通股、优先股为主	投资工具以可转换优先股为主
	投资工具中很少附加风险控制条款	投资工具中往往附加各种风险控制条款
	一般不以分期投资作为减少代理成本的手段	往往以分期投资作为减少代理成本的手段
	一般不太利用投资附加条款在清产时保护自己的利益	往往利用投资附加条款在清产时保护自己的利益
	一般不在投资时加入反稀释条款	往往在投资条款中附加各种类型的反稀释条款
投后管理	很少进入董事会，不认为这是参与被投资企业管理的主要手段	进入董事会，并将其作为参与被投资企业管理的主要手段之一
	投资后，创业者往往仍然保持对企业的绝对控制权	投资后，创业者可能会失去对于企业的绝对控制权
退出	股权赎回、转让、出售，被购并，IPO，清产，但一般很少参与IPO	股权赎回、转让、出售，被购并，IPO，清产，一般来说，IPO是投资者退出战略首选

（1）资金来源。

天使投资人是投自己的钱，而创业投资家是投别人的钱。这是二者的最基本区别，其他许多区别都是源于这个基本点。正因为天使投资人是投自己的钱，天使投资的运作过程与创业投资相比少了一个环节。天使投资仅有投资、投后管理、退出三个环节。创业投资具有融资、投资、投后管理、退出四个环节。

（2）运作过程。

天使投资的循环则仅仅具有三个阶段。天使投资人是用自己的钱来进行投资的，他们不需要向投资者融资，因此，也就没有融资阶段。此外，天使投资人也不需要进行利润分配（见图2–1）。

创业投资运作过程中的投资阶段是创业投资家进入企业的阶段。既然创业投资家是投资家，他们一般不会在企业中永远做股东，他们是金融家，要用资本赚取资本。他们最后是要从投资的企业中退出的，而且是带着丰厚的投资利润退出的。退出后，他们会将所获利润（资本增值）在投资者和自身之间进行分配，然后进行新一轮循环。创业投资的这四个阶段形成一个资金的循环过程（见图2–2）。

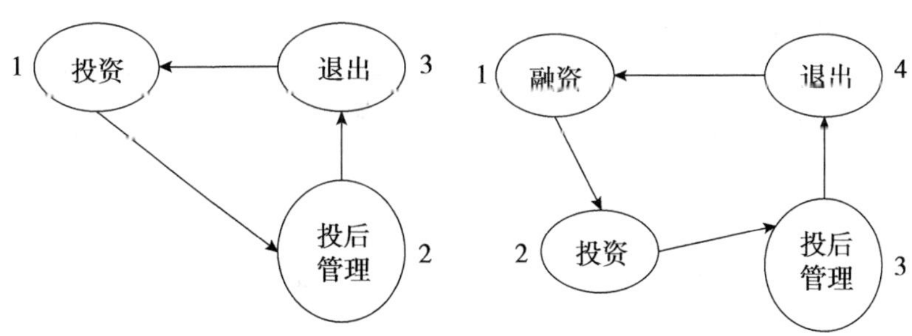

图2–1　天使投资的三个阶段　　图2–2　创业投资的四个阶段

（3）投资管理。

天使投资是非正规的创业投资，而其非正规的性质正在慢慢淡化，如出现了专业的天使投资机构和组织。作为正规军的创业投资更强调组织结构、审核和投资管理的程序，以及规避风险的手段。对于创业者来说，狭义天使投资是更为分散的、个别的，更可亲近的个人投资者，创业投资是机构投资者。

（4）委托代理关系。

天使投资只有一层委托代理结构，没有双重代理成本问题。创业投资具有两层委托代理结构，从而产生双重代理成本问题。在天使投资全过程中，仅存在一重代理关系，天使投资人始终是委托人。从这个角度看，天使投资的委托代理关系比较简单，相应地，天使投资的委托代理成本也低（见图2-3）。创业投资的第一重代理关系产生在创业投资的融资过程中。融资时，投资者（往往称为有限合伙人）是委托人，而创业投资家（一般合伙人）是代理人。创业投资家作为资金管理者应当代表其委托人，即投资者的利益，执行其意志。创业投资的第二重代理关系产生于创业投资的投资阶段及投后管理阶段。在投资时，以及在投资后积极参与被投资企业的管理中，创业投资家摇身一变，从代理人变成委托人，而被投资企业的企业家（创业者）这时成为代理人。创业者作为资金使用者应当代表其委托人，即资金管理者的利益，执行其意志。创业投资家在这两层代理关系中的角色不同，作用也不同，创业投资的双重委托代理关系如图2-4所示。

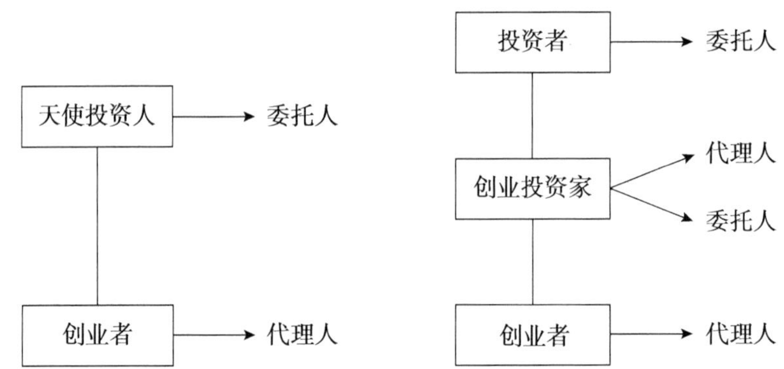

图2-3 天使投资的单一委托代理关系　　图2-4 创业投资的双重委托代理关系

（5）投资阶段。

与创业投资相比，天使投资的投资阶段更早。根据Wong（2002）的调研，天使投资平均的投资阶段在创业后10个月左右。天使投资主要投资于企业的种子期和创始期。传统的情况下，创业投资的投资阶段往往在种子期、初创期、扩张期，其投资重点为企业的扩张期。目前，创业投资在各国均有向后期投资的趋势。这种现状使得天使投资在企业发展早期的融资过程中起着越来越重要的作用。

（6）投资规模。

与创业投资相比，天使投资的投资额度更小。天使投资通常是非机构化的、个体的、分散的股权投资形式。创业投资是一种机构化的资本运作形式。机构化运作的创业投资基金规模越来越大。

（7）项目数量。

与创业投资相比，天使投资的投资项目更多。创业投资选择投资项目时可以说是百里挑一。如果一个创业投资家在一个月中略读了100个企业的商业计划书，他可能只挑选3个到5个进行详细阅读，可以仅对其中的2个或3个作尽职审查，最终可能只对1家企业投资。所以，创业投资所投资的项目相对较少。

（8）投资风险。

与创业投资相比，天使投资的投资风险更高。天使投资比创业投资的时间更早，投资越早，所投项目的不确定因素就越多。这些不确定性伴随企业的诞生而诞生，随着企业的逐渐成长而减弱。企业越走向成熟，不确定因素就越减少。当然，不确定性会伴随企业的整个生命历程，只会减少，不会消失。这些不确定性来自技术、市场、管理团队、生产工艺过程、宏观经济、法律法规等方面，这些方面都隐含着风险。除了这些不确定性外，信息的不对称会带来投资风险。企业越是在创立初期，这种信息不对称就越明显，投资者的潜在风险也就越大。

（9）投资成本。

与创业投资相比，天使投资的成本更低，原因如下。第一，天使投资是非正规的创业投资，相应地，其管理成本较低。创业投资是机构化的投资管理，这种正规化为创业投资的运作带来了效益，同时造成一定的管理成本。第二，创业投资过程包含两层委托代理关系，其委托代理成本自然比只有一层委托代理关系的天使投资要高。第三，天使投资人虽然是经验丰富的企业家、银行家、投资家或其他成功人士，但他们本身并不以此职业为生。他们已经在事业上有所成就，他们作为天使投资人不仅是为了利润，更是为了实现自己的理想，帮助创业者建设企业，他们在投资和帮助初创企业成长壮大的过程中得到精神享受。从这个意义上来说，金钱的收入并不是他们唯一的追求，这使得他们的资金管理成本较低。创业投资家是经过训练的、经验丰富的职业资金管理者，他们所要求的工资及利润分成相对较高。第四，天使投资人是投资自己的钱，而创业投资家是投资别人的钱、管理别人的钱，投资自己的钱自然省去相当大的管理经费。

（10）决策周期。

与创业投资相比，天使投资的投资决策更快。天使投资人的决策快主要也是取决于他们是在投资自己的钱。一方面，他们不必得到其他人的许可，不必经过一定的流程，也不需要和合伙人协商，不需要沟通，省去很多时间。另一方面，他们往往投资于自己所熟悉的领域，自然轻车熟路，不需要过多计量及长时间思索。

（11）参与投后管理。

在投资后积极参与企业的管理与建设上，天使投资人与创业投资家有些类似，但不尽相同。天使投资人参与被投资企业的管理与建设，他们也给予被投资企业除了资金以外的帮助，如帮助组织下一轮融资，帮助企业寻找商业机会，帮助企业修正现存的成长战略。然而，创业投资家毕竟是机构投资者，其社会关系、商业关系都比天使投资人丰富，他们的再融资能力也比天使投资人强。

三、天使投资的金融本质

1.传统金融理论与天使投资

按照马克思政治经济学的理论，金融的职能，或更确切地说，货币职能如下。

第一，价值尺度。货币在表现和衡量商品的价值时，是在发挥其价值尺度的职能。价值尺度是货币最基本、最重要的职能。作为价值尺度，货币使得一切商品的价值在质上相同，在量上可比较。马克思认为，货币之所以能执行价值尺度的职能，是因为它本身也是商品，也具有价值。

第二，流通手段。货币执行流通手段职能，作为商品流通的媒介。货币在执行流通手段职能时有两个特点：其一，货币必须是现实的货币；其二，货币可以用货币符号来代替，如纸币。

第三，贮藏手段。持币人可以把货币作为独立的价值形态和社会财富的代表，把它保存起来，这时，货币就发挥贮藏手段职能。

第四，支付手段。当货币用于清偿债务、缴纳税费、支付租金和工资等，即其价值作单方面转移时，货币执行的便是支付手段职能。

第五，世界货币。随着国际贸易交往的发展，货币可以在世界市场上发挥一般等价物作用，这时，货币发挥其世界货币职能。然而，马克思曾经指出：货币一越出国内流通领域，便失去了在这一领域内获得的价格标准、铸币、辅币和价值符号等地方形式，又恢复了原来的贵金属块的形式。按照这一观点，世界货币的职能是以贵金属为条件的，而纸币、电子货币由于没有内在价值，是不能执行世界货币职能的。而在现实经济生活中，货币在世界市场作为一般等价物出现，起着世界货币的作用。

在现代西方金融学中，对于金融的职能有着不同的看法。刘曼红和ZviBodie（2002）认为金融的内涵可以用它的职能来解释。在他们看来，金融共有六大职能：一是提供便利商品、服务交易的支付手段；二是提供分散、转移和管理风险的途径；三是资源在时间和空间上的转移；四是提供集中资本和股份分割的机制；五是提供价格信息；六是解决激励机制问题。

在这六大职能中，除了支付手段职能，其余五大职能都可以在创业投资、天使投资中得以体现。

第一，天使投资能够为投资方与被投资方提供分散、转移和管理风险的渠道。一方面，当天使投资人投资于某一个创业企业时，就为被投资企业提供了一个分散风险的渠道。被投资企业往往处于种子期或初创期，技术还不成熟，市场还待开发，团队还欠训练，商业模型还没有经过检验，企业具有高度投资风险。天使投资人这时进入，事实上承担了一部分创业者的风险，从这个意义上，他们也是创业者。天使投资人和投入种子期的创业投资家都被誉为“创业者背后的创业者”。同时，如果天使投资人除了投资于创业企业外，还在其他领域投资，如在股票市场投资、在房地产市场投资等，那么天使投资可以看作他们投资一揽子工程的一个部分。虽然从单一项目来看，早期投资增大了投资者的投资风险，但从一揽子项目来看，其起到分散风险的作用。另一方面，天使资本从进入企业的一瞬间开始，就起到了风险转移的作用。它将企业创业早期的风险向中晚期转移，将一部分创业风险从企业转移到天使投资人或天使投资组织。而天使投资人积极参与企业的创建，不仅为企业提供成长壮大不可或缺的资本金，而且提供自身的时间、经验和关系，以及理念、憧憬及情感。由此可见，天使投资过程是天使投资人帮助企业家管理风险的过程。

第二，天使投资为被投资企业及天使投资人本人实现了资源在时间和空间上的转移。天使资本从天使投资人的手中转移到创业者手中，从而实现了资源在空间上的转移；同时，天使投资将目前的相对闲置的资本转化为实用资本，从而实现了资源在时间上的转移。天使资本的投入的确为早期创业企业提供了及时的资源，即资本。有了这笔天使资本，创业企业可以购买原材料、发放工资、缴纳租金等，以从事生产或再生产。而对于天使投资人来说，天使资本的投出，意味着自己踏出了获取潜在巨大收益的第一步。天使投资人手中的资源在其从事天使投资过程中实现了时间上和空间上的转移。

第三，天使投资往往被创业者誉为“雪中送炭”的救星。这是因为天使资本进入创业企业的同时，为该企业提供了一笔生产、发展所急需的资本金。没有这笔资本金，即使创业企业具有再好的商业模型、再优秀的创业团队、再出类拔萃的科技发明，它们也只能作为“有潜力的资源”，而不是现实的资源。而天使投资为企业提供一笔亟须的资本金，为它们提供了现实可行的路径。与此同时，随着天使资本的进入，股权从创业者手中分割出一部分，被交给天使投资人。在很多情况下，天使资本进入的同时，天使投资人要求创业团队对于其内部股份实行更合理的重新组配，起到了提供集中资本和股份分割机制的作用。

第四，价值评估是天使投资过程中的重要一环。天使投资的过程包括初步筛选、参与路演、尽职调查、评估谈判与投资等。天使投资的选项过程是从申请融资的公司中选拔出投资对象的一个复杂的过程。企业要获取天使投资，首先要有合格的商业计划书，用以提交融资申请。经过初步筛选、路演，天使投资人进入尽职调查环节。即使企业通过了尽职调查，投资也不一定能够实现。这是因为天使投资人对于企业的价值评估，创业者不一定能够接受，投资双方需要进行谈判。一旦谈判成功，天使资本才能顺利进入企业。而天使投资人对于企业价值的评估，就是为企业提供了一种价格信息。创业者对于天使投资人的价值评估接受或拒绝，是基于自己对于企业的价值判断。这也是一种价值的评估，也是为企业提供的一个价格信息。由此可见，天使投资的过程是天使投资人和创业者共同参与的为企业提供价格信息的过程。

第五，天使投资从两个方面解决激励机制问题。一方面，天使投资人在投入资金以前，一般要求被投资企业的管理团队结构合理，包括管理团队每个成员的业绩与他们的收益相对应，即解决企业管理的激励机制问题。创业者在申请融资的同时，往往对自己企业的管理团队加以梳理，提升自己企业管理团队的整体性和配套性，建立健全激励机制，因为他们知道投资者是要关注有关激励机制的问题的。另一方面，天使投资人在注入资金后，和创业者分担创业风险、分享创业果实，这也与激励机制有关。一般来说，天使投资人对被投资企业不实行控股。其一，他们所投入的资本额有限，他们不可能实现控股。其二，他们不愿意控股被投资企业。如果天使投资人控股，将彻底改变被投资企业的股权结构，使得创业者失去创业的积极性，失去创业的初衷。被投资企业这驾马车会彻底易主，创业者不再是“驾车人”，天使投资人喧宾夺主成为“驾车人”。这样可能会破坏企业原有的激励机制，最终导致企业的失败。

由此可见，如同创业投资一样，天使投资不仅仅属于单纯的金融学科，而是跨越金融学、管理学、企业家理论等多个方面。事实上，天使投资与管理学中的领导艺术、战略方针、市场营销、人力资源等诸多方面都密切相关。

2. 另类金融体系与天使投资

各个国家根据自己不同的经济制度、不同的文化传统、不同的管理理念，选择不同的金融管理体系。中国金融监管经历了从早期的“集中统一监管体制”到“一行三会”的分业监管体制。2017年，新金融监管框架逐步形成，中央层面设立了新的管理机构——国务院金融稳定发展委员会。2018年，中国银行监督管理委员会（简称银监会）、中国保险监督管理委员会（简称保监会）合并，合并后为中国银行保险监督管理委员会（简称银保监会），旨在解决监管职责不清晰、交叉监管、监管空白等体制问题。新的监管框架变为“一委一行两会”。相应地，银行、保险、证券构成了主流的传统金融市场体系。在笔者看来，全面的金融体系除了银行、保险和证券外，还包括一类选择性金融，也叫作另类金融（Alternative Finance）。另类金融涵盖非公开权益资本（也叫作私人权益资本），也包括天使投资、创业投资等，这是既不属于银行业，也不属于保险业，又不完全属于证券业的一些金融业务。选择性金融中很大一部分是非公开权益资本，此外，还有对冲基金、金融租赁、应收账款管理、保理业务等。近年来的趋向之一是对冲基金越来越多地卷入非公开权益资本业务领域。

从这种较新的理念出发，笔者认为金融体系可以分为四大类型，即银行业、保险业、证券业和另类金融。非公开权益资本是选择性金融的一个重要部分，它包括（但不限于）天使投资、创业投资、并购基金、对冲基金等（见图2-5）。

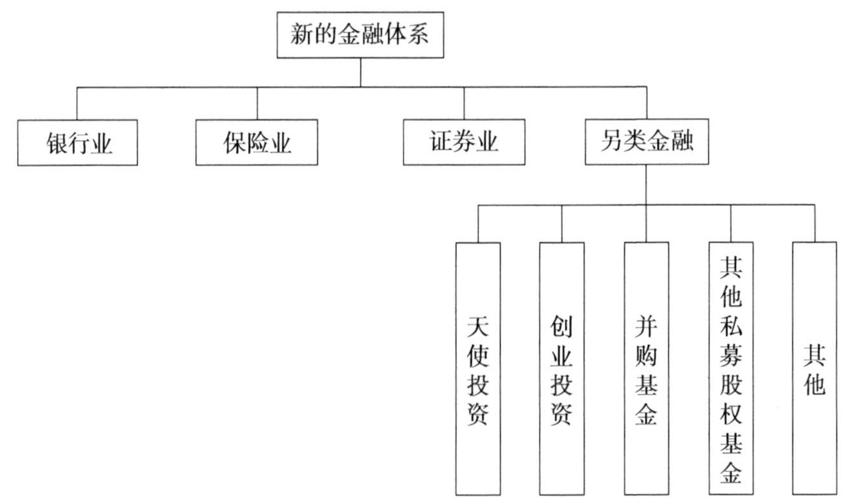

图2-5 新的金融体系的四大类型

资料来源：刘曼红的“创业投资与创业投资管理”课程讲义（中国人民大学，2007年）。

与银行业、保险业和证券业不一样，另类金融缺乏一个清晰的边界，而另类金融的这种性质也给人们对它的分析造成了很大困难。然而，定义边界不清晰的领域并不是不现实的领域。事实上，在现实经济生活中，很多金融业务都可以归纳为另类金融。同时，定义边界不清晰的领域也不是不可以定义的领域。以另类金融为例，人们可以把它定义为凡是定义清晰的金融三大领域以外的，即凡是不属于银行业、保险业和证券业的所有其他金融领域。

另类金融的边界虽然不是十分清晰，但专家学者们可以从资金运作的角度对它的性质进行进一步探讨和研究。这里，概念的提出是基于对天使投资理论论述的需要。另类金融这个概念并不是出自笔者，但把它与银行业、保险业和证券业放在平等的地位探讨，是笔者的一种尝试。这种尝试是否成立还有待探讨。笔者这里仅仅抛砖引玉，相信会引起感兴趣的人们的更正、批评和深入研究。

3.非公开权益市场与天使投资

非公开权益资本是活跃在金融市场上的一股强劲的金融力量，而天使投资正是非公开权益资本的一个子范畴。为了进一步了解天使投资的特性，下面深入探讨非公开权益资本。

（1）非公开权益资本的内涵。

非公开权益资本又被译为“私人权益资本”，与之相对应的是公开权益资本，因此笔者认为非公开权益资本更能贴切地反映其内涵。

如前所述，从资本市场的角度看，金融的两大基本工具为权益资本和借贷资本。实际上，金融市场上的各种金融衍生工具不过是这两种基本金融工具的组合、变异和衍生。

权益资本有狭义和广义之分，狭义的权益资本仅指普通股，广义的权益资本则包含任何带有权益资本性质的金融证券，通常包括普通股、可转换优先股、可转换债券、具有可转换条款的次级贷款、认股权证的其他可以转换为股权的金融证券（George等，1995）。因此，广义的权益资本是狭义权益资本的延伸，它也被称为“权益资本连接”（Equity-linked），即其他与权益资本相连接的证券（Sahlman，1990；Gompers和Lerner，1999）。

笔者把基本资本类型，如权益资本与借贷资本、纯权益资本、权益资本连接、公开权益资本与非公开权益资本等囊括在图2–6中。这里应当说明，本节的内容大多来自笔者早年的研究。在这些研究中，笔者并没有对对冲基金，以及其他新型的衍生金融工具，如次级贷款、担保债务凭证等进行详尽分析，而这些衍生金融工具在现实经济生活中起到至关重要的作用。例如，2008年席卷全球的金融风暴证实了这些衍生金融工具的潜力，一旦使用不当，就会给金融领域以及全球经济造成极大的破坏。这些问题仍然有待于学术界进一步研究。

借贷资本根据内涵分为公开借贷资本与非公开借贷资本。前者又分为货币市场债务和固定收益证券。货币市场债务包括各类短期债务，如政府短期债务（美国政府的国库券）、证券存款，以及其他货币市场债务。固定收益证券主要有两大类，即国家公债和公司债券。非公开借贷资本是指不能在市场上流通的借贷资本，如一般的银行贷款（短期及中长期）、企业间预付款、企业间应付款，以及其他类型的企业信用。值得注意的是，公开借贷资本是在市场上公开发行的、可流通的。这种流通性使得公开长期债务，如公司债券和国家公债具有相对好的流动性，使之区别于非公开借贷资本。非公开借贷资本的某些形式具有较好的流动性，如短期流动资金贷款。有些流动性则较弱，如长期贷款、某些应付款等。借贷资本根据偿还优先性又分为优先债务、次级债务、附属债务等。

与公开借贷资本及非公开借贷资本的分类相似，笔者对于权益资本确定了公开权益资本和非公开权益资本范畴。二者的区别也在于是否可在公开的资本市场流通。与借贷资本不同，笔者定义的公开权益资本及非公开权益资本是基于广义的权益资本，即权益资本连接范畴的。笔者的分析中囊括了所有带有权益资本性质的金融证券——公开发行的和非公开发行的证券。

严格来说，只有在金融市场上公开交易的权益资本才可以称为公开权益资本，所有不属于公开权益资本的均为非公开权益资本。任何个人和企业，只要愿意，只要具有一定的资金，都可以成为某一个上市公司的股东。而要成为非上市公司的股东并非如此容易。假定A公司是一家非上市公司，它是否需要新的投资，在什么条件下、什么时候引入新的投资者，它需要多少资本，愿以什么价格交换（多少股份）等信息都不是公开的。一般来说，A公司仅向有限的经过精心筛选的潜在投资者（公司、投资基金或个人）披露这些信息。这是非公开权益资本与公开权益资本的最本质的区别。

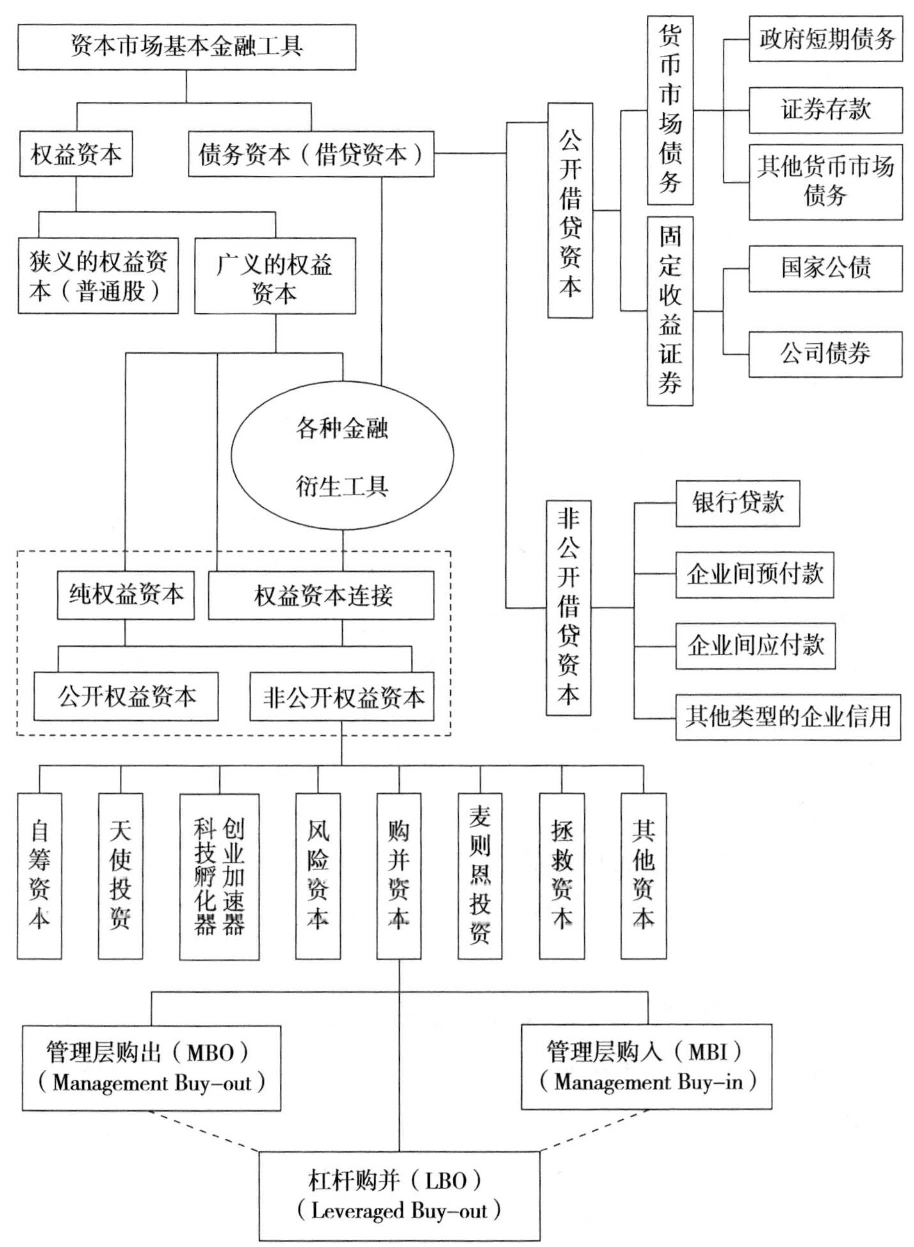

图 2-6 基本资本类型与天使投资

资料来源：刘曼红的工作论文——《非公开权益资本的概念问题》（中国人民大学风险投资发展研究中心，2004年）。

从总量上看，非上市公司的数量远远大于上市公司的数量。因此，非公开权益资本的总量远大于公开权益资本。众多非上市公司内部发行的股票均属于非公开权益资本之列，不仅包括企业初创股东的权益资本，还包括企业发展过程中新股东的权益资本；不仅包括个人投入企业的权益资本，还包括企业投入企业的权益资本。只要这些企业是非上市公司，其独资、控股、参股的权益资本均为非公开权益资本。因此，“Private Equity”被译为“非公开权益资本”，比“私人权益资本”更合适一些。一家非上市公司投入另一家非上市公司的权益资本，是非公开权益资本，却很难理解为“私人权益资本”①。

（2）非公开权益资本的形式。

非公开权益资本的总额虽然巨大，其交易却受到许多因素限制，如经济发展的状况、相关法律、资金供需规模，以及从业人员的数量和素质等。如果只基于交易活跃程度考量，那么公开权益资本的交易量远远大于非公开权益资本。

交易过程中的非公开权益资本数额一般大大小于潜在的可交易的非公开权益资本数额。典型的非公开权益资本具有以下几种形式：自筹资本、天使投资、科技孵化器/创业加速器、风险资本、购并资本、麦则恩投资、拯救资本和其他资本（George等，1995）。其中麦则恩投资等不是纯权益资本，而属于权益资本连接。

一是自筹资本。自筹资本是创业者自己筹措的资本，包括个人的积累、以个人信用借的资金等。自筹资本有时称为“Bootstrapping”，即创业者利用非常有限的资源，缩衣节食，艰苦创业，它是一种最古老也最原始的资金来源。“Bootstrap”原意为鞋带，“Bootstrapping”最初是用于电子计算机的一个程序，在经济生活中，Bootstrapping 是指人们试图提着鞋带把自己从困境中拉出来。Bootstrapping 包括应付款、资本短缺（勒紧裤腰带），以及先现金流后利润的短期目标的设定。大多数创业者最初是依靠自筹资本创业的。自筹资本和3F资本是创业企业最基本的资金来源。有人也把3F 作为自筹资本的基本内容。如前所述，3F是指朋友（Friends）、家庭（Family）和创业者本人（Founders），也有人称其为创业投资的傻瓜（Fools）。

---

① 刘曼红，王佳妮.中国天使投资：理论、方法与实践[M].北京：中国发展出版社，2015.

在没有引入外来资本前，创业者是否具有一定的自筹资本是其能否成功创业的关键。据“Inc.500”统计，增长最快的500家企业中，自筹资本（创业者本人的积累、朋友和家庭）在总资金来源中的占比接近八成（见表2-4）。

表2-4　　　　创业企业的资金来源及占比

创业企业的资金来源	占总资金来源的比重
创业者本人的积累	74%
朋友和家庭	5%
天使投资	7%
创业投资	5%
非金融业公司	6%
商业银行	0%
公开市场（股票市场）	3%

资料来源：中国风险投资研究院．2005中国风险投资年鉴［M］．北京：民主与建设出版社，2005.

二是天使投资。天使投资被称为非正式创业投资，也是一种早期权益资本投资（Aram，1987）。与创业投资逐渐走向大型专业化的机构投资模式相反，天使投资偏向于民间的、小型的、隐蔽的和非正规的投融资方式。如果说创业投资家是运用别人（往往是机构投资者）的资本，那么天使投资人则是运用自己的资本。相对于其他投资方式，天使投资的优势为投资期较早、投资效益较高、投资成本较低、投资决策较快。天使投资的这种民间性、自发性、个体性和分散性使它独立于创业投资和其他投资方式，成为一种具有强大生命力的个人投资方式。从投资项目数量上，天使投资远远大于创业投资。随着经济的发展，天使投资的这种优越性越发明显。

三是科技孵化器/创业加速器。科技孵化器简称孵化器，是由政府、高校或其他科技机构支持的，帮助创新企业科技成果转化的一种组织形式。在我国，科技孵化器又以各种科技园区或创业园区的形式存在。由政府、高校或科研机构支持的孵化器往往是非营利形式的，而私人的、公司的孵化器有时是营利形式的。

孵化器一般由政府或高校提供办公楼或厂房，以较低的房租吸引有发展潜力的创新企业入驻。一般来说，创新企业向孵化器提出申请，经孵化器审核批准后方可入园。孵化器除了给予入驻企业优惠的租金，还提供其他服务设施，如入园企业可以共用会议室、电传机、复印机等。此外，有些孵化器为入驻企业开办学习班，对其进行如何管理企业、如何融资、如何发展壮大等方面的培训。各地方政府认识到孵化器对于本地区经济发展的长远影响，往往会提供一些优惠政策，如“三免两减半”的税收政策等。

在我国，孵化器最初较多是以事业单位的形式存在，现在越来越多的孵化器采取企业模式运行，如近期出现的很多创新型孵化器都引入了社会资本，它们在以资金和服务等方式支持小企业创业发展方面做出了巨大的贡献。它们在向入驻企业收取租金的同时，往往占有入驻企业的一小部分股份。这种运行模式事实上带有权益资本连接的性质，使其从理论上成为非公开权益资本中的一个成员。

创业加速器是孵化器的一种变异，是在新的形势下对于孵化器的某种改进。创业加速器是21世纪初期的新事物。近年来，创业加速器的数量不断上升，其在国内也得到快速发展。

与孵化器相同，创业加速器也是服务于创业企业的，为企业提供战略指导、市场咨询、产品开发、再融资等服务。二者的区别在于，孵化器在硬件方面为创业企业提供更多的帮助，如提供廉价的办公场所、生产厂房等；创业加速器往往更重视为企业提供“软件”方面的帮助，它们定期为入驻企业提供各类培训、提供细微的咨询，同时它们自己往往就设有天使投资基金，帮助企业解决早期融资问题。

四是风险资本。风险资本（又被译为创业资本）是一种特殊的非公开权益资本。根据美国创业投资协会的定义，创业投资是由专职资金管理者将资本投入新兴的、迅速发展的、有巨大竞争潜力的企业的一种权益资本投资。原则上，创业投资不仅限于投资高科技企业，只要高增长型企业都是创业投资的对象。而事实上，各国实践证明创业投资与高科技发展息息相关。Martin Haemmig（2003）教授发现，以色列、美国和瑞士三国创业投资投入高科技企业的比重分别高达97%、84%和84%，创业投资的创新内涵与高科技发展的内在因素吻合。在美国，学者们发现创业投资对科技创新的贡献度为企业R&D的3到4倍。从20世纪70年代末到90年代初，创业投资总资金量虽然仅占企业R&D的3%，却支持了企业科技创新的10%到12%（Gompers和Learner，2002；Lerner，2000；Baty等，1992）。

创业投资对科技创新、高科技产业的巨大推动作用使各国政府纷纷采取各种政策从资金、税收等方面大力支持创业投资。

五是购并资本。这包括管理层购并和杠杆购并，前者又包含MBO和MBI。

购并资本有时候采取管理层购并的形式，即管理层利用杠杆资本（借贷所融得的资本）以收购目标公司的一种运作模式，来彻底改变公司的所有权、控制权，从而改变公司的所有制结构，使得企业的经营者成为企业的所有者。

在我国，由于金融体制以及经济环境等，实现上述形式的购并往往比较困难，购并时通常要先注册一家公司为收购主体，再以各种方式融资（如向亲朋好友临时拆借），往往采取分期付款的方式，以避免资金一次到位。这种购并行为事实上也是一种杠杆购并，不过资金往往不是由银行等正规渠道，而是由各种非正规渠道提供的。

上市公司公开发行的股票被该公司的管理层收购，其目的是将该公司退出股票市场，成为非上市公司。通常的情况下，管理层需要付出高于市场价格的贴水，以吸收整个市场发行的该公司的全部股票。有时，管理层需要依靠大量银行贷款以实现这一收购，这时的MBO采用了杠杆购并的方法。

管理层购并的原因很多，通常为：①避免敌意收购，收购方往往企图更换管理层；②避免公司上市带来的种种压力，如短期回报率，保持股票价格的节节翻高，监督部门的层层检查，信息披露的要求等；③相信管理层自己通过拥有更多的股份，可推动公司改革，提高生产力。

MBI是指外部投资者企图收购该公司的大部分股份（通常是控股），并主张保留该公司现有的管理层。这些外部投资者往往是创业投资家，他们看好该公司的产品或服务，希望通过控股提高生产力，发掘其应有的潜力。MBI与MBO的区别在于，前者的收购主导为外部投资者，而后者则为该公司管理层本身，即购并活动主要由被购并公司的管理层运作。MBI和MBO都可以采取杠杆购并的形式，而国际上通行的MBO往往采取杠杆购并形式，管理层利用被购并企业的资产为抵押向银行贷款来进行收购。

在与创业投资、私人权益资本结合的过程中，购并资本往往采取杠杆购并的模式，即购买方主要通过财务杠杆（借贷）来获得目标公司的股权，进而完成购并。杠杆购并通常指投资者以很少一部分权益资本撬动大量借贷资金购买企业。购买方以被购并企业的资产作为抵押向银行贷款，再以收益现金流逐年偿还贷款。有时，杠杆购并可以彻底改变公司的模式，即杠杆购并可使被购并方从上市公司转变为非上市公司，以实现其对公司治理结构的全面整顿与改革。大多数情况下，由于购买方试图收回被购并方的全部上市股票，被购并方的公众股东会得到高于市价的股票贴水。一家通过杠杆购并已经退市的公司再向公众出售股票，这种现象被称为反向杠杆购并。

杠杆购并需要依靠大量借贷资本，因此，杠杆购并具有借贷资本的性质。然而，杠杆购并往往被视为权益资本连接。这是因为杠杆购并往往有风险资本或其他非公开权益资本参与，非公开权益资本投资公司投入一部分资金给管理层，作为其“血汗资本”（Sweat Capital）。通常，管理层占30%左右的股份，而参与购并的投资公司往往要求进入董事会，以从整体上监控公司运作。由于被购并企业通常是资产较多的上市公司，需要巨额资金才得以收购，同时，管理层又希望占有一定股份。要达到这种后果，以有限的资本金购买巨额资本的公司，必须通过大量贷款才能实现。

从国外的实践看，管理层购并往往是由购并公司与被购并公司管理层结合，再通过大额贷款来实现的。我国的MBO的操作往往与国际惯例有较大差距，被购并公司的管理层通常与非公开权益资本投资公司（或购并公司）联手，往往通过其他途径融资达到购并目的。

六是麦则恩投资。麦则恩是指在图书馆、仓库或大厂房中一层与二层之间的半楼，麦则恩的出现最初只是为了充分利用空间。“麦则恩”一词于金融与投资理论中指介乎两个投资期之间的一种投资，也有人把它比作介乎股权与债券之间的一种投资。麦则恩投资往往是一种短期的桥梁式投资，它一般采取贷款方式，并带有一定的可转换证券或认股权证等权益资本性质。原则上，麦则恩投资属于权益资本连接。

在企业已经完成了初步的股权融资，准备公开上市，即IPO的过程中，它们有时存在暂时的资金需求，麦则恩投资往往是它们的主要融资方式。麦则恩投资期限比较短，相对其他非公开权益资本融资，其手续相对简便，投资决策相对快，由于带有权益资本的性质，其往往受到投资者的青睐。

七是拯救资本。拯救资本分为公开发行的拯救证券和非公开的拯救资本。公开发行的拯救证券也被翻译成“廉价证券”，是指某些在财务上遭遇一定困难的公司的股票或债券。这些公司的财务困难很可能是暂时的，其在财务困难时期的股票或债券价格往往偏低，成为有吸引力的投资工具，这使这些股票或债券被称为“廉价证券”。正因为其价格低廉，才可能引入外部投资者。而正因为投资者的资金流入，才可能使企业转危为安、东山再起。

非公开权益资本中囊括的拯救资本是指一些大型公司在运作过程中出现暂时的财务困境，需要一定的资本金帮助其摆脱困境，通过内部的机制改革实现复兴。不是任何一个处于暂时困难的公司都是拯救资本的投资对象，只有那些真正有市场、有生产能力、有发展潜力而又面临暂时性财务困境的公司，才能吸引拯救资本。这些公司往往由于企业管理不佳或由于体制不完善，所以生产力低下，通过治理和改组能够更新。

综上所述，如果把天使投资的概念纳入非公开权益资本体系，那么天使投资仅是非公开权益资本的一个子范畴。非公开权益资本的种种特征也适于天使投资。

（3）非公开权益资本，企业生命周期及其风险性分析。

从企业生命周期层面来看，企业从初创到成长、成熟是一个有机过程，在这一过程中企业是否能够生存、发展和壮大，很大程度上取决于企业能否成功融资。资金像企业的血液，没有充足的血液来循环，企业就没有生命力。

非公开权益资本活跃在企业生命周期的各个时期，尤其是种子期、初创期和发展期。通常将投入这三个时期的资金称为早期投资，而将投入成熟期、稳定期的资金称为晚期投资。由于权益资本与借贷资本的不同特性，早期投资往往采取权益资本方式，而晚期投资可采取权益资本与借贷资本结合的方式。

从风险性层面来看，非公开权益资本可以投入企业生命周期的各个时期。但其投资的期限越早，所面临的风险就越高。投资在种子期的风险最高，其次为初创期，再次为扩展期，以此类推。处于种子期时，企业还处于萌芽状态，其核心科技或专利还没有经过生产实践的检验。企业的骨干团队还没有完全形成，生产、销售、财务等都没有走向正规化，此时的投资风险程度还相当大。而随着企业从初创走向成熟，投资者的风险也逐渐减小，相应地，投资者所预期的投资收益率也逐渐降低。

由于种种不确定因素，一个企业在从出现、成长，到成熟的过程中往往存在意想不到的变数，造成种种风险。即使最优秀的初创企业，也很难避免风险。假定在最佳情况下，企业成长的每一阶段，其失败的可能性为20%，即平均成功率高达80%，则投资于种子期的天使投资要经历种子期、初创期、扩张期、成熟期和稳定期，天使投资的最终成功率仅为（1–20%）×（1–20%）×（1–20%）×（1–20%）×（1–20%）≈32.8%，这个数字大约是最佳情况下天使投资的成功率（见图2–7）。自然，如果假定每一个成长阶段的平均成功率仅为70%，则天使投资的成功率仅为（1–30%）×（1–30%）×（1–30%）×（1–30%）×（1–30%）≈16.8%。这是为什么创业投资家，特别是天使投资人在投资的每一个步骤都十分谨慎，最终仍面临很高的投资风险。

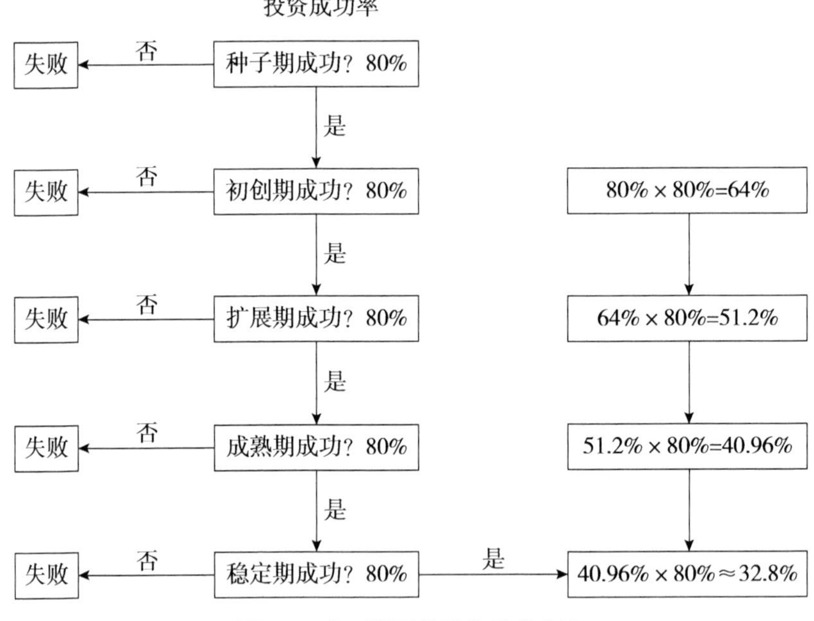

图2–7　各时期天使投资的成功率

当然，这是一个完全理论上的例子，在现实生活中往往不是这种状况。一方面，天使投资人往往在企业进入下一个周期时就成功退出，很少有人一直坚持到企业走完其生命周期。很多天使投资人在创业投资家进入的同时退出。另一方面，企业在其生命周期的各个阶段的风险性是不同的，即它的失败概率是不同的。显然，企业越是弱小，其失败的概率就越高。之所以设立这样的假定，只是为了叙述简化，让读者有一个更直截了当的认识。

（4）非公开权益资本的特征与天使投资。

非公开权益资本的集合称为非公开权益资本市场，与公开权益资本市场相比，非公开权益资本市场相对交易效益较低、流动性较差、透明度较弱、公平性较欠缺。公开权益资本市场的特征可以总结为公开性、有效性、流动性、透明性。相较于公开权益资本市场，非公开权益资本具有截然相反的特征，即非公开性、低效益性、不流动性、低透明度等。而这几个方面恰恰反映了天使投资的特性。

一是非公开性。非公开权益资本往往采取一种非公开的或私下的权益资本投资模式。由于投资的对象是非上市公司，投资者与被投资公司都没有义务，也没有必要向其他人披露投资信息。非公开权益资本交易是在投资者与被投者之间进行的，这种交易规模的大小、价格的高低全由交易双方决定，与他人无关。非公开市场与公开市场的最大区别在于，后者由于信息公开披露，信息不对称程度小，而前者的信息不对称程度则非常大。这种信息的非公开性和不对称性，使非公开市场的金融运作效果可以差别很大，一些投资大获成功，而另一些投资则一无所获。如果说权益资本运作方式是非公开权益资本高风险的结果之一，那么非公开性则是非公开权益市场高风险的原因之一。由于缺乏公平性，能够获得信息的天使投资人成功概率大大上升，而没有渠道获取比较丰富、比较准确信息的天使投资人难以避免失败的命运。

二是低效益性。非公开权益资本的低效益性和公开权益资本的有效性相对应。公开权益资本市场可以用有效市场论解释。有效市场又分为强有效市场、次强有效市场和弱有效市场。强有效市场指一切相关信息都会立即反映在价格上，次强有效市场指一切公开发布的信息都会反映在价格上，而弱有效市场则规定所有历史信息都反映在价格上。与公开权益资本市场的这些不同程度的有效性市场相反，非公开权益资本市场是有效性最差、效益最低的市场，即投资过程中的买卖双方最终达成的价格并不一定反映交易背后的真实信息。

由于信息的不流动和市场效益的低下，非公开权益资本市场的投资成果可产生天壤之别，投资成功可大获全胜，取得10倍、20倍、50倍甚至更高的投资收益，而投资失败者可能全盘皆输，惨不忍睹。这种状况也适用于天使投资。有经验的天使投资人与缺乏经验的天使投资人，其投资回报率相去甚远。即使是经验丰富的天使投资人也免不了投资失误而血本全无。

非公开权益资本市场的低效益性是其具有高风险性的原因之一。非公开权益资本，尤其是早期投资，如天使投资具有高风险、高预期回报的特征。高风险与高预期回报的辩证关系在于，高风险是获取高回报的必要代价，而高回报则仅是高风险的可能结果。非公开权益资本家的投资决策过程，即权衡风险与收益的过程。他们一方面预测未来可能的收益，另一方面估计与判断存在的风险。事实上，非公开权益资本在投资过程中，每一步骤都有防范风险的措施，如对项目的初选及再选、审慎调查（尽职调查）、组织联合投资、投资后不间断的监督管理，以及退出渠道的设计等。例如，为了规避高风险，非公开权益资本公司往往采取组合投资的方式，各公司之间往往不是竞争对手，而是投资伙伴。而组合投资模式下，往往各公司之间形成领投与跟投的协作关系。领投者往往首先完成了项目的筛选、审慎调查（尽职调查）、评估与谈判、最终定价，而其他公司则以此评估定价为基础，跟进投资。我国非公开权益资本公司之间的联合投资正在逐渐形成，领投与跟投之间的关系在不断实践与摸索。例如，在2013年10月31日开幕的第九届北京国际金融博览会上，由中关村企业天使汇发起，多名一线投资人和金融机构联合发布的《中国天使众筹领投人规则》，明确了创业者、投资人双方在众筹投融资过程中的责任和义务、基本流程，进一步促进中国天使投资领域走向正规化、标准化。

三是不流动性。众所周知，公开权益资本的投资者可以及时将手中的股票或其他证券变换，以取得流动性。虽然在买卖过程中他们可能获利或损失，但他们的投资流动性是比较强的。与公开权益资本的流动性相反，非公开权益资本具有不流动性，它一旦投入企业，就与被投资企业原有资本形成一体，或被用来购买设备仪器或被用来支付工资、房租等费用，成为企业资本运作的一个组成部分。除非投资者将所投企业的股份售出，实现自己的退出，否则他们所投的资金（往往是现金）在短期内是不能轻易抽回的。

非公开权益资本往往被称为买方金融。买方金融又被译为买方融资，是区别于传统的金融服务的一种特殊金融运作模式。非公开权益资本向企业投入资金实际上是买方金融家用资金购买企业的资产。例如，投资公司A 向创业企业B 投入 100万元资本，换取创业企业B 30% 的股份。这种经济行为可以看成投资公司A 以 100万元购买了创业企业B 30%的资产。在交易过程中，买方往往由于信息不对称而不得不十分谨慎。事实上，非公开权益资本投资公司的买方金融地位是其在投资选项过程中实施种种风险防范措施的一个重要原因。然而，值得注意的是，非公开权益资本绝不是简单的金融运作，它是一种新兴的旨在帮助创建企业的投资模式。①

非公开权益资本的不流动性，它的买方金融的地位，使之相应具有长期性和高参与性等特征。而非公开权益资本的这个特征在天使投资的实践中表现尤为突出。

四是长期性。非公开权益资本的不流动性导致它的长期性。尤其是早期的非公开权益资本，也被称为“耐心的资本”。非公开权益资本的长期件环在于其运作过程与传统金融模式不同。非公开权益资本家往往首先建造一个“资金池”（Money Pool），再用这个池里的资金购买资产。从天使投资的角度看，这个“资金池”不是通过融资的方式从其他投资者那里来的，而是个人财富积累。作为买方金融，非公开权益资本的投资过程就是以权益资本的形式购买资产的过程。在购买后，非公开权益资本家积极参与运作，使资产增值，最终将资产变现，实现投资退出。由此可见，非公开权益资本是长期性

---

① 在传统的计划经济概念中，投资与金融是两个概念，一个来自财政系统，另一个来自银行系统。但在市场经济中，投资仅是金融的一个子范畴。见刘曼红的《创业投资的金融内涵》（中国人民大学创业投资发展研究中心工作论文，2002年）。

的，其流动性是很弱的。作为非公开权益资本的一种形式，天使投资长于投资创业企业发展的早期，而投资期越早，其长期性就越明显。

我国许多非公开权益资本偏重晚期投资，以减弱非公开权益资本的长期性及不流动性造成的潜在风险。这种现象的发生，一方面是公司制度所致，另一方面是宏观环境所致。而正因为非公开权益资本存在投资于晚期的趋向，天使投资就越来越处于重要地位。

五是高参与性——增值性投资。这与其不流动性、长期性相联系，非公开权益资本是一种参与性投资。这种参与性在早期投资，如天使投资和创业投资中表现极为明显。投资家往往在投资后积极参与被投资企业的管理，帮助企业增值。他们或协助企业寻找资源，或寻找市场，或协调企业与其客户及供应商之间的关系，或衔接企业与投资银行及金融机构的关联，促成企业的上市或兼并和收购。因此，非公开权益资本，尤其是早期的天使投资、风险资本也被称为增值性的投资。而天使投资人/创业投资家也被誉为“创业者身后的创业者”。

根据美国创业投资协会的统计，美国风险资本家在投资后花费的时间平均占他们总投资时间（不包括融资、退出等）的75%（包括参与被投资企业战略决策和战略设计、为被投资企业提供咨询服务、帮助被投资企业招聘管理人员、协助公关、设计退出渠道和组织企业退出等），而花费在投资之前的时间仅占总时间的25%（包括寻找目标企业、审查与评估、会晤与谈判、定价、组织联合投资等）。事实上，投后管理问题与一大学科密切相关，即企业管理学。我国需要一大批懂管理、懂技术、懂金融的风险资本家和天使投资人，这也是我国非公开权益资本市场发展的瓶颈之一。我国不乏“硬资本”，即投资现金，而缺乏“软资本”，即在创业、管理、科技、金融方面有经验和能力的投资家。

六是低透明度。由于非公开权益资本市场的非公开性和不流动性，它的透明度很低。这种低透明度表现在投资者和被投资者两个方面。在非公开的投资行为中，投资者与被投资者没有必要也没有义务向公众公开披露商业模式及财务信息。证监会或其他监督部门也没有责任审核其财务状况。尽管如此，在非公开权益资本市场上，投资者和被投资者互相要求对方作出尽可能全面的信息披露。一方面，投资者只有在审查被投资企业的科技、市场、团队、产品、财务等各方面情况后，才可能作出投资决策。另一方面，被投资企业往往要了解投资者的背景、资信、能力，以实现双方的进一步合作。

正因为该市场的低透明度特征，投资当事人——投资者和被投资者双方都十分谨慎，不掉以轻心。这往往造成投资决策过程相对冗长。

第二节　投资人特征及投资行为异质性

一、性别的差异①

天使投资人性别特征及其对创业企业、天使投资组织的影响是一个新兴的领域。通过研究市场主体性别特征，学者们发现：创业投资市场一直是男性主导的，但是有越来越多的女性加入这一领域。坎迪德·布拉什（Candida Brush）等利用创业投资数据库，识别了美国创业投资机构从业人员的性别特征。数据显示，1995—2000年女性创业投资家从262人增加至466人，其中，中高层管理人员占比由78.62%增加至84.76%；在人才流动性方面，64%的女性创业投资家仍坚守在这一领域，她们也希望有更多的女性加入创业投资产业，包括成为天使投资人、加入或成立企业创业投资机构等。总体来看，女性创业投资家占比不到10%。值得注意的是，随着创业投资从业人员总数及男性投资人数量的增加，2011—2013年女性创业投资家的占比下降至6%。相比美国，中国的情况看起来更加乐观。有些知名女性投资人表示“中国的女性投资人在创业投资行业占比达到20%，远高于美国”，“中国科技圈对于女性投资人的接受程度要比美国更高”等。然而，从最杰出的行业精英来看，女性的身影是非常少的。在清科集团发布的“2018投资界TOP100投资人”榜单中，女性仅有6人（占比6%）。

① 见王佳妮、陈晗（2020）的《女性天使投资人发展及行为特征研究》（《科技创业月刊》2020年第4期）。

从本质上讲，天使投资是创业投资的一部分，属于非正式创业投资范畴，也是资助创业者（创业企业）的早期权益资本的主要来源。20世纪80年代以来，随着天使投资在全球更多经济体不断发展，越来越多的学者开始系统地研究天使投资的相关问题。天使投资的发展通常受到文化传统、经济环境、个人背景等多因素的影响。一些研究者关注到了这些宏观层面和微观层面的驱动因素。拉斯洛·瑟尔伯等利用GEM 2001—2003年的调研数据，分析了非正式投资（包括对亲友的投资以及“严格定义”的天使投资）的影响因素。他们指出：非正式投资的决策受到个人和环境两大因素的影响，其中个人因素包括人口统计学特征以及背景特征，而“性别”是人口统计学特征中不可忽略的因素。

事实上，关注到天使投资中性别问题的研究并不多，大部分投资者和创业者的样本都是男性，并不能反映女性在早期投融资过程中的特殊性。从资金需求方来看，女性创业者面临着一定的融资障碍。美国新罕布什尔大学创业研究中心发布的数据显示：2005—2018年上半年，在寻求天使投资的女性创业者中，平均而言，仅有18%能够获得资金。也有学者观察到了创业者在寻求天使投资过程中的“同质性”效应——女性创业者更希望从女性天使投资人那里寻找天使资本，这就意味着需要进一步考虑从资金供给方，即女性天使投资人视角去解决问题。一些证据表明，男性和女性在自信度、社会资本和风险承受方面存在差异，这会影响他们投资创业企业的态度和行为。根据GEM 2016—2017年女性创业专题报告：在全球74个国家和地区中，仅有4.6%的女性在过去几年里投资过创业者，这远远低于男性投资人。在天使投资市场中，女性天使投资人的规模也远远小于男性天使投资人。

值得注意的是，越来越多的天使投资组织兴起，尤其是一些女性主导的天使投资组织的出现，在增加女性天使投资人供给、支持和帮助女性创业者成长方面发挥了积极作用。从组织和团队层面来看，性别多元化也能给投资决策带来一些优势。萨希尔·雷娜从投资者性别差异对比分析了女性创业和男性创业的成功率。以创业投资机构成功通过并购或者IPO进行资本退出为衡量标准，一般而言，女性主导的创业企业表现得更糟糕。然而如果考虑企业的外部投资者特征，对比创业投资机构合伙人全部是男性和创业投资机构性别多元化的两种情况，男女创业成功率的差异会有所不同。当有女性投资者参与时，女性主导的创业企业和男性主导的创业企业表现并无显著差异。这意味着投资者性别多元化有助于创业企业的发展并且提高投资绩效，尤其是当女性投资者支持女性创业者时，其往往会直接参与投融资活动，并为创业企业提供可靠的发展建议。在大部分传统的天使投资组织中，男性成员占绝大多数，极少有女性加入。但也有一些组织意识到了性别多元化的好处，一些以男性天使投资人为主体的天使投资组织也开始吸纳女性成员。与此同时，一些女性主导的天使投资组织也邀请男性成员加入，如美国知名的女性天使投资组织——“金种子天使投资网络”（Golden Seeds Angel Investors Network），其男性成员占20%。

虽然国内已有学者进行了天使投资相关的研究，其中包括对天使投资相关文献的梳理和分析（李姚矿、汤汇道、龙丹，2011；王佳妮、刘曼红，2014），但是仍缺乏关注女性天使投资人的研究。从国外研究来看，只有为数不多的学者对女性天使投资人和天使投资行业中的性别差异问题进行了分析，这些分析仍然不够全面和系统。总体来看，尽管女性天使投资人与男性天使投资人在一些方面存在相同点，但在个性特征，资源获取，投资动机、偏好、策略以及绩效等方面存在一些不同点。

1.女性天使投资人现状

（1）女性天使投资人规模。

如图2-8所示，在过去的十几年，美国有超过20万名活跃天使投资人，起初只有5%的天使投资人是女性，而最近几年该比例有了明显的增长，平均占比超过20%。这与ACA发起的调研的数据基本一致，在全美1659名受访的天使投资人中，女性约占22.1%。

与美国相比，英国及其他欧洲国家的女性天使投资人比例要低一些，2016年的调研结果为11%。根据英国天使投资协会（UK Business Angels Association，UKBAA）发布的研究报告，英国女性天使投资人占比为9%～14%。从欧洲其他地区的调研结果来看，女性天使投资人占比有着明显的区域差异，中部和东部地区女性参与天使投资较为活跃，占比约30%，但西欧地区女性天使投资人仅占11%。

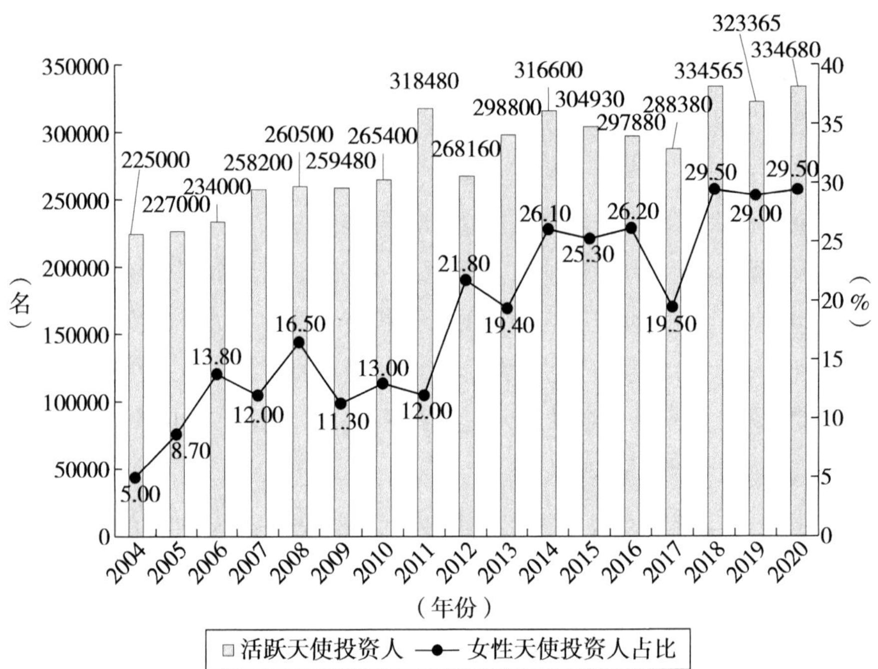

图2-8　美国女性天使投资人规模（2004—2020年）

资料来源：《美国天使投资市场年度报告2004—2020》，美国新罕布什尔大学创业研究中心。

（2）如何成为天使投资人。

一是与其他天使投资人开展联合投资。有一些活跃的女性天使投资人为使自己更好地融入天使投资社交网络，借助男性合伙人、其他男性天使投资人，以及会计师、律师等专业人士的帮助，了解相关项目资讯、学习投资经验，甚至与男性投资人成为联合投资伙伴。理查德·哈里森（Richard Harrison）与科林·梅森（Colin Mason）的调研显示：80%的女性天使投资人有联合投资的经历（30%的人有时参与联合投资，50%的人总是与其他人合投）。

二是通过毛遂自荐加入传统的天使投资组织。大部分天使投资组织在成员招募时都实行邀请制，即老会员推荐新会员。由于大部分天使投资人是男性，并且其大部分人脉是男性，天使投资组织大多由男性成员主导，他们并不排斥女性，但很少邀请女性成员加入。因此，调研发现，一些活跃的女性天使投资人在刚开始接触天使投资行业时，都倾向于通过毛遂自荐的方式加入这些组织。

三是加入女性主导的天使投资组织。女性天使投资人的快速发展得益于这些女性天使投资组织的努力。这些组织不仅为希望进入天使投资领域的女性提供了培训教育，而且创造了一个良好的投资生态环境，鼓励和帮助更多的女性参与投资创业企业。美国第一家女性天使投资组织“六翼天使投资论坛”（Seraph Capital Forum）诞生于1998年。作为美国较大的女性天使投资组织之一，“金种子天使投资网络”自2004年成立以来，已经吸纳了275名天使投资成员（80%为女性），成立了3只基金，投资了近150家创业企业，投资额累计超过1亿美元。全美已经有十余家女性主导的天使投资组织。近年来，以女性为主或只有女性的天使投资组织数量明显增加，很多国家和地区都陆续成立女性天使投资组织，如新西兰的“北极天使”（ArcAngel），英国苏格兰的“投资女性”（Investing Women），阿联酋的“女性天使投资网络”（Women' s Angel Investment Network）等。在这些女性主导的天使投资组织中，有些组织的成员全部是女性，也有一部分组织考虑成员多元化的好处，会适当向部分男性天使投资人开放。

女性天使投资组织和传统男性主导的天使投资组织有何不同？杰弗瑞·索尔（Jeffrey Sohl）和劳拉·希尔（Laura Hill）调查了美国11个女性主导的天使投资组织，并将调查结果与之前研究男性主导的天使投资组织的情况做比较。调查结果显示：这些女性天使投资组织在会员规模、女性会员比重、投资经验等方面都存在差异，并且女性天使投资组织与男性主导的天使投资组织也存在一定的差异性。具体来看，男性主导的天使投资组织规模比女性天使投资组织大，女性天使投资组织中女性成员的比重相对要高；所有被调查的女性天使投资组织都设置了投资人入会门槛，有一部分组织要求会员的净资产达到“合格投资人”的要求，相较于男性主导的天使投资组织而言，女性天使投资组织更重视会员的投资经历以及会费出资能力等。

在投资运作方面，无论性别结构如何，所有的天使投资组织都有相似性，比如，开展尽职调查、利用成员多元化背景进行项目评估，有时开展跨组织的联合投资交易。然而，有一些活跃的女性天使投资人感受到了不同组织之间的差别，主要包括女性天使投资组织具有更加强烈的合作意识、更愿意投资更广泛领域的项目（尤其是被男性忽略的领域）、更倾向于支持女性创业者以及为新加入的女性成员提供早期股权投资的培训和教育。

2. 女性参与天使投资的影响因素

（1）阻碍和劣势。

尽管越来越多的女性开始关注甚至已经进入天使投资行业，但与男性相比，女性参与度仍然很低。安德鲁·伯克（Andrew Burke）等利用2002—2004年GEM的调研数据，论证了男性比女性更可能进行天使投资。究竟是什么阻碍了女性参与天使投资？弗朗西斯·阿马图奇（Frances Amatucci）总结了六个原因：女性低估了她们的风险偏好；女性往往是较为保守、缺乏经验的投资者；女性的社交网络与男性有明显差异，导致无法获取关键性的社会资源；由于家庭责任，男女的工作日程有差异；女性较少通过创业成功积累财富，大多是财富继承人；天使投资活动由男性主导，很少向女性开放。具体来说，包括以下内容。

第一，女性的态度和意识问题。女性倾向于低估自己对高风险项目的投资能力以及投资创业企业的优势。此外，除了工作以外，女性很大一部分的时间和精力花在了处理家庭事务上。很多女性依赖于专业的投资顾问或者基金管理人进行财富管理，以便节约时间和精力。

第二，女性天使投资人缺乏经验。从职业背景来看，女性企业家往往缺乏商业经验，或者有商业经验但没有具有高超的管理水平。在投资经验方面，女性天使投资人早期投资不活跃，缺乏尽职调查、估值、交易谈判以及投后管理经验。此外，有证据显示：与男性相比，女性成为非正式投资者的倾向弱，但是如果女性拥有创业经历，这种情况会得到改善，无论是投资倾向还是投资额度都有积极反应。

第三，女性天使投资人获取关键资源能力弱。考夫曼基金会的研究报告显示：传统天使投资组织主要由男性主导，而他们亲密的社会和商业关系大多为男性。这些组织虽不禁止女性天使投资人参与，但不会主动邀请女性，这导致很多女性天使投资人无法及时获得投资项目资源。有数据显示，女性天使投资人中个人搜索投资项目情况占比41%（男性为72%），利用商业伙伴、会计师和律师占比80%（男性为61%）。尽管男性与他人合作频率较小，在交易评估或交易构建中使用专业建议的可能性也略小，但男性投资者比女性拥有更多的天使投资人资源：58%的男性投资者认识10位以上的天使投资人（女性投资者的这一比例仅为48%）。这一现象表明，男性拥有更强的社会资本关系，这使他们能够直接识别潜在的投资机会，而女性必须在更大程度上依赖于他人的社会资本进行机会识别和资源拓展，这对女性天使投资人的投资发展造成了巨大阻碍。

（2）潜力和优势。

第一，高净值财富。在过去20年里，女性已成为一股重要且日益增长的金融力量。全世界女性高净值人口的数量迅速增加到近3.5万人，2017年占比达到了13.7%。2018年3月，美国《福布斯》杂志发布2018年度全球富豪榜，其中上榜的女性有256人（占11.6%），其中有72位是白手起家的富豪。有数据显示：美国的百万富翁有45%是女性，而英国的百万富翁有46%是女性。这些统计数字表明，女性已获得较大的经济实力和财政权力。因此，她们有潜力成为天使投资市场的中坚力量。

第二，增加资金供给。对于创业企业来说，早期融资仍存在资金缺口。越来越多的女性加入天使投资行业，这在一定程度上能够扩大投资交易规模，为创业企业增加获得融资的机会，从而带动区域经济发展。

第三，女性创业者对于女性天使投资人的关注和需求。弗朗西斯·阿马图奇采访了若干活跃的女性天使投资人，80%的受访者都认可早期融资中的“同质性”现象，即女性创业者可能主动寻求女性天使投资人的支持，她们与女性天使投资人相处更加自在和舒服。美国新罕布什尔大学创业研究中心调研数据显示：2017年，女性天使投资人占比为19.5%，与上一年相比有所下降；在寻求融资的创业者中，女性占26.9%，这里面仅有23.4%的女性创业者获得了天使投资。因此，有必要让更多女性加入天使投资行业，从而缓解女性创业者融资难问题。

第四，女性天使投资组织的崛起使天使投资领域朝着多元化发展。为了凝聚更多女性投资人的力量，帮助这些女性成为天使投资人，市场中涌现出越来越多的女性主导的天使投资组织。这些组织的崛起，提高了女性在天使投资行业的参与度，并且从多种角度实现了多元化的优势。

其一，天使投资组织成员多元化。天使投资人并非仅仅是财务投资者，更是“智慧资本”投资者。多元化的成员让天使投资组织更具投资优势，尤其是不同职业、不同领域、不同经验和知识等方面的资源共享，有助于提高尽职调查效率，更好开展投资决策以及投后活动。

其二，投资视角多元化。研究表明，传统商业天使网络主要关注技术领域，而女性天使投资人可能更倾向于考虑更广泛的领域，包括医疗、零售、消费产品或绿色企业，更好补充了天使投资领域；并且女性爱好与人合作，也能为投资决策带来一些新视角，尤其是营销、信息处理、产品等经验以及对女性创业者的理解。

其三，交流形式和内容多元化。如何让更多的高净值女性加入天使投资行业？很多学者和活跃天使投资人都一致认为需要加大交流和教育。尤其是天使投资本身是一个相对专业的领域，有专门的投资流程和专业术语，对于新手而言，需要理解一些基本知识和获得更多信息。相较于传统的天使投资组织，女性天使投资组织更加注重教育和培训。除了传统的路演、论坛之外，它们会开展多种形式的活动，帮助成员完善知识体系，提升投资技能，如主题沙龙、定期培训活动及投资项目交流会、新会员辅导课程等。在内容设计方面，女性天使投资组织相对宽泛，有助于解决投资实践过程中的难题，包括构建投资组合、开展尽职调查、进行投资谈判，以及解读创业行业趋势、政策等宏观层面的信息。

3. 女性天使投资人的行为特征

（1）投资动机与机会识别。

一般而言，天使投资人主要受两大因素驱动：参与创业过程的满足感和财务回报。玛丽安·哈德森（Marianne Hudson）等的研究指出：无论男女，几乎所有参与天使投资的群体在某些投资动机和理由上都是趋于一致的，如获得高额回报、投身于激情活力的创业世界、亲自孵化和指导创业者、开启自己的“第二职业生涯”；然而，相比男性，女性天使投资人会有一些其他的投资动机和倾向，比如，加入创业企业的董事会、投资和帮助女性创业群体。理查德·哈里森与科林·梅森也发现了一些细微的差别：女性更显著地支持对社会有益的产品和服务（如绿色科技产业和创意产业），更强调“花钱的乐趣”。

有研究显示：大部分女性天使投资组织识别投资机会的渠道是网络，这意味着女性主要利用社会网络来了解潜在的投资机会。数据也表明，女性天使投资人对女性创业者更偏爱。女性可能接触不到传统的男性主导的社交网络，但相比男性，她们吸引了更多女性创业者，并且女性创业者从女性天使投资组织处获取资本的比例几乎是从男性天使投资组织处获取比例的三倍。理查德·哈里森与科林·梅森指出，天使投资组织是投资机会的主要来源，除此之外，创业者社团和个人搜寻是相对重要的来源。对比发现：男性更关注个人搜寻，而女性天使投资人更多地利用创业者社团、会计师事务所、律师事务所等渠道。

（2）投资行为和交易策略。

一些学者指出：女性天使投资人相对保守。约翰·贝克尔·布里兹和杰弗瑞·索尔研究发现，和男性相比，女性天使投资人的信心水平以及风险容忍度较低，这就导致女性天使投资人在行业中的参与度较低，其交易数量相对较少，并且女性更偏好投资成熟项目，并非种子期和早期创业企业。随后，他们基于美国新罕布什尔大学创业研究中心天使投资组织数据库，进一步研究了组织的性别结构对该组织投资行为的影响。研究总样本是2000—2006年美国的部分天使投资组织，每年有33~47个天使投资组织提供调研反馈情况（回收率为21%~26%），覆盖1685~5021位天使投资人，其中约有10%是女性。大部分组织的女性成员不到25%，仅有两个女性天使投资组织，女性成员占比分别为80%和100%。研究结果显示：在不考虑性别差异的情况下，女性创业者从女性天使投资人处获得融资的概率只有平均水平的一半；但相比由男性主导的传统天使投资组织，女性主导的天使投资组织更受女性创业者关注，能够吸引更多的融资申请（Sohl和Hill，2007；Edelman、Manolova和Brush，2017）。因此，学者们也鼓励更多的女性参与天使投资。劳拉·黄（Laura Huang）等研究发现：女性天使投资人的投资数量和交易金额相较于男性低，并且她们很少在下一轮追加投资，这可能与受访女性从事天使投资的经验尚浅有关。根据UKBAA发布的报告：2016—2017年，51%的女性天使投资人投资交易较少（≤5笔），而这类男性天使投资人仅占41%。

在项目偏好方面：相较于男性，女性天使投资人有一些不一样的特征。女性天使投资人更可能投资由女性所有和管理的创业企业。此外，理查德·哈里森等（2015）研究发现：女性天使投资人厌恶风险，较少投资种子期以及创新型创业企业。来自美国的一项调研数据显示：女性天使投资人在评估项目时，会更看重创始人性别因素。具体来看，51.3%的女性认为创始人的性别非常重要，而只有6.4%的男性认为创始人的性别非常重要。这意味着，女性天使投资人数量的增加可能会为女性创业者带来更多的早期融资机会。除了创始人性别外，女性天使投资人比男性天使投资人更偏好有社会影响力的创业企业，以及重视创业企业的市场增长潜力。此外，与男性天使投资人相比，女性天使投资人更偏好投资亲密的家庭成员、其他亲戚、朋友和邻居。

在交易策略方面：男性天使投资人比女性天使投资人更独立，不像女性天使投资人偏好和别人一起投资。英国的调研结果再次证明了这一点。研究发现：85%的女性天使投资人通过联合投资支持创业企业，这里面仅有20%的女性担任领投人。

（3）投后活动与投资绩效。

由于大部分女性天使投资人为跟投人，且没有深入参与企业经营活动，她们所花费的投后活动时间（每个企业平均为0.8天）相较于男性天使投资人（每个企业平均为1.7天）要少。

杰弗瑞·索尔和劳拉·希尔分析了2002—2003年天使投资组织的投资回报情况。2002年，86%的女性天使投资人进行了投资交易，每个组织平均投资4.1个创业企业。在这些投资中，10.5%的企业是由女性所有和管理的创业企业。天使投资市场的年收益率在10%左右，平均而言，男性天使投资组织（2002年为7.1%，2003年为10.3%）与女性天使投资组织（2002年为9.9%，2003年为8.2%）的投资回报率差别不大。从退出情况来看，理查德·哈里森与科林·梅森研究发现：女性天使投资人亏损的项目占比（50%）相较于男性天使投资人的（60%）低，但是获得高额回报（6倍以上）的项目占比（9.1%）却没有男性投资人的（20%）高，这意味着女性天使投资人还是较为谨慎的。劳拉·黄等的调研结果也显示：相较于男性天使投资人，女性天使投资人获得成功退出的项目比例较低，这可能与女性天使投资人的投资动机、项目偏好和投资决策风格有关，她们往往依靠“直觉”进行投资决策，而且更多考虑女性创业者和有社会影响力的企业，并不是一味追求高回报，而男性天使投资人会更加激进地追求高风险、高回报项目以及多样化的投资组合。

总体来看，通过梳理女性天使投资人的相关研究成果，得出以下几点结论。第一，相较于男性天使投资人，女性天使投资人群体的规模较小。但近几年，全球越来越多的天使投资组织，尤其是新涌现的一批女性主导的天使投资组织和机构，促使女性天使投资人队伍不断壮大。第二，天使投资人大多数属于一个小圈子（社会关系网），想要成为天使投资人或者接触天使投资圈，女性可以与其他人开展联合投资，或者加入天使投资组织。第三，有一些因素导致女性在天使投资行业的参与度较低，主要是女性的态度和意识，以及缺乏相关的经验和社会资源等。女性是潜在的天使投资人群体，她们能带来很多优势，如很多国家和地区的高净值女性规模不容小觑，她们参与天使投资有助于增加创业企业的资金供给，性别多元化给天使投资组织带来积极效应，支持女性创业等。第四，尽管女性天使投资人参与天使投资的动机和投资行为与男性天使投资人有很多相似之处，但也有证据显示出一些差别，如有一些女性天使投资人更加追求社会效益，机会识别的渠道和方法不同，投资行为相对保守，偏好联合投资，投后活动参与较少，这与女性天使投资人的网络资源、知识经验以及风险偏好有关。

二、动机与经验

1.投资动机

按照投资动机——是否以财务收益为唯一目的，把天使投资人分为财务收益型天使投资人和创业者型天使投资人两种。

（1）财务收益型天使投资人。

财务收益型天使投资人的投资目的简单明确，他们就是为了赚钱。他们投入初创企业的资本与他们投入股票市场的资本从本质上看没有什么区别。他们之所以从事天使投资是因为他们看好被投资企业，认为这种投资可以带来很高的收益。他们的投资行为单纯为追逐财务收益。这种天使投资人是天使投资队伍中不太稳定的一群。如果其他投资项目会带来更大的投资收益，他们很快就会转型，就会放弃天使投资而从事那些使他们获得更大财务收益的投资活动。而在我国，以及其他天使投资刚刚发展的新兴经济体中，财务收益型天使投资是天使投资人的主流。

（2）创业者型天使投资人。

与财务收益型天使投资人不同，创业者型天使投资人虽然也重视投资收益，他们的投资目的之一也是赚钱，也是财务收益，但财务收益不是他们唯一的投资目的。自然，没有收益的项目是不会引起他们的投资兴趣的，但他们投资的目的绝不仅仅局限于追求投资收益。他们从事天使投资是因为他们喜欢，他们想将其作为事业，他们愿意帮助新兴企业成长壮大，也希望能通过自己的努力，使新生企业从无到有、从小到大，并最终取得成功。创业者型天使投资人大都是理想主义者，他们希望自己的资金以及自己的经验能够拯救一些富有创意却又受到资金短缺制约而不能发展的企业。这种天使投资人大多有创业经历或丰富的行业背景。创业者型天使投资人是以一种创业者的心态从事投资事业的，他们希望用自己的金钱、用自己的企业管理经验帮助创业者建筑他们的新兴企业。作为天使投资人，一旦投资成功，他们将获取双重收益：一方面，他们以自己的金钱、智慧和经验赚到钱；另一方面，把天使投资当作事业，使他们得到一种精神上的满足、一种享受、一种无限的快乐、一种金钱无法买到的充实。

在成熟的经济体中，创业者型天使投资人是天使投资的主力。他们是天使投资人的代表，也是天使投资人为社会经济生活做出贡献的基本群体。创业者型天使投资人的动因说明了天使投资的真谛，说明了天使投资人和创业者的内在的、根深蒂固的联系。天使投资人的这种特性也是创业投资人的特性。例如，有“风险投资之父”之称的阿瑟·洛克（Arthur Rock）不仅是成功的创业投资家，还做过天使投资业务，他自身就是一个创业者、一个企业家。他的投资成就了英特尔（Intel）公司，是成功创业的典范。

2.职业经验

根据Roberts等（2000）的分析，把天使投资人的相关经验细分成相关行业经验和相关创业经验。前者主要指市场开发、销售、企业发展战略等方面的经验；后者主要指创业、初创企业管理方面的经验。例如，一些天使投资人曾经做过通信方面的管理工作，他们在投资通信领域的项目时就具有一定的相关行业经验。而另一些天使投资人曾经自己创业，或成功，或失败，他们的创业未必与他们所投项目相关，他们虽然不一定具有相关行业经验，但拥有创业和初创企业管理方面的经验。

按照天使投资人所具备的相关行业经验和相关创业经验的程度来分析，可以把天使投资人分为运营型天使投资人、导师型天使投资人、财务型天使投资人及创业型天使投资人。其中，创业型天使投资人和财务型天使投资人与前文提到的创业者型天使投资人和财务收益型天使投资人在动机上的特征一致，这里从不同的角度进一步探讨。四类天使投资人如图2-9所示。

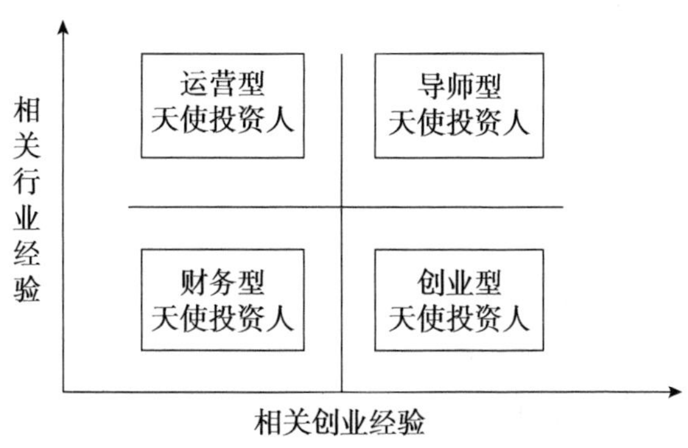

图2-9　四类天使投资人（按照相关行业经验与相关创业经验区分）

天使投资人的相关创业经验越丰富，他们就越处于图的右侧。而他们的相关行业经验越丰富，他们就越处于图的上方。运营型天使投资人具有相关行业经验，但缺乏相关创业经验。导师型天使投资人既具有相关行业经验，也具有相关创业经验，是比较全面的天使投资人。财务型天使投资人既缺乏相关行业经验，又缺乏相关创业经验，是最没有经验的天使投资人，他们投资往往单纯为了获得利润。创业型天使投资人具有相关的创业经验，而无相关行业经验。

（1）运营型天使投资人。

这类天使投资人仅仅具有相关行业经验，没有相关创业经验。这类天使投资人的优势在于他们往往擅长市场开发、产品推广、销售、对外关系等，他们在整个生产过程中的指导性较强。如果企业已经进入市场开发阶段，他们的丰富经验会给企业以巨大的帮助，能够推动企业不断走向成功。但这类天使投资人也有不足。他们缺乏相关创业经验，他们对于新兴企业管理方面的特点不很熟悉。

（2）导师型天使投资人。

他们既有相关行业经验，又有相关创业经验，完全有能力引导创业企业走向成功。这类天使投资人的优势在于，由于经验丰富，他们选择项目的准确性比较强，投资决策比较果断，一旦投资决策做出，他们就会全力以赴帮助企业创业。同时，他们比较了解创业者的心态，容易与创业者沟通。导师型天使投资人可以为初创企业提供巨大的帮助。如美国印第安纳州的天使投资人威廉·梅斯在进行了 12 项天使投资后，又投资了当地的一家建筑公司——哈曼公司。投资后，威廉·梅斯不仅提供各种管理咨询，帮助其进行战略策划，还帮助哈曼公司建立银行信用方面的联系。哈曼公司的老板不无感慨地说："威廉是我们的导师和引路人。"导师型天使投资人虽然具有种种优势，但是存在内在的欠缺。带有讽刺意味的是，导师型天使投资人的优势在于他们丰富的经验，而他们的劣势恰恰也在于此。由于经验丰富，他们有时比较主观，容易对于所投企业干预过多，使得企业家的自主权不足，缺乏主人翁感。

（3）财务型天使投资人。

他们既没有相关行业经验，又没有相关创业经验，这类天使投资人能为企业提供的仅仅是资金，他们很少为企业提供投资附加值。但这类天使投资人也有优势：他们往往不会过分干预企业的各种决策，给予企业家更大的发展空间和更多的自主权。成熟的、具有多次创业经验的创业者有时会主动寻找财务型天使投资人，因为他们觉得和这类天使投资人合作更轻松、更主动、更容易沟通。

（4）创业型天使投资人。

与运营型天使投资人相反，创业型天使投资人仅仅具有相关创业经验，没有相关行业经验。例如，一些天使投资人虽然创过业，但过去创业是在软件方面，而目前所投资的项目是在生物工程领域。他们熟悉创业过程，但缺乏生物工程的相关知识。这类天使投资人的优势在于，他们曾经是创业者，他们本身就有创业热情，知道创业者的苦衷，知道创业者的艰辛，也知道创业者的乐趣，他们比较了解创业者的优势与劣势。他们往往与创业者形成比较融洽的合作关系。他们的劣势在于，由于缺乏相关行业经验，他们有时很难帮助企业开拓市场或协助产品销售。

三、风格与策略

1. 投资习惯

从投资习惯上看，天使投资人又可被区分为偶然性天使投资人和经常性天使投资人。

（1）偶然性天使投资人。

有的天使投资人从未尝试过私人资本投资，他们仅是偶然看准了一个项目而投资的。他们或是对于项目本身感兴趣，或是对于项目所能带来的潜在利润感兴趣，但他们对于天使投资人的身份并不感兴趣。偶然性天使投资人并不仅仅指一次性投资。有的天使投资人也会进行两次、三次或更多次投资，但从投资决策性质上，他们仍然属于偶然性天使投资人。例如，澳大利亚天使投资协会2009年年初的一次调研发现，在澳大利亚参与天使投资活动的人有85% 都是第一次从事这种投资。当然，这和天使投资在澳大利亚仍然是一个新生事物有关。但对于他们当中的一部分人来说，这次进行天使投资很可能是他们第一次也是最后一次从事这类投资。

（2）经常性天使投资人。

与偶然性天使投资人不同，经常性天使投资人把天使投资作为自己的事业，他们热爱这一事业，他们投入这一事业的不仅仅是金钱，更重要的是智慧、才能、经验、热情以及社会关系。这部分天使投资人往往就是创业者型天使投资人，他们是天使投资稳定的主力军。

2. 投资经历

从投资经历区分，天使投资人可以分成幼稚的天使投资人和老练的天使投资人。

（1）幼稚的天使投资人。

这类天使投资人是指缺乏投资经验，但又满怀热情、积极主动地参与天使投资活动的人。由于投资经验不足，他们难免投资失误，但他们的热情不减。事实上，这部分人自觉或不自觉地以自己的金钱和热情推动经济发展，他们应当得到社会的承认和支持。

（2）老练的天使投资人。

老练的天使投资人往往饱经风霜，他们能够准确地选择投资项目，比较客观地做出投资评估，比较迅速地做出投资决策。这类天使投资人是指已经做过若干次天使投资，有过类似的经历，吃过亏、上过当，积累了丰富经验的投资者，他们曾几何时也做过幼稚的天使投资人，他们从幼稚到成熟是有一个过程的。天使投资界有句名言：正确无误的投资决策来源于经验，而经验来源于错误的投资决策。

因此，老练的天使投资人来源于幼稚的天使投资人，而只要不断实践、不断吸取教训，幼稚的天使投资人终归会成为老练的天使投资人。

3.投资风格

按照不同的投资风格，天使投资人还可以分成天女散花型天使投资人、活跃型天使投资人、控制型天使投资人和“超级天使”四种类型。

（1）天女散花型天使投资人。

这类天使投资人喜欢投资多家创业企业，但在每一家仅投资少量资金，像天女散花一样，他们可能将5万美元投资于 50家创业企业，每家平均仅投1000美元。他们没有投资重点，也没有时间参与被投资企业的任何运营和管理过程。这类天使投资人占天使投资人总数的1/10左右。在我国，这类天使投资也被称为“撒胡椒面式投资”。为了规避风险，他们每一个项目投一点，全面播种，坐等收成。

（2）活跃型天使投资人。

这类投资者代表大多数天使投资人。他们不仅投入金钱，而且投入自己的经验、技术、特长及关系网。他们对于创业企业的贡献远远大于资金投入。他们投入的是热情和心血。这些天使投资人会经常参与被投资企业的建设，但又不包办或者喧宾夺主。他们可能会每周一次到被投资企业去，或参加会议，或提出建议，或考察参谋，付出许多心血。他们的目的是帮助被投资企业成长壮大，获得投资回报，同时他们期望与创业者分享创业成功的果实。

（3）控制型天使投资人。

这类天使投资人也十分活跃，也积极参加企业的建设，但他们有时干预过多，处处以自己的意志为主。他们是否投资创业企业的先决条件之一就是自己能否施加控制。这类天使投资人有时也能为创业者带来珍贵的经验、特长和关系，但他们过分的控制往往使创业者不快。

（4）“超级天使”。

这类天使投资人与活跃型天使投资人类似，他们对于企业的投入不仅仅是资金，还有自己的经验、特长和关系。与活跃型天使投资人不同的是，“超级天使”往往是在业界享有一定名气的成功人士，随着资本金，他们还向创业企业投入了自己的名誉和声望。这类天使投资人并不常见，在整个天使投资人群体中只占一小部分，对于初创企业来说他们的投资就显得更加珍贵了。

4.控股与投后管理

Amis和Stevenson（2001）认为按照天使投资人对于被投资企业的控制程度，天使投资人可分为以下五类。

（1）无言型的天使投资人。

他们大都是财务收益型天使投资人，他们没有兴趣也没有时间过问被投资企业的生产经营状况，他们投资后就静心等待收获。他们有些像“姜太公钓鱼，愿者上钩”。也可以称他们为悠闲型天使投资人。

（2）保存实力型的天使投资人。

他们对于被投资企业日常运营一般不过问。但一旦企业家需要，他们愿意也有能力提供各方面的帮助。例如，天使投资人Andrew Blair为被投资企业提供了咨询热线。如果企业家有紧急需求，他们可以通过咨询热线及时找到天使投资人，听取天使投资人的建议和意见解决问题。

（3）管理团队型的天使投资人。

他们参与被投资企业日常管理，有时能够对企业的发展起到积极的推进作用，但也可能参与过多，对被投资企业有不良影响。

（4）教练型的天使投资人。

他们是最高境界的天使投资人，他们既不去控制被投资企业，又能够积极地、即时地给予被投资企业各种各样的指导、帮助和支持。这类天使投资人是创业企业最需要的投资者。

（5）控制型的天使投资人。

他们干脆本人承担了企业家的使命，喧宾夺主，自己成为企业家。这类天使投资人对于被投资企业的影响最大，但可能会使得创业者丧失主人翁的自尊心，成了自己企业的雇员。天使投资人的这种态度往往使得创业者完全没有了创业热情，天使投资人的过度干预必将适得其反，不能起到帮助企业成长的作用。

如果按照天使投资人的企业家精神和参与被投资企业的程度，天使投资人可分为以下五类：创业型天使投资人；热情激昂的天使投资人；公司型天使投资人；精细管理的天使投资人；专家学者型天使投资人（Beroff和Evan，1998）。

（1）创业型天使投资人。

这些人大多是创业成功的企业家。他们的企业或者已经上市，或者被其他人高价买入，或者正在成功地运行，但他们本身并不需要对自己的企业过于操心。他们已经获得一笔相当大的资产，往往可以承担更高的风险，可以投入更多的资金。他们投资的原因之一是被投资企业与自己的创业企业之间存在互补关系。他们的投资金额往往较大，而且在企业需要的时候他们可能追加投资。但一旦发现被投资企业与自己的企业之间的互补关系消失，他们的投资可能随之消失。这类天使投资人的企业家精神最鲜明，他们的参与程度也最高。他们希望积极帮助创业者建设企业，希望能够在帮助创业者的同时得到精神上的满足。

（2）热情激昂的天使投资人。

这类天使投资人往往也是成功的企业家，但他们投资可能完全出于对创业的热情，对被投资企业的热爱。对于他们来说，投资是一种爱好。他们往往希望帮助企业成长，但并不希求在企业的管理地位或董事会席位。但这类天使投资人往往投资若干企业，他们对于每个企业的投资额往往有限。这一类天使投资人参与被投资企业的程度会大大低于创业型天使投资人。

（3）公司型天使投资人。

他们主要来自大型企业，曾经是大型企业的CEO（首席执行官）或其他企业管理者，也可以称为“高管型天使投资人”。他们一般拥有至少100万美元的现金，可能会将几十万美元投资于看中的企业。他们同时希望在所投企业中占有一个重要的甚至主要的职位，这个职位常常是他们投资的条件之一。这类天使投资人对于被投资企业的参与程度居中，在必要的时候，他们也会积极参与，但无暇过问过于琐碎的管理细节。

（4）精细管理的天使投资人。

他们的特点是对被投资企业进行精细管理。这些投资人可能来自富有家庭，也可能通过奋斗白手起家。但是他们的天性有些共同之处：他们都愿意把自己的意志凌驾于被投资企业之上。他们的优势在于他们可能资金充足，他们会投资高达几百万美元。但他们一般都要求有董事会席位，在必要时，他们还会要求更换被投资企业的管理人员。这些天使投资人有时会在管理细节上过于精细，这有时会让创业者感到不快。

（5）专家学者型天使投资人。

这类天使投资人往往也是成功的医生、教授、学者、律师等。专家学者型天使投资人常常投资于自己熟悉的领域。例如，医生可能投资医疗器械企业；商业律师可能投资于商业连锁店等项目；天文学教授可能投资天文方面的科技创新项目；等等。专家学者型天使投资人往往要求询问企业日常业务，但他们一般不要求董事会席位，他们也不会像精细管理的天使投资人那么琐碎和细致。

5. 投资模式：个人投资者vs“大使团体”

Shane（2005）研究发现，有一些投资者偏好单独决策，主要基于相信自己的投资能力、降低成本、经验保密、社交网络局限、获取企业控制权等。但也有越来越多的天使投资人以群体行为方式参与投资，这是因为“天使团体”能够带来资金聚集、投资多元化、知识互补、项目流动、决策验证、劳动分工、学习他人经验等优势（Wiltban和Boeker，2007；DeGennaro，2010）。Carpentier与Suret（2015）的研究揭示了团体和个体在进行天使投资决策时的差异，即与个人投资者关注代理问题相比，“天使团体”更看重创业企业的市场风险和团队执行能力。哪种模式更优？投资回报更高？并没有研究将传统的独立投资与通过“天使团体”进行联合投资两种模式产生的投资绩效进行评估。两种模式的交易结构不同，独立投资更倾向于开展小额交易，投资在更多的企业上，以便分散风险；然而由于管理成本，“天使团体”成员之间的联合投资更倾向于创业投资机构模式，偏好开展大额交易，投资数量也会减少，风险可能更高（Harrison等，2020）。

第三节　天使投资对实体经济的支持作用

一、融资渠道

早期的很多研究都强调了天使投资能缓解企业早期资金不足（Gaston，1989；Mason和Harrison，2000），尤其是解决科技型企业的早期融资难题（田桂玲，2008；李姚矿等，2012）。无论从被投资企业数量还是投资总额来看，天使投资规模都不容小觑。

从资金供给来看，天使投资和创业投资在创业企业早期融资上有互补作用（涂峰，2006），天使投资是早期股权融资的重要来源。根据GEM对37个国家的研究：与正式创业资本相比（590亿美元），2001年天使投资约是其5倍（2980亿美元），正式创业投资只占GDP的0.2%，但估计天使投资占GDP的1%（Reynolds等，2002）。不同国家及地区天使投资的市场规模存在差异。在美国：Osnabrugge（2000）认为天使投资比正式创业投资多出2至5倍；Lange等（2003）发现天使投资人提供了60%的早期融资，创业资本家只提供不到30%的资金；Bygrave和Reynolds（2004）认为天使投资超过了正式创业资本融资，每年有1080亿美元。在英国：Mason和Harrison（2000）估计有2万至4万名天使投资人，每年投资总额在5亿英镑到10亿英镑，投资企业3000 ~ 6000个；Mason和Harrison（2002）估计，在全国天使投资协会注册的天使投资人已经在调查前3年做出超过600项的投资，总额达到6000万英镑。此外，一些学者对日本、瑞典等国的天使投资规模进行了研究。Tashiro（1999）估计日本的天使投资市场有1330亿日元。Avdeitchikova（2008）发现，瑞典的天使投资人每年做出的投资在27800 ~ 32600项，投资总额在3.85亿 ~ 4.5亿欧元，大约占瑞典

GDP的1%。

OECD（2011）对欧美地区的天使投资市场规模进行了估算，各国天使投资与创业投资市场规模的情况不尽相同（见表2–5）。谈毅等（2015）估算了中国天使投资市场规模：活跃天使投资群体仅有千余人，其潜在投资规模约为300亿元。根据EBAN（2019）统计：天使投资是欧洲早期股权投资市场的主要来源，资金规模占比六成以上（见表2–6）。

表2–5　欧美国家/地区天使投资与创业投资市场规模对比

国家/地区	天使投资调研规模/占比（百万美元；%）	天使投资预计总体规模（百万美元）	创业投资市场规模（百万美元）
美国	469（3）	17700	18275
欧洲	383（7）	5557	5309
英国	74（12）	624	1087
加拿大	34（9）	388	393

资料来源：根据OECD（2011）"高增长企业融资：天使投资人的作用"研究报告整理而得。

表2–6　欧洲早期股权投资市场分布（十亿欧元）

阶段	2016年		2017年		2018年		2019年	
天使投资	6.6	67.35%	7.3	63.87%	7.45	60.82%	8.04	60.82%
早期创投	2.5	25.51%	3.5	30.62%	4.13	33.41%	4.4	33.28%
众筹	0.7	7.14%	0.63	5.51%	0.78	6.31%	0.78	5.90%
合计	9.8	100.00%	11.43	100.00%	12.36	100.00%	13.22	100.00%

资料来源：根据2016—2019年EBAN统计概要（EBAN Statistics Compendium）整理而得。

美国约有30万名活跃天使投资人，每年平均向5万多家企业提供资金，投资总额达200多亿美元（Sohl，2017）。欧洲地区约有33万名天使投资人，覆盖近4万家企业，总投资额达70多亿欧元（EBAN，2018）。天使投资人更倾向于在企业种子期和初创期投资，与创业投资和私募股权相比，资金规模不一定大，但是资助的企业数量往往更多。美国经验数据显示：天使投资交易数量是创业投资的5～10倍；即便是整个创业投资市场，早期交易数量占比也相对更高（见图2–10、表2–7）。

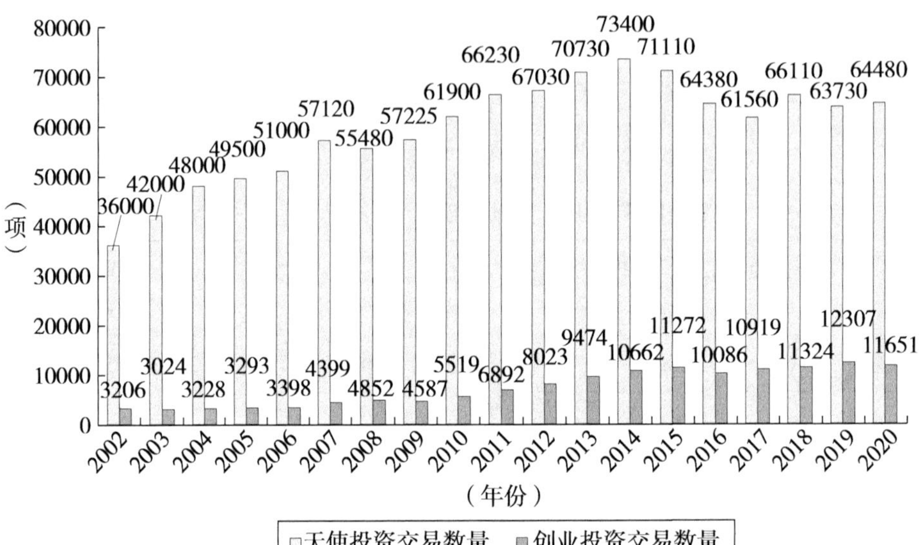

图2–10　2002—2020年美国天使投资与创业投资交易数量

资料来源：美国新罕布什尔大学创业研究中心研究报告（2002—2021）、《美国创业投资协会2021年度报告》（*NVCA Yearbook 2021*）。

表2–7　美国创业投资交易数量阶段分布

阶段	2011年		2015年		2020年	
天使/种子阶段	2585	37.51%	5702	50.58%	4859	41.70%
早期创投	2518	36.53%	3353	29.75%	3450	29.61%
晚期创投	1789	25.96%	2217	19.67%	3342	28.69%
合计	6892	100.00%	11272	100.00%	11651	100.00%

资料来源：《美国创业投资协会2021年度报告》（*NVCA Yearbook 2021*）。

总体上，尽管研究对象不同，不同来源的数据也各不相同，甚至相差很大，但天使投资涉及的资本规模和投资数量足以表明这是一个巨大的市场，而且对一国的经济发展发挥了重要作用。

二、战略角色

与传统投资相比，天使投资不是一种纯粹的财务型投资，很多天使投资人会积极地参与投后管理活动（吴彦，2005）。不管是对天使投资人进行调查，还是从获得融资的企业视角进行分析，前人的研究都论证了天使投资人不仅给予资金，还向创业企业提供专业知识和社会网络资源（Ardichvili等，2002；Saetre，2003；古赞歌、庆军，2005；田桂玲，2008；王雪青等，2008；李姚矿等，2012；刘博等，2017）。Politis（2008）将天使投资人的作用归纳为四种：①执行董事/战略角色；②资源整合角色；③监督角色；④导师角色。其中，执行董事/战略角色主要增强企业内部的资源和能力，包括通过担任执行董事提供战略制定、经营建议等服务（Harrison和Mason，1992；Ehrich等，1994；Stevenson和Coveney，1996），提供行业知识、管理经营（Lumme等，1996；Tashiro，1999）；资源整合角色主要是对接外部的人力、金融及社会资源（Mason和Harrison，1996；Paul等，2003）；监督角色和导师角色则强调天使投资人与创业者通过建立一种良好的关系缓解代理冲突及增强公司发展能力（Ehrich等，1994；Saetre，2003；Brettel，2003）。

Fili 与Grünberg（2016）从组织与管理学视角重新梳理了天使投资人投后活动的五大治理机制。一是跨界（Boundary Spanning）。这指天使投资人不直接参与企业经营活动，主要是为企业创造良好的发展环境，其主要工作与信息交流、外部代理人相关。天使投资人一般都具有专业知识和社会关系网，可以为企业提供所需的资源，比如，业务合作者（Paul等，2003）、专业人才（Ardichvili等，2002；Brettel，2003；Prowse，1998；Wong等，2009）、后续融资（Harrison和Mason，2000；Madill等，2005）、“商业背书”（Harrison和Mason，2000；Madill等，2005；Satre，2003）。二是组织（Structuring）。这类活动使得企业经营管理更具有规范性、计划性、战略性。例如，天使投资人会给企业引入严格的财务管理制度（Macht，2011b；Stedler和Peters，2003），从远景规划层面协助制定和完善企业发展战略（Prowse，1998；Brettel，2003；Amatucci和Sohl，2004）。三是领导（Leadership）。这类活动强调从组织决策层面发挥作用。很多研究都证实了天使投资人通常在一些企业中拥有董事会席位，他们基于自己的专业知识和从业经验为企业的发展提供建议，支撑管理决策（Madill等，2005；Mason和Harrison，1996）。在一些例子中，创业者和天使投资人的关系十分亲密，在专业上天使投资人为创业者提供大量的咨询和辅导，在感情层面又彼此信任，他们亦师亦友，携手并进。四是执行（Doing）。这通常表现为天使投资人直接参与企业日常的经营管理活动。企业在发展早期阶段会遇到大量棘手的问题，由于管理团队的能力和资源有限，一些天使投资人直接以全职或者兼职的身份加入创业团队，成为企业的顾问、技术专家、财务专家或是其他核心领导者（Prowse，1998；Landström和Olofsson，2001；Erikson和Sörheim，2005）。五是监督（Monitoring）。在监督机制中，天使投资人的目的是调查企业经营管理过程及评估企业绩效。因此，监督与其他四类是融合在一起的。跨界、领导及执行活动能够帮助天使投资人探测和收集企业相关信息，而组织活动则为投资人的监督提供一些可参考的指标。Fili 与Grünberg（2016）指出，科学合理的活动在一定程度上能够激励企业发展，降低天使投资人的投资风险，但不恰当的投后行为也会反过来影响绩效。因此，投后活动对天使投资人和创业企业都非常关键。

三、经济效应

天使投资一般出现于企业融资的早期阶段，天使投资人在提供资金的同时，往往会利用自身的行业优势及创业经验，在企业战略、资源、监管和指导方面提供支持，推动被投资企业各方面的完善和发展以使其形成竞争优势（Politis，2008）。在企业早期阶段，天使投资人比创业投资机构更为活跃（刘丁已等，2005）。天使投资人更像是创业公司的经营管理者，而创业投资机构像财务管理者（朱玲，2006）。有证据显示：与其他融资渠道相比，天使投资人更能产生价值（Lindstrom和Olofsson，2001；Chahine等，2007；Bruton，2010）。比如，天使投资人持股一定时间能够加速企业成长（Kerr 等，2014）；天使投资人与创业投资机构联合投资能够加快企业成长（Bonnet，2013）；早期投资经验丰富的投资人有助于企业获得后续融资，还增大了企业IPO和并购活动的可能性（Croce等，2016）。也有学者持消极态度，他们认为天使投资人与企业进行密切沟通，在一定程度上能优化双方关系，但并不意味着就能直接提高经济效应（Landström，1992；Bammens和Collewaert，2012）。研究发现，投后绩效受到投资人经验、持股时间、合投伙伴、投融关系等的制约（Croce等，2016；Kerr 等，2014；Gregson等，2013）。

财务绩效受到很多因素的影响，天使投资人对企业增值的积极效应还需要更多证据来证实。然而，很多学者认为：与创业投资一样，天使投资与企业创新绩效有显著的关系。买忆媛等（2012）、刘督等（2016）、Dutta和Folta（2016）都证实了天使投资在企业创新中的作用。由于委托代理关系的不同，天使投资人相较于创业投资机构更可能奉行机会主义，倾向于在创业初期为企业提供研发支持（买忆媛等，2012；刘督等，2012）。创业企业在接受投资后，为了向天使投资人展现自身实力和资金使用效果，往往会进行一定数量的专利申请，以期增强天使投资人的信心和获取更多支持（买忆媛等，2012）。

与此同时，创业企业在发展过程中会进行多轮增资扩股。天使投资人的资金实力有限，创业企业在后续发展过程中，有可能获得来自创业投资机构的注资。有一些学者发现天使投资人与创业投资机构对企业创新产生异质性影响。比如，创业投资机构注重创新投入，天使投资人更关心短期创新产出（买忆媛等，2012）。Dutta和Folta（2016）指出：天使投资人和创业投资机构对早期企业创新（专利申请）的贡献相当；但从长期来看，与天使投资人支持的企业相比，有创业投资机构支持的企业能够产生更强的创新影响力（专利引用）。

需要注意的是，天使投资人与创业投资机构在投资动机、投资模式、合约限制等方面存在差异，这不仅导致二者之间存在一定的内生影响，还促使二者在企业创新策略目标上有所不同（Hellmann和Thiele，2015；Hellmann等，2021）。买忆媛等（2012）指出，创业投资机构作为企业，虽然会为被投资企业注入较多的资金，但在管理上会更加注重企业的长期盈利模式和行业优势，比较谨慎地评估企业研发新专利的可行性。若是要进行专利研发，往往对创业企业研发及管理团队的整体要求较高。而天使投资人投项目，一般从人出发，通过对创业者性格特点和过往经历的了解，为企业在技术创新方面提出建议，从而往往会有较高的风险容忍度。混合背景的创业投资机构的股东们可能就企业是否应该进行某项技术创新产生矛盾，进而影响企业的创新活动（苟燕楠、董静，2014）。Hellmann与Thiele（2015）认为：在企业融资的后期，企业经营进入正轨，各项财务指标趋于稳定，这时占股较高的创业投资机构可能不再需要天使投资人，强势的天使投资人也可能因为不想在企业中影响力下降而拒绝创业投资机构的进入，这时二者间就存在着敌对关系。二者的敌对关系和矛盾冲突有可能限制天使投资人对企业创新的作用。此外，如果投企双方产生冲突，会对企业创新产生负面影响（Croce等，2016）。

第四节　政策干预的理论依据与作用机理

一、政策干预的合理性

为什么需要出台政策鼓励天使投资市场的发展？很多学者都是从市场失灵的角度来解释政策干预的必要性与合理性。在早期投融资市场，创业企业存在明显的融资缺口，随着时间的推移缺口可能会增大，这势必会给实体经济带来一些负面影响，从而引发了政策决策者的关注。

是否有必要支持其他的早期投资市场来增加资金供给？市面上存在大量的创业投资基金，但仍然有很多企业面临融资约束，创业者融不到资，或是融资量较小，又或是付出过高的融资代价。一些初创企业，尤其是有研发需求的科技型企业，由于无法获得外部融资，发展受阻（Hubbard，1998）。有学者发现创业投资在企业创业初期阶段的作用有限（Mason和Harrison，1995）。主要有三个解释：一是这些创业投资机构将更多的资金投在企业发展后期，特别是用来进行股权交易（Murray，1995；Murray和Lott，1995）；二是创业投资机构追求短期获利而将资金后移，导致企业融资缺口进一步放大［BVCA（英国私募股权与风险投资协会），1996］；三是创业投资活动呈现出明显的区域聚集和行业集中的特征（Martin，1989；Mason和Harrison，1991），这在一定程度上说明创业投资机构对目标企业越来越“挑剔”。更重要的是，创业投资的治理结构不一定适合初创企业，由于募资压力和投后监督管理成本，创业投资机构往往不愿意开展小额投资，也不会因为开展更多交易而雇用更多投资经理（Gompers和Lerner，1996；Lerner，1998）。因此，天使投资人可能弥补一定的资金缺口，投资那些有发展潜力的且创业投资机构暂时不考虑的创业项目。

相较于美国，其他国家和地区的天使投资发展水平相对较低，投资活动也不是非常活跃，很多创业者对天使投资感到陌生（Mason，2009）。原因有很多方面：一是部分天使投资人财务能力有限，通过“单打独斗”无法满足创业者的资金需求；二是天使投资人的知识经验、能力有限，或者创业项目达不到投资标准，有大量的私人投资者处于观望状态，没有真正完成一笔天使投资，这类群体也被称为“处女天使”（Virgin Business Angel）（Mason和Harrison，2002）；三是部分天使投资人对投资回报不满意，投资意愿降低，参与投资活动也不活跃甚至退出市场（Mason和Harrison，2002）。因此，有必要通过政策激励，让更多人参与市场。

从积极的一面来看，政府干预必要性的一个解释在于天使投资能够产生潜在溢出效应（Wilson，2015），因为天使投资有助于更大的经济增长。据估计，由天使投资支持的公司一直是就业增长的重要贡献者。在美国，天使投资能够提高初创企业的生存率，相较于其他企业，有天使投资人支持的企业业绩平均提高了30%至50%（Kerr等，2010；Lerner和Schoar，2010）。据统计，由天使投资支持的公司每年大概新增25万个就业岗位，相当于平均每笔交易创造3~4个新就业机会（Sohl，2018，2019，2020）。

二、政策工具及作用机理

政策制定者要干预市场，最主要的原因还是要解决市场失灵带来的供给不足和效率低下问题。这些问题主要归因于投融资双方的信息不对称。这种不对称使得投资者和融资者无法直接交流（Collewert等，2010），还会引发逆向选择和道德风险问题（Landström，1995），以及投资者之间持有不同的投资回报和风险预期（Ivashina 和 Lerner，2019）。针对不同的情况，政策工具的选择也不同[①]。

创业者和投资者之间存在“天然”的信息不对称，并且这种不对称特征在早期更为显著。一方面，创业者比投资者拥有更多关于企业发展前景的信息，并可能有意或无意地夸大它。这要求潜在投资者进行高成本的尽职调查程序，以避免不利的选择。另一方面，创业者对投资过程和投资者预期的信息了解不够。在投资过程中和投资后，任何一方不能按照约定披露信息，都有可能影响最终的投资结果。此外，为了避免道德风险，投资者在评估、谈判、交易和监督活动上花费的成本相对于投资规模而言可能会很高（Mason，2009）。因此，早期股权投资者可能因为经济上的合理原因供不应求，他们担心风险过高，或者无法清晰地预测出风险调整收益率。在这种情况下，政府倾向于通过激励或补偿的方式来增大投资者的资金供给（Cumming 等，2018），如税收激励。这主要包括面向创新性小企业的激励政策，面向早期投资人的所得税抵扣、资本利得税减免或是滚动、资本损失结转等（Wilson，2015；Howell 等，2019）。

政府财政支持还有一种方式是通过设立政府引导基金来扩大股权投资市场供给，各国推行的具体做法不完全相同，但通常可分为三类：政府直投基金（Government Funds）、母基金（Fund-of-funds）、公私联合投资基金（Public-private Co-investment Funds）。数据显示：相对于政府直投基金，公共部门设立的母基金和公私联合投资基金数量大幅增长（Wilson 和 Silva，2013）。母基金不是直接将资金投进企业中，而是通过参股，与其他机构投资者一起出资设立基金，然后投向创业企业。公私联合投资基金则是政府基金与私人基金共同投资符合要求的企业（国内称为项目跟进投资）。新西兰政府通过联合投资的方式运作了两只基金：一只是 2002 年设立的新西兰创业投资基金（New Zealand Venture Capital Investment Fund，NZVIF），另一只是 2005 年开始运作的天使投资引导基金——种子联合投资基金（Seed Co-investment Fund，SCIF），后者主要是效仿苏格兰联合投资基金（Scottish Co-investment Fund，

① 一些具体政策案例，包括突发事件下的政策安排见第六章。

SCF）的做法。设立政府引导基金的主要目的是刺激和发展早期私人股权投资市场、扶持高成长性企业（尤其是创新型、科技型企业）走出融资困境，从而扩大就业、实现经济增长（Wilson，2015）。

鼓励发展中介机构是一项解决投融双方信息不对称的干预政策。1995年，美国政府建立了一个全国性互联网平台——ACE-Net，帮助撮合小企业和私人投资者进行股权交易。为了促进天使投资市场发展，在国家或者区域层面成立了天使投资协会或者天使投资组织，其通过举办活动、发布研究报告与资讯、解读政策等形式，提高天使投资的市场意识、及时呼吁政策制定、培育天使投资人群体、发展行业标准、提供经验交流平台、收集投资人和组织信息（OECD，2011）。在欧洲，天使投资网络是服务天使投资交易的平台。其中，一些平台本身是政府设立的，一些私人平台获得了部分政府资助，剩余的是一些营利性中介机构。此外，针对一些天使投资人缺乏专业能力和知识经验的问题，政府主张支持一些培训项目，甚至是创建专门的天使投资人培训机构（Aernoudt等，2005）。在一些国家，天使投资市场发展不成熟，活跃投资人的数量不多，“新人培训计划”是非常重要的活动（OECD，2011）。有一些组织通过邀请国外经验丰富的投资者或者引进国际知名培训项目来指导和教育本土的私人投资者（Senor和Singer，2009；Henyon，2015）。

三、政策有效性评估

一些国家已经通过股权投资、信贷担保等方式资助了创业企业，以及通过补贴、税收、联合投资等方式发展了社区贷款基金、创业投资机构等外部投资者。然而，最近二十年，天使投资人——创业企业早期阶段的重要投资者，越来越受到重视。起初，欧美地区天使投资市场发展相对缓慢，市场规模不大，政府尝试通过一些公共项目来鼓励更多人成为天使投资人。然而，这些项目是否进行了审慎的事前研究和事后评估？一些经济学家对此提出了质疑，尤其市场失灵可能不是激励发展天使投资市场的恰当理由。Lerner（1998）指出：对于创业投资机构不愿意投的那些小企业，如果它们的预期回报不令人满意并且对外融资很难，那么鼓励个人进行这样的小额投资可能是适得其反的，也是一种资源浪费；此外，在高度不确定性和信息不对称的情况下，创业者可能出现机会主义行为，鼓励“外行”的个人投资者参与交易不一定是明智之举。因此，一些学者建议不要盲目支持所有私人投资者，而是培育和发展更多的专业天使投资人（Riding，2008）。

大部分国家几乎都有创新创业相关的扶持计划；但是由于天使投资市场的历史背景和发展水平不一样，政策出台力度和广度也不一样，所以政策效应存在异质性。相比欧美，亚洲地区天使投资市场起步较晚，政策干预也是近期发生的事，对政策进行系统性评估的经验研究并不多。针对天使投资激励政策有效性讨论主要集中于以下三种。

第一，税收政策有效性一直是学者们争议的重点。税收政策在一定程度上能够增加投资者数量和资金供给，但也有一些潜在的缺点，同时会产生一些不那么理想的结果。比如，获批享受政策的私人投资者只是单纯的财务投资者，并非真正意义上的天使投资人；税收激励付出的成本过高；税收政策是一项较为“钝化”的干预手段，无法精准施策等（OECD，2011）。在美国，一半以上的州政府都出台了税收激励政策，鼓励高净值人群对创新创业进行支持。Howell等（2019）评估了来自美国30个州的天使投资税收政策，他们发现这些政策促进了大量的天使投资交易，但是并没有对创业活动或是资助企业的绩效产生实质性利好，这些税收项目并没有完全支持真正存在融资约束的企业，存在税收套利行为。数据显示，受到政策支持的企业要么不属于“增长型行业”，要么是已经获得了外部资金，又或是存在内部股东获得税收激励现象。

第二，联合投资基金是政府投资的主要工具。SCF是少数经过正式评估的项目。评估得出结论：联合投资基金通过增强投资伙伴的交易能力，吸引新投资者来促进天使投资市场的发展（Hayton，2008；Gray，2015）。苏格兰的成功经验，也流传到欧洲更多的国家和地区。考虑到国情不一样，有时不能完全复制别国的做法，对于政策出台时机、具体条件设置等都需要慎重考虑。OECD（2011）调研结果表明：联合投资政策是促进天使投资市场发展的重要驱动，但是政策有效实施的前提是当地存在天使投资组织和机构。EBAN（2015）研究调查了欧洲地区86只联合投资基金，其中67只基金是公私合伙型（Public Private Partnerships ，PPPs），它们大部分采用1∶1配套跟进投资的方式（71%），基金规模在100万~5000万英镑不等；合投伙伴有的是专门面向天使投资人，有的条件更宽泛。Owen和Mason（2017）评估了英国天使联合投资基金（Angel Co-investment Fund，ACF）在2011—2014年的运营情况。调研数据显示，ACF能够弥补成长性企业早期的资金缺口，尤其是规模在50万~200万英镑的第二轮融资。该基金能够吸引经验丰富的投资人参与合作，建立高水平的联合投资团，但是在培育新的天使投资组织、促进天使投资人之间的交流学习等方面产生的积极作用还不明显。此外，ACF的政策资金主要分布在英国的伦敦、英格兰东部，或者牛津、剑桥等区域。数据显示，ACF已经较好地解决了区域失衡的问题，ACF所属的管理机构——英国商业银行（British Business Bank）在2018年建立了价值1亿英镑的“区域天使项目”（Regional Angels Programme）。该项目旨在发展伦敦和东南部以外的天使投资群体，以便在全国范围内构建公平的股权投资生态系统，让更多区域的企业受益（UKBAA，2020）。

第三，鼓励创建一些中介平台是极其必要的，但仍然需考虑平台可持续性和自主发展能力。Acs与Tarpley（1998）发现，ACE-Net为成长型企业提供了融资渠道，投资人可以跨区域投资，直接利用平台提供的标准化投资协议，大大降低了交易成本。EBAN（2005）统计数据显示，在欧洲，68%的天使投资网络是政府全资或者部分资助的。比如，自1999年开始，比利时弗拉芒大区政府陆续资助了四家位于弗兰德斯的天使投资网络，补贴总金额达到了运营成本的50%。Collewaert等（2007）采访了这四家平台的天使投资人会员以及关联的创业者，还收集了创业企业的财务数据，他们对政策有效性进行了评估。他们经过研究发现：这些天使投资网络能够缓解创业企业面临的信息不对称和融资问题，被投资企业对当地经济发展做了贡献，但是相较于其他企业，这些被投资企业的价值并没有显著提升。存在一种可能性，即知名天使投资人拥有高质量的项目资源，并不需要通过天使投资网络进行联合投资。由于世界各国的公共预算收紧，可获得的公共资金越来越少，一些中介平台也在不断寻求新的运营模式，以确保可持续性（Wilson，2015）。

现有政策真的能够应对市场扭曲吗？Harrison等（2020）指出了政府需要反思的三个方面。一是创业投资的替代效应。创业投资机构与天使投资人之间存在一定的替代效应，发展一些天使投资组织，开展辛迪加投资能够削弱这种效应。二是供给不足与投资过度。不合理的政府引导计划可能导致更多“傻钱”进入“坏项目”。因此，要识别真正有风险意识和风险承担能力的投资者，以及避免创业企业“人为”夸大融资需求。三是政策激励的经济价值。对于天使投资人来说，大部分交易是失败的，事前的激励政策并不是增加投资绩效的主要驱动因素，因此建议考虑设计一些事后激励政策，比如，类似“税收增额融资”（Tax-Increment Finance）政策，当天使资本部分或者全部退出时，从投资收益增值角度设计税费抵扣方案。总体上，创新型企业的融资是复杂的，企业在不同发展阶段有着不同的融资需求。那么，政策干预应该是多元的、灵活的，有可能是一套“组合拳”。政策制定者不应该简单地考虑政策类型，而是应该着重思考如何设计和实施政策，以及不同政策之间的交互作用；需要加强事前分析预判以及事后评估，适时优化调整政策具体措施以适应工作中的变化（Wilson，2015）。

第三章　天使投资市场特征与运行机制

天使投资人都有自己的投资逻辑和投资策略，不同天使投资人之间也有明显的差异：有些人基于自己的职业经验而专注于投资某些熟悉的领域；有些人偏好投资熟人；还有些人很积极地参与投后管理活动。与国际天使投资人一样，中国天使投资人基本上是高学历背景，有一定的职业经验，尤其是创业经验很丰富，他们普遍关注健康医疗、信息技术类项目，投资决策时着重对“人”进行评估。相比之下，中国天使投资人更年轻、投资经验更少、投资领域更广，整个中国天使投资市场的发展潜力还有待进一步挖掘。

第一节　国际天使投资市场特征

一、天使投资的起源

“天使投资”这一概念最早起源于20世纪初美国纽约百老汇表演。当时演员和编导要精心努力，艰苦付出，以排练一部新剧目。在此过程中，他们不仅要付出艰辛的劳动，还要准备各种服装道具，这需要一大笔经费。如果剧目大功告成，他们的投入就会带来荣誉和金钱。然而，一旦首演失败，他们过去献出的全部心血，注入的全部感情，付出的全部努力，都会付诸东流，不仅如此，他们先前投入的全部资金，无论是自己的，还是亲朋好友的，也将化为乌有。可见，对于这种新型剧目的投资是具有相当高的风险的。有一次，在已经投入大量人力与物力资本的情况下，人们忽然发现资金不够，面临着半途而废的困境，因而心急如焚。在最困难的时候，一位过去曾在百老汇演出成功的经济实力雄厚的人向他们伸出了援助之手。这位做出大胆而及时的投资决策的投资人，对于那些处于困境的编导和演员来说，如同上帝派来的天使。他们尊敬地称他为“投资天使”。“天使投资”一词应运而生（刘曼红，2009；刘曼红、王佳妮，2015）。

百老汇出现的最初意义上的天使投资具有一定的慈善资助的性质。但后来，天使投资被用于纯商业行为。那些投资于种子期/早期的创意项目或创业项目的个人的股权资本即称为“天使资本”，而那些从事这种高风险工作，以期获取可能的高收益的人即称为“天使投资人”。像创业投资（又译为风险投资）一样，天使投资人不仅为企业提供资金，更提供极具价值的专业知识、经验、关系网。与创业投资不同的是，天使资本的来源主要是天使投资人的自有资金，投资相对早期，金额相对较小，且投资由天使投资人独立决策。

二、天使投资的市场规模

天使投资人十分分散，且较为隐蔽，准确估算一国的天使投资人数量是非常困难的。早期的一些学者估计美国天使投资人的数量为20万~50万人（Freear等，1996；Osnabrugge等，2000；Lange等，2003；Morrissette，2007）。新罕布什尔大学创业投资研究中心从2002年起开展美国天使投资市场调研分析。根据其研究报告，美国活跃天使投资人的数量越来越多，尤其是女性天使投资人的数量增长较快，占比已经接近三成。尽管投资总额在金融危机期间有所下滑，但投资总额和交易数量随着经济复苏近些年又开始回升。全美有30余万名活跃天使投资人，平均每年投资200多亿美元，成交率有明显的上升趋势（见图3-1、图3-2及图3-3）。

2021年5月，新罕布什尔大学创业投资研究中心发布了研究报告，分析了2020年美国天使投资市场的整体情况。数据显示，尽管新冠肺炎疫情给部分企业和家庭带来负面冲击，但也创造了新的早期投资机会，天使投资市场依旧繁荣。投资规模方面，天使投资总额达253亿美元，同比增加6.0%；交易主体方面，有64480家创业企业获得天使投资，同比增加1.2%，而活跃天使投资人数量为334680人，同比增加3.5%；平均而言，单笔交易及单个天使投资人的投资规模都同比增加，反映出市场估值提高。

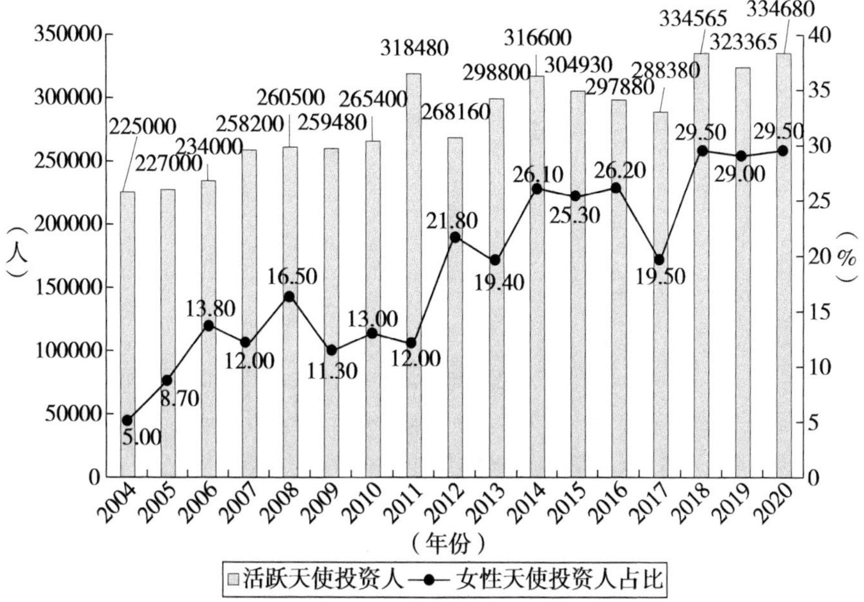

图3-1　美国天使投资人规模（2004—2020年）

资料来源：根据美国新罕布什尔大学 *Angel Market Analysis Report*（*2004-2020*）整理而得。

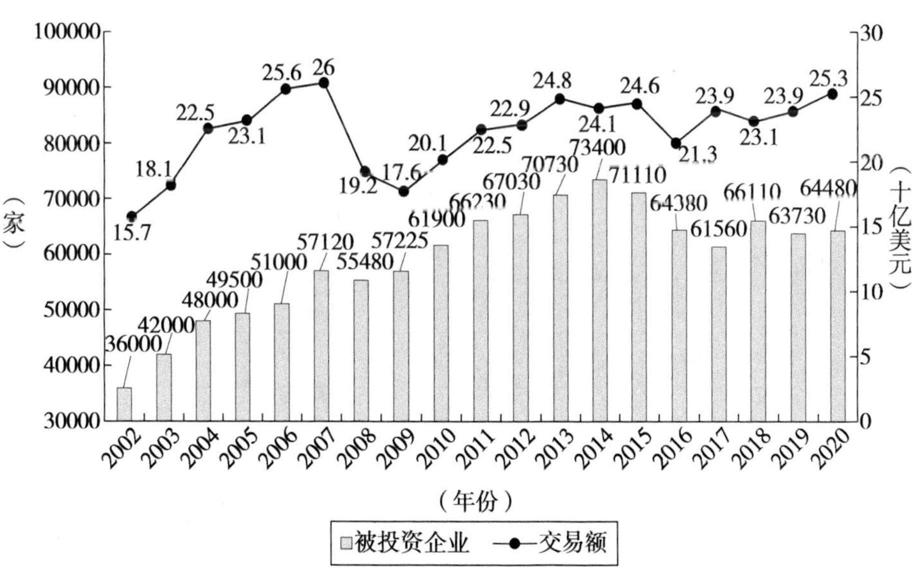

图3-2　美国天使投资交易规模（2002—2020年）

资料来源：根据美国新罕布什尔大学 *Angel Market Analysis Report*（*2004-2020*）整理而得。

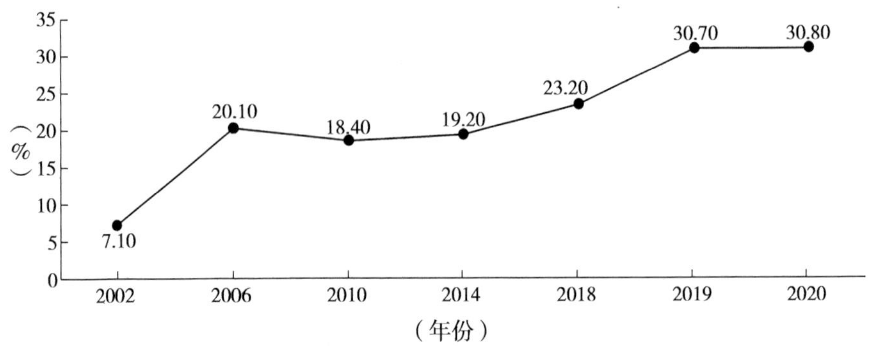

图3-3　美国天使投资市场成交率（2002—2020年）

资料来源：根据美国新罕布什尔大学 *Angel Market Analysis Report*（*2004-2020*）整理而得。

注：收益率（Yield Rates）是指天使投资机会中成功交易的比率。

除美国外，欧洲天使投资市场的发展也非常迅猛。根据EBAN的最新统计数据，欧洲天使投资市场持续火热，无论是投资总额、交易数量还是天使投资人数量都在不断增加（见表3-1）。

表3-1　　欧洲天使投资市场规模（2011—2019年）

年份	投资总额（百万欧元）	交易数量（个）	天使投资人数量估算值（万人）
2011	4744	26158	24.24
2012	5099	29130	26.14
2013	5543	33430	27.10
2014	5781	33210	28.89
2015	6069	32940	30.37
2016	6672	38230	31.25
2017	7274	39390	33.75
2018	7450	37200	34.50
2019	8040	36020	34.50

资料来源：根据2011—2019年EBAN统计概要（EBAN Statistics Compendium）整理而得。

三、天使投资人的态度、行为及特征

1.揭秘美国天使投资人

在美国，每年有数十万天使投资人投资数万家创业企业，天使投资人对创新创业的作用举足轻重。但是，人们真正对天使投资人这一神秘群体的了解并不多。2017年11月，ACA联合其他合作方发布了一项调研报告——《美国天使》（*The American Angel*）。研究团队通过电子邮件、天使投资组织以及媒体等渠道调查了美国1659名“合格的天使投资人”，即受访者必须年满18岁，并且净资产至少为100万美元或者年收入不低于20万美元。笔者根据调研报告的部分结果，分析了美国天使投资人及其投资行为的基本特征。

（1）人口统计特征。

从性别结构来看，女性天使投资人占22.1%，这个数字远远超过创业投资企业中女性从业人员的比例。如图3-4所示，女性参与天使投资的规模在不断增加，有30%的女性受访者是最近两年才开始参与天使投资的。女性天使投资人群体的扩张，在一定程度上可以归因于女性天使投资组织的崛起。有多个组织对女性创业和发展女性天使投资人做出了积极的贡献。其中比较著名的有Astia Angels、37 Angels、Belle Capital USA、Pipeline Fellowship、Springboard Enterprises等。

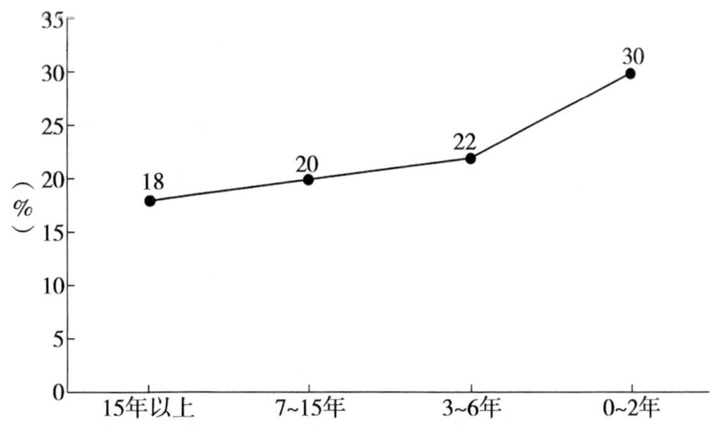

图3-4　基于不同投资经验的女性天使投资人占比

相较于男性天使投资人（6%），女性天使投资人在筛选和评估创业企业时，会更加看重创始人性别特征（51%），尤其是女性天使投资人会提供更多的融资机会给女性创业者。此外，女性天使投资人更看重创业企业的社会责任。33%的女性投资者将“社会价值”作为投资决策指标，但是只有16%的男性投资人考虑这个指标。

从年龄结构来看：美国天使投资人的平均年龄为57.6岁，而开展第一笔投资的平均年龄为48岁，这些投资人具有多年的工作经验并且积累了一定的财富（见图3–5）。

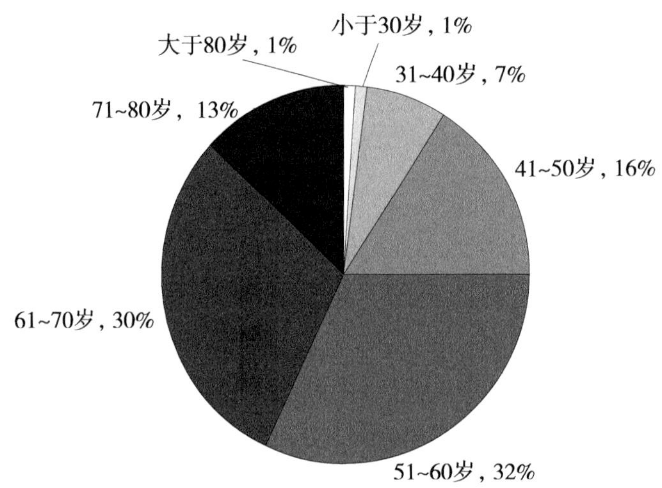

图3–5 天使投资人的年龄分布

在教育背景方面：很明显，美国天使投资人是一类高知人群，专业较为宽泛。约73%的天使投资人具有硕士及以上学历；约有一半的天使投资人具有工商管理硕士（MBA）学位，这意味着商学院的学习经验在一定程度上会助力天使投资（见图3–6和图3–7）。

从职业背景来看，55%的天使投资人曾经是创业企业创始人或CEO（见图3–8）。究竟是天使投资人成就了创业者，还是创业者滋养了天使投资人？事实上，企业家成为天使投资人是一种常见的身份转型，尤其是那些创业成功且曾经接受过投资人支持的企业家，他们大多有情怀，愿意帮助年轻的创业者。与没有创业背景的投资人相比，这些企业家转型的天使投资人在投资

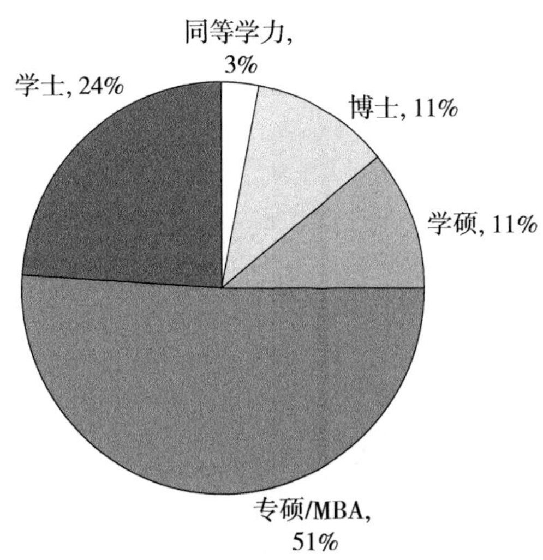

图3-6 天使投资人的学历分布

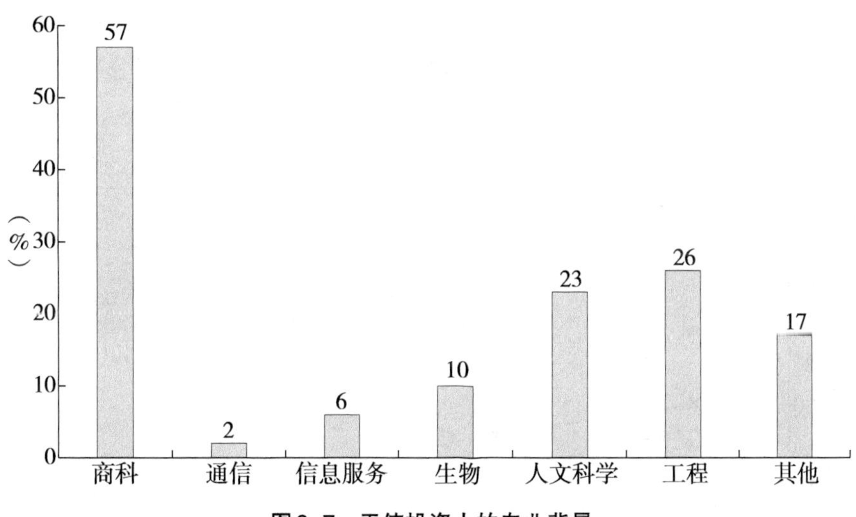

图3-7 天使投资人的专业背景

策略上颇有特色。在这些人当中，60%充当创业企业的顾问，52%拥有董事会席位。他们的投资额更大（平均投资额为3.9万美元）且投资更多的创业企业（平均投资数量为12家）。

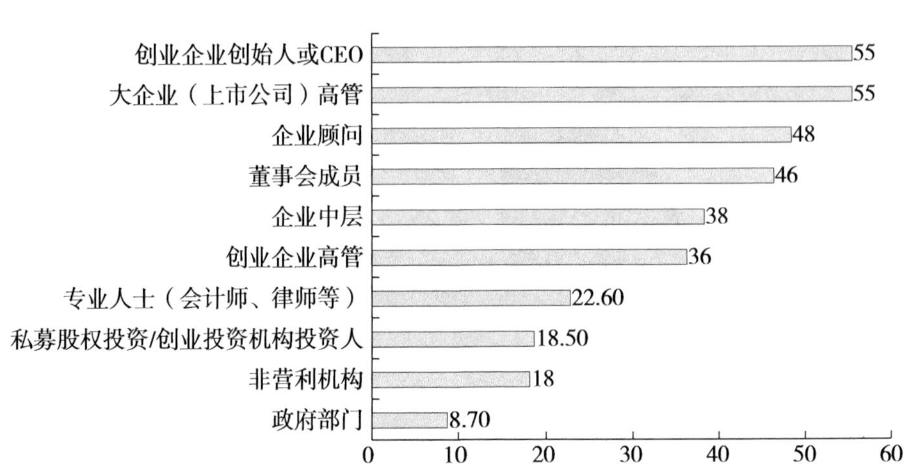

图3–8　天使投资人的职业背景

（2）投资行为特征。

根据《美国天使》调查报告，天使投资的项目来源主要为天使投资组织（89.25%）、创业者（57.75%）以及朋友/熟人（51.75%）。大部分首次投资的项目来源于天使投资组织（66%），尤其是对于那些天使投资经验不足2年的“新手天使”来说，天使投资组织的重要性更加凸显。基于不同投资经验的天使投资人项目来源分布如图3–9所示。

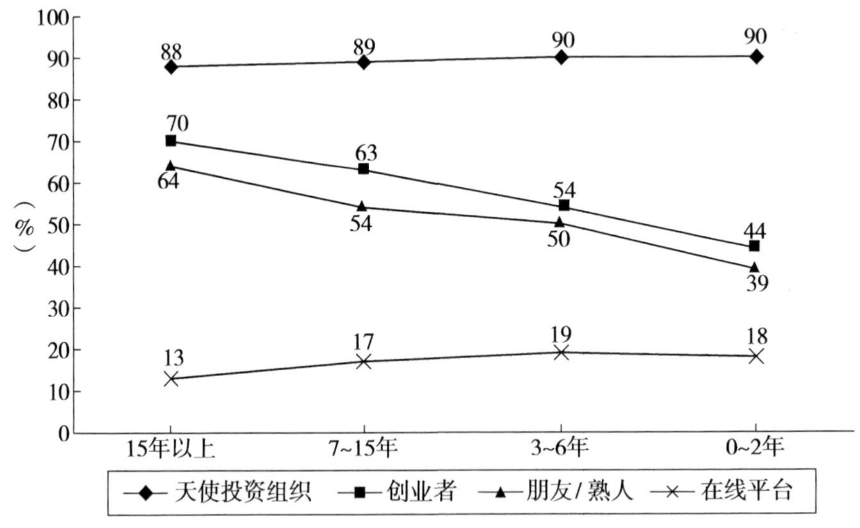

图3–9　基于不同投资经验的天使投资人项目来源分布

在投资决策指标方面，天使投资人主要看“人”，即团队质量（85%），而团队成员的知识经验是其中较为重要的因素（64%）。在投资策略方面，最直接的方法是控制投资规模，即年度投资数量和单笔投资规模。相对于投资经验比较丰富的人来说，那些“新手天使”会在头两年采取较为激进的投资方式，往往在下一年倾向于追加投资。个人投资者单笔投资额不高，通常通过多笔投资来分散风险，天使投资额的中位数为2.5万美元。

在投资回报方面，天使投资人的预期比较乐观，期望回报期均值为5年，期望回报均值为9倍。不同投资数量的投资人，其退出率及回报率不尽相同，投资数量越多，退出率越高。总体上，只有不到20%的天使项目能够退出，其中成功退出的比例是39%（见图3-10），这也使投资人最终能够获利。

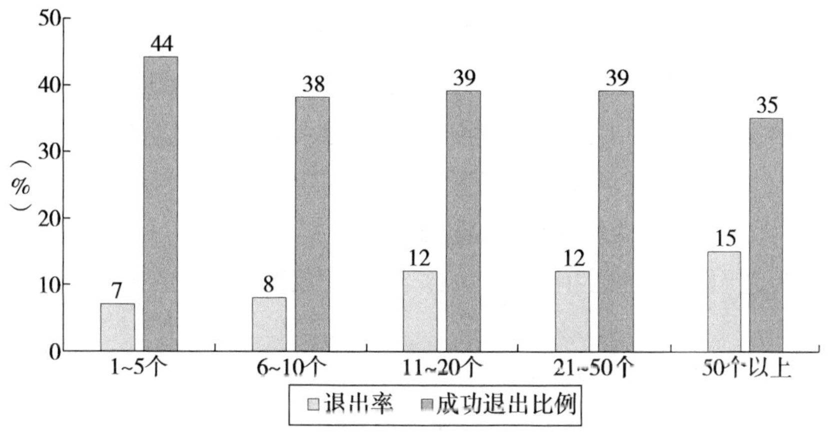

图3-10 基于不同投资数量的天使投资人退出分布

2. 揭秘英国天使投资人

2018年6月，UKBAA联合其他合作方发布了一份英国天使投资市场调研报告——*The UK Business Angel Market Report (2018)*。研究团队通过电话、电子邮件、天使投资组织以及社交媒体等渠道联系了英国650多名天使投资人参加在线调研，在此基础上，其中的150多名天使投资人进一步参加了电话访谈。

典型的英国天使投资人特征为：男性；白人；常住伦敦；平均年龄52岁；平均拥有8年投资经验；首轮投资平均为2.5万英镑，后期平均追加7500英镑；他们大约花20%的工作时间在新投资的项目上，平均持股6年；天使投资人通常会充分利用国家的税收激励政策。

（1）人口统计特征。

从性别结构来看，女性天使投资人仅占9%。性别差异也体现在一些区域、投资规模、投资方式等结构性特征上，如有一半的女性天使投资人住在伦敦；一半女性天使投资人的投资数量较少；相比男性（77%），女性天使投资人更偏好联合投资（85%）。

从年龄结构来看，75%的天使投资人年龄超过45岁，这些投资人基本上实现了财务自由，可投资的资金较多。总体来看，年轻人的投资规模相对较小，66%的年轻人（小于35岁）投资额低于2万英镑；相较于年长群体，大多数年轻人在投资后不会再追加投资。在行业偏好方面，年轻人更喜欢投资金融科技（Fintech）、快速消费品（Fast Moving Consumer Goods）以及广告出版（Advertising and Publishing）等行业，而年长群体更关注生物技术和医药/生命科学（BioTech and Pharmaceuticals / Life Sciences）、制造与工程（Manufacturing and Engineering）等领域。此外，对于两大群体（55岁及以上vs 18~54岁），老年群体的投资绩效更好，分别有19%的老年投资者和14%的中青年投资者表示投资回报高于预期。两大群体认为的成功因素也有所差异，老年群体认为创业团队质量最关键（有9名受访者反馈），而中青年群体则认为选择好项目的能力很重要（有6名投资者反馈）（见图3-11）。

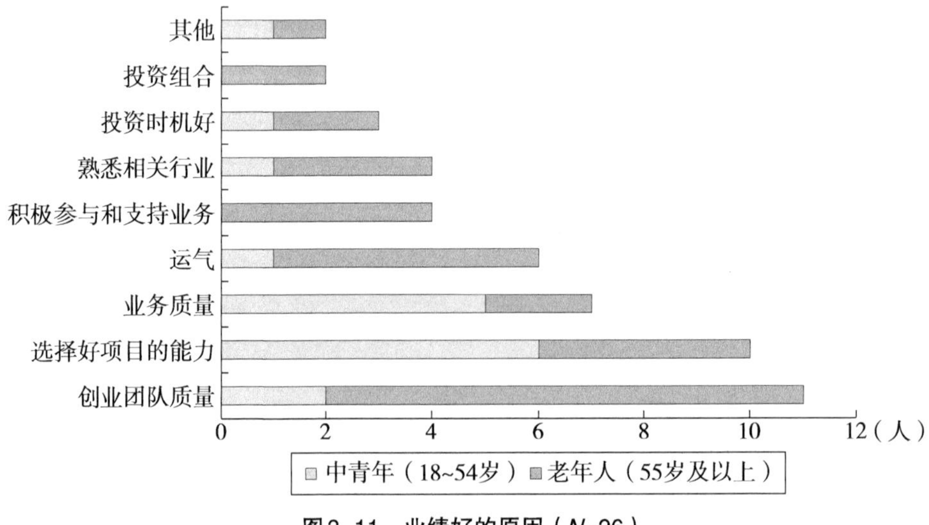

图3-11　业绩好的原因（N=26）

在投资人经验方面，56%的天使投资人有5年及以上的投资经验，平均投资年限为8年。对比两组群体（投资经验超过5年及以上vs低于5年）的资金规模，资深天使投资人群体的可分配投资资本相对较高。

（2）投资行为。

大部分天使投资人偏好联合投资，约有79%的交易是通过联合投资而完成的，天使投资常常被称作“耐心资本”。调查结果显示，绝大多数的天使投资人持股在3年以上；相比经验尚浅的天使投资人（9%），有28%的资深天使投资人持股超过7年。与此同时，天使投资也被称作“智慧资本”。也就是说，天使投资人不仅仅出钱，还通过投后活动提供知识经验、人脉资源等非金融支持。调研显示，天使投资人主要提供战略建议、寻求董事会席位、提供业务资源等。平均而言，每个天使投资人每周约有1.6天处理被投资企业的相关事务，越是经验丰富的资深人士，越是投入更多的时间和精力。

在投资决策方面，电话采访结果显示：创业团队需要有相关的经验（93%）、项目有一定的增长潜力和市场空间（89%），以及理想的预期回报（76%）是三大重要因素。值得注意的是，有25%的天使投资人会关注项目的社会影响力。

（3）交易特征。

在交易结构方面，联合投资是天使投资人普遍采用的交易方式。电话调研结果显示，仅有13%的天使投资人表示从来没有与其他投资者进行过联合交易。从联合投资伙伴属性来看，天使投资人更喜欢与其他“天使”进行合作，这一特征对于资深投资人更为显著。

对于同一家被投资企业而言，早期融资资金是无法完全满足需求的，天使投资人在首次交易后有时会进一步追加资金。调研结果显示，有32%的天使投资首次交易额不足2万英镑，尤其是年轻群体偏好进行小额投资，并且超过60%的人不会再追加资金。

在行业分布方面，天使投资人主要偏好科技领域，如健康医疗、生物科技、金融科技、软件等。在投资绩效方面，一半的天使投资人表示投资回报达到预期收益。与年轻投资人（14%）相比，55岁以上的天使投资人收益更高，其中有19%表示投资回报超过预期收益；有30%的投资人在过去两年，有资本退出。在回报率方面，1/3的天使投资人获得1～5倍收益，另有14%的天使投资人获得5倍以上收益。股权转让是最普遍的退出方式。

第二节　中国天使投资的特征——基于两轮调查证据

一、天使投资人的基本特征

通过创投数据库、天使投资平台、各类研究报告的资料汇总，笔者发现，中国天使投资人的规模已经过万，其中活跃投资人有千余人，其中大多数为男性，有一半人群集中在北京地区，主要是职业投资人、企业家、大企业高管等高净值人群。

2017—2019年，笔者与中国天使投资人联盟、精一天使公社、IT桔子合作，开展了两轮新的调研。一是通过定向发放、天使投资平台以及熟人推荐等方式，向近600位“个人天使”（Individual Angel）发放电子问卷，收到有效反馈245份，其中13.79%的受访者为女性天使投资人，平均年龄为40岁；42%的天使投资人来自北京地区；70%以上的天使投资人具有硕士研究生及以上学历。二是通过电话和面对面交流，采访了21名活跃的投资人（19名代表独立的天使投资人，2名代表天使投资组织平台）。[①]

事实上，绝大多数的天使投资人并非一开始从事投资行业，而是从其他行业转入投资行业的，过往的职业经验是其能力的直接体现。由于这些活跃天使投资人的专业背景、商业技能及个性不同，他们的投资偏好和风格也有所区别。无论是创业经验、行业知识还是投资眼光，又或是人脉资源，不仅有助于他们在前期获取创业项目、判断创业项目，也可以支撑他们更好从事投后管理和监督活动。因此，企业家、行业精英、投资家等是天使投资人重要的组成部分。“不熟不投”是天使投资人普遍遵循的法则，但现阶段，业界也鼓励采用“合投”“跟投”“孵化”“众筹”等方式，解决社会资源有限、行

① 访谈提纲见附录3。

业背景不熟、投资经验不足等问题。

北京中关村天使投资的发展领跑全国，聚集了一大批活跃的天使投资人。《中关村国家自主创新示范区创业发展报告（2012）》指出，有一批优秀的创业者正在向天使投资人转型发展，形成了中关村独特的创业文化。中关村初步形成“创业者—优秀的创业者—天使投资人”的发展路径，推动了企业家精神的传承。在中关村100余位有影响力的天使投资人中，有创业经历的占一半以上。这些优秀的创业者投身天使投资、参与创业辅导活动，极大地提升了创业服务水平，使后续创业者能够借助天使投资人的资源网络、创业经验和启动资金，加快实现从个人到团队、从创业者到天使投资人的转变。成功的创业者投身天使投资帮助他人创业正在成为一种趋势。

二、天使投资人的投资情况

1.资金与项目来源

调研结果显示，天使投资人的资金来源主要是创业财富积累（60.00%）、投资财富积累（35.86%）以及薪资收入（29.66%）（见图3–12）。在项目来源方面，天使投资平台（67.59%）、创业者主动联系（66.21%）以及论坛/会议/创业大赛（48.28%）是相对普遍的渠道（见图3–13）。

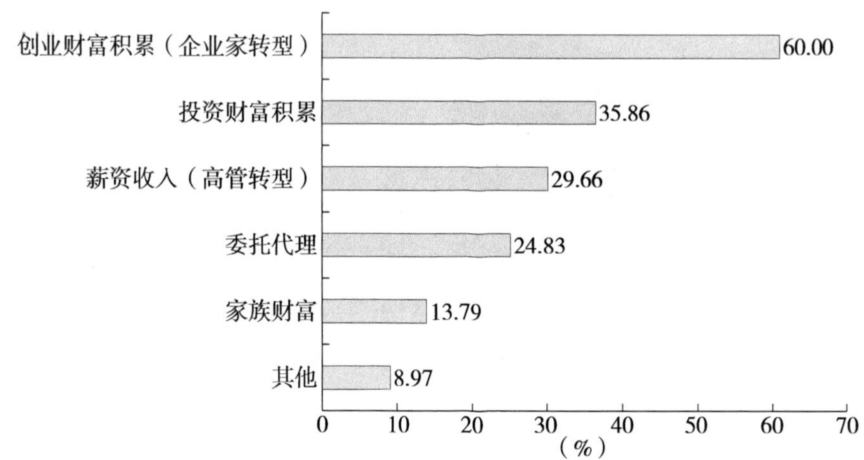

图3–12　天使投资的资金来源（多选）

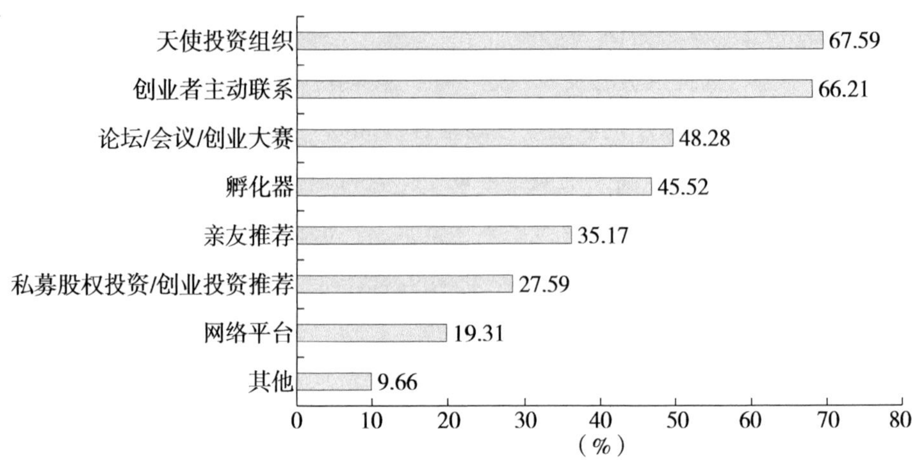

图3-13 天使投资的项目来源（多选）

2. 投资规模

从投资实力来看，70%的天使投资人的可投资金高于100万元。由于55.17%的受访者是最近三年才开始投资，投资计划相对保守，一半以上的天使投资人计划每年投资不超过6个项目、资金总额控制在200万元以内。实际投资规模也普遍不高，有49%的人累计投资项目不足6个，60%的人累计投资低于500万元（见图3-14、图3-15）。

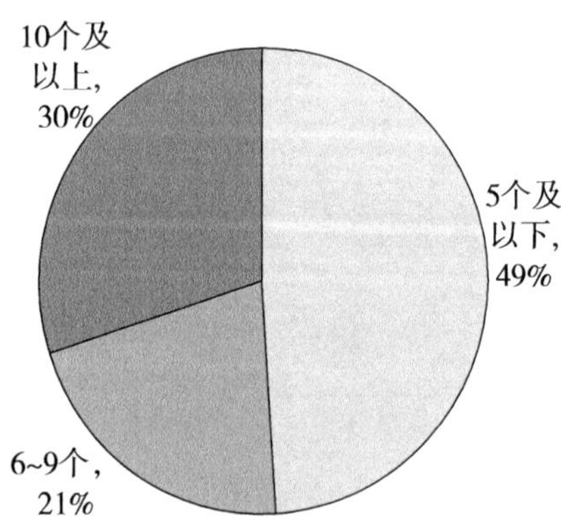

图3-14 累计投资规模（项目数）

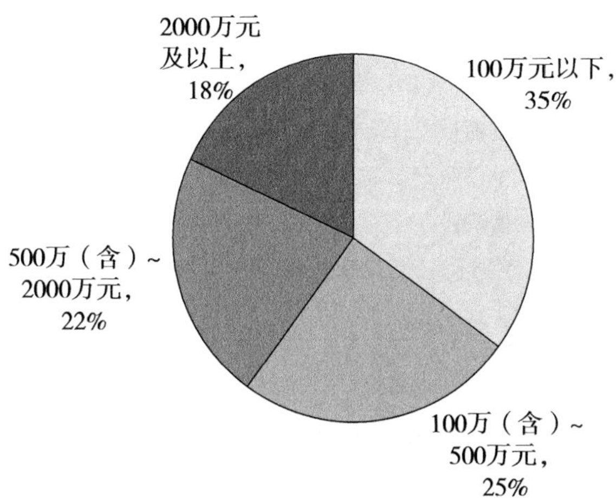

图3-15 累计投资规模（投资总额）

3. 投资策略

调研发现，大部分平均持股10%以下（61.02%），主投阶段为种子期及初创期（83.7%），且单笔投资额低于100万元（79.51%），健康医疗（36.44%）、消费（31.36%）、TMT（24.58%）是相对热门的行业。天使投资人的决策周期相对较短，57.67%的投资人从项目筛选到最终决策不超过1个月（见图3-16）。项目筛选与投资决策主要的三项指标为创业者及管理团队素质（72.41%）、行业特性（高增长或有经验）（70.34%）以及市场前景（55.17%）（见图3-17）。

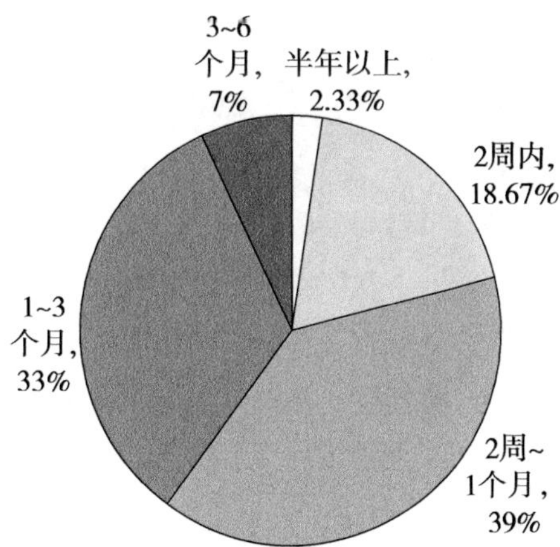

图3-16 天使投资人的决策周期

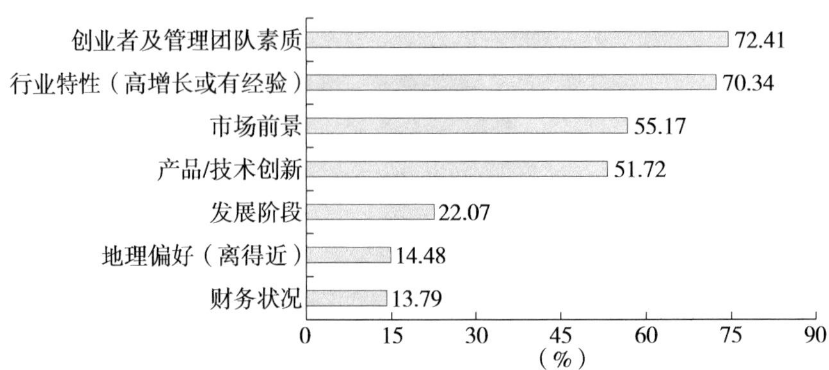

图3–17　项目筛选与投资决策主要的指标（多选）

三、天使投资人投后与绩效

在投后活动方面，大部分天使投资人都会参与投后监督，主要通过加入董事会（47%）、非现场检查（18%）或者现场检查（15%）的方式（见图3–18）。从深度访谈的结果来看，天使投资人比较积极，平均每周贡献24%的工作时间用于投后活动。他们对20种增值活动进行“实施度”“重要性”评价，综合来看，活动频率较高且较重要的前三项增值活动为帮助创业企业寻找额外资金，帮助创业企业制定战略/撰写商业计划，介绍客户、供应商等业务资源。

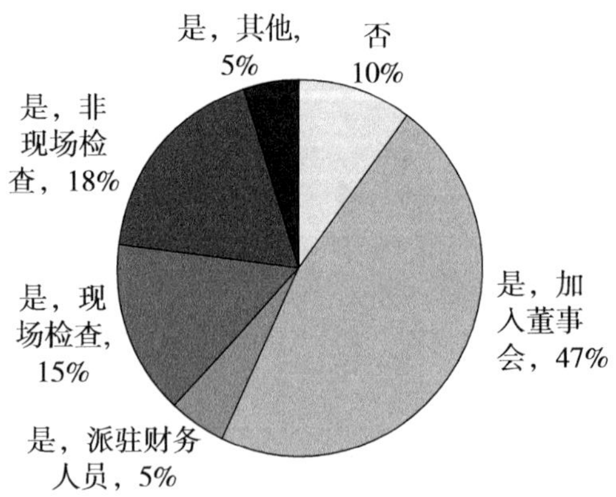

图3–18　天使投资人的投后监督

资本退出是天使投资过程中的最后一个环节，也是实现获利的关键环节。本次问卷调查的天使投资人相对理性，73.11%的人期望回报倍数为50倍以下。根据实际退出情况，大部分人的累计退出项目数量不足6个（88%），50%的人的退出回报在10倍以下（见图3-19、图3-20）。从退出方式来看，上市（11.67%）和并购（14.17%）较少，主要通过股权转让退出（61.67%）。

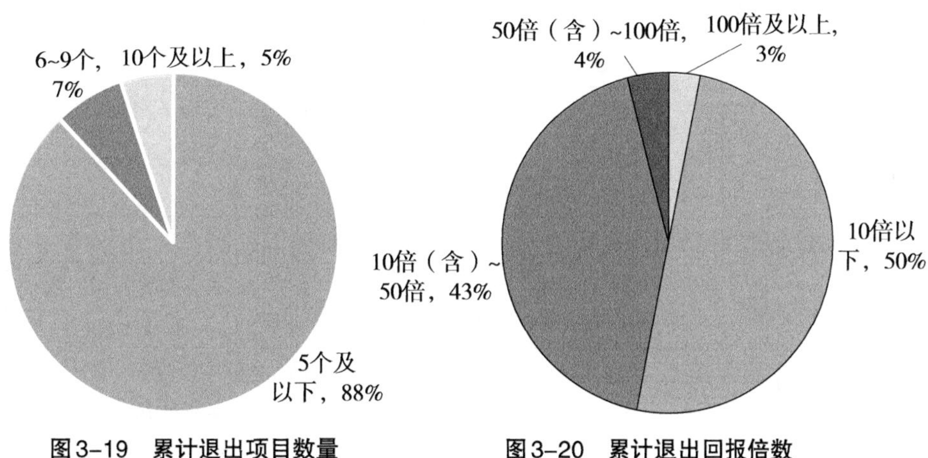

图3-19　累计退出项目数量　　图3-20　累计退出回报倍数

四、国际比较：中国、美国与英国

天使投资人都有自己的投资逻辑和投资策略，不同人之间也有明显的差异。例如，有些天使投资人基于自己的职业经验而专注于投资某些熟悉的领域；有些天使投资人偏好投资熟人；有些天使投资人积极地参与投后管理活动；等等。

与美国和英国的天使投资人一样，中国天使投资人基本上也都是高学历背景，有一定的职业经验，尤其是创业经验很丰富，他们普遍关注健康医疗、信息技术类项目，在进行投资决策时更加看重“人”的质量。然而，相比之下，中国天使投资人相对年轻，投资经验更少，投资领域更广。中国、美国与英国天使投资人调研结果对比如表3-2所示。

表3-2　　中国、美国与英国天使投资人调研结果对比

指标	中国（2017—2019年）	美国（ACA，2017年）	英国（UKBAA，2018年）
样本量（人）	问卷245；访谈21	问卷1659	问卷650；电话150
性别	女性占13.79%	女性占22.1%	女性占9%
年龄	平均40岁	平均57.6岁	平均52岁
学历	硕士及以上（72.8%）	硕士及以上（72.8%）	—
职业	有创业经历（60%）	有创业经历（55%）	—
投资经验	平均5年	3年以下新手（25%）	平均8年
项目来源	天使投资组织（67.59%）	天使投资组织（89.25%）	—
投资数量	5笔以上（52%）	平均每人投资11.4笔	5笔以上（56%）
决策标准	创业者及管理团队素质（72.41%）	团队质量（85%）	团队有相关的经验或技能（93%）
投资领域	健康医疗、消费、TMT（TOP3）	技术、金融、医疗健康（TOP3）	健康医疗、生物科技、金融科技（TOP3）
投后深度	投后管理活动占整个工作时间的24%	—	投后管理活动占整个工作时间的32%
投后活动	寻找额外资金、提供战略建议、提供业务资源（TOP3）	成为创业导师、成为顾问、寻求董事会席位（TOP3）	提供战略建议、寻求董事会席位、提供业务资源（TOP3）
投资绩效	等于（53%）及高于预期（37%）	正的退出回报占40%	等于（53%）及高于预期（16%）

第四章　天使投资人行为绩效实证研究

纵观国内外现有的文献，有关中国天使投资的经验研究仍然很稀缺。笔者利用一手调研数据和上市公司数据，对中国天使投资人的行为和绩效问题进行实证分析。一方面，很多天使投资人对一些行业有特殊的偏好，这到底是什么缘故？从天使投资人个体出发，笔者研究发现天使投资人的学历、专业、常驻区域与股权投资从业经验等对TMT行业投资偏好的影响不同，其中区域特征对这一偏好影响最大。另一方面，大量的学者把目光集中在创业投资机构对企业创新的激励作用上，那么天使投资人呢？笔者选取创业板上市公司为研究样本，在对样本股东进行识别的基础上，深入探讨了天使投资人与企业创新的关系，研究发现，与其他类型的样本相比，仅有天使投资人持股的企业创新能力更强，主要体现在实用新型专利和外观专利数量的增加上，天使投资人持股比例与联合投资特征对企业创新没有显著影响，创业投资机构的进入抑制了天使投资人的创新激励作用。

第一节　投资决策的影响因素——TMT行业偏好视角

随着信息和通信技术向媒体、娱乐等领域不断渗透，传统的媒体发生了变化，从而形成了基于技术支撑的新媒体形态。2006年3月，易观国际在发布的《中国TMT十大热点行业投资价值排名报告》中首次提出“TMT”概念，将科技、媒体和电信整合在一起。三者的融合体现了信息化产业的发展趋势，所以其因高成长性这一特质一直备受天使投资人、创业投资机构、私募股权基金等投资者青睐。最近几年，随着中国“双创”热潮的涌起，大量的创业者出现，扎堆在TMT领域，这也使国内天使投资人及TMT天使投资事件呈爆发式增长。

国际经验显示，天使投资人的投资领域较为广泛，但主要偏好高科技、创新型企业。Erikson与Sörheim（2005）首次提出了“技术型天使投资人”（Technology Angels）概念，主要是指在3年内至少投资了2次技术型企业的天使投资人。根据新罕布什尔大学创业研究中心发布的《天使投资市场分析报告》（*Angel Market Analysis Report*）：2018年美国天使投资市场中，健康医疗行业的交易数量最多（23%），其次为软件行业（20%）和零售行业（13%）。EBAN的统计资料显示，2017年，欧洲天使投资人前三大投资领域分别为金融科技（25.2%）、ICT（信息和通信技术，21.3%）以及健康医疗（16.4%）。与国外市场类似，在IT桔子收录的2017年国内天使投资人交易事件中，TMT行业占绝大多数，其中基于线上线下结合的本地生活（20.83%）、文娱传媒（14.58%）以及金融科技（14.58%）是相对热门的三大细分领域。

TMT行业大多在技术、市场上面临更大的不确定性，因此风险较高，但是“吸金”能力较强。究竟天使投资人为何偏好TMT行业？影响其投资偏好的因素有哪些？从天使投资决策的文献来看，以往的研究大多集中在“需求端”因素，即评估创业企业相关的产品、行业、市场以及创业团队能力等情况（Feeney等，1999；Maxwell等，2011；倪宁、魏峰，2015）。在共性方面，天使投资人普遍看重“人”的因素，如创业者的激情、创业者值得信赖、出色的管理团队等（Sudek，2006）。

与创业投资机构不同，天使投资人用个人的资金支持创业者，其投资决策主观性更强，天使投资人的个人特质和背景经验也有可能影响其投资结果。早期的研究强调了天使投资人在产品、行业以及市场方面的熟悉和理解对投资决策非常重要（Mason和Rogers，1997）。因此，有技术背景的投资人更有可能投资科技型企业（Mason和Harrison，1998）。

总体来看，从天使投资人个体差异角度研究投资决策的文献还不够多，而且缺乏对天使投资人行业偏好的相关分析。本书重点关注“供给端”的影响因素，从天使投资人个体出发，研究其个人特征、教育及职业经历等因素对TMT行业偏好的影响。本书的贡献在于拓宽了天使投资决策影响因素的研究范畴，还为中国天使投资人行为特征提供新的经验证据。

一、研究假设

在全球范围内，对天使投资的研究最早可以追溯到20世纪80年代初。随着天使投资不断发展，越来越多的学者开始关注这一新兴领域。大家普遍认同天使投资对于创业企业早期融资的重要性。早期的研究大多是对欧美天使投资市场进行概述，以及对天使投资人特征进行描述性分析，也被称为“第一代”研究（Harrison和Mason，1999）。2000年之后，学者们开始关注一些新的方面，包括微观层面的投资行为、中观层面的投资组织以及宏观层面的市场和政策等（Drover等，2017；White和Dumay，2017）。其中，“投资决策”是天使投资人投资行为方面相对热门的话题。关于投资决策的影响因素，大多数研究关注“需求端”的因素——被投资对象的特征，仅有少数的学者提及了天使投资人的主观因素，如天使投资人对行业/技术相对熟悉、天使投资人影响企业性质的能力（Landström，1998）。天使投资人个体间存在一定的差异，根据个人不同的情况，尤其是不同的特征、知识及经验，他们用于做出决策的评价标准和所选择的投资对象也有所不同。

1.天使投资人的性别和年龄对TMT行业偏好的影响

有证据显示，女性比男性存在更明显的风险规避倾向，女性倾向于低估自己对高风险项目的投资能力以及投资创业企业的优势（Hartog等，2002；EBAN，2010）。TMT属于典型的高风险、高回报行业，相较于女性，男性天使投资人的投资意愿和倾向更强烈一些。早期的研究验证了人们的风险偏好随着年龄的增长而降低（Bakshi和Chen，1994）。相较于年龄较大的群体，年轻人对新鲜事物更有兴趣，偏好接触更多高科技产品，也愿意学习和参与更多的创新体验，这与TMT行业的属性不谋而合。基于以上分析，提出以下假设。

假设1：男性天使投资人的TMT行业偏好高于女性天使投资人。

假设2：年轻天使投资人的TMT行业偏好高于年老的天使投资人。

2.天使投资人的教育背景对TMT行业偏好的影响

Hartog、Ada 和Jonker研究发现：学历与风险厌恶呈明显负相关。天使投资人本身就是受教育程度较高、风险识别能力较强、学习能力较强的群体。

Huang等（2017）调研发现，72.8%的美国天使投资人具备硕士及以上学历。学历越高的天使投资人，越可能关注一些新兴行业。Morrissette（2007）论证了美国天使投资人偏好投资电子行业，主要是因为他们了解这一领域。因此，有计算机、通信等理工背景的天使投资人应该更倾向于投资TMT行业。此外，郑尧丽等（2013）指出：有过留学经历的人因为有跨文化适应的经历，比无海外留学经历的人更有创造力。欧美国家的高科技行业较为发达，有过留学经历的人更容易接触到创新产品和技术，对TMT行业的接受度高。基于以上分析，提出以下假设。

假设3：高学历天使投资人的TMT行业偏好高于较低学历天使投资人。

假设4：理工科天使投资人的TMT行业偏好高于其他专业的天使投资人。

假设5：有留学经历的天使投资人的TMT行业偏好高于无留学经历的天使投资人。

3. 天使投资人的从业背景对TMT行业偏好的影响

Pereiro（2001）调研发现：阿根廷天使投资人偏好投资工业领域，除了目标行业的增长潜力外，天使投资人以前的经历也是投资决策的主要影响因素。从理性角度来说，有过创业经历的人更加清楚如何创办一个公司、如何经营项目以及处理一些突发状况等，所以有成功创业经历的人应该比没有成功创业经历的人更好地识别出创业公司和项目所存在的风险。从感性角度来说，有过创业经历的人往往属于风险偏好者，他们喜欢挑战新事物，这类天使投资人容易对TMT行业感兴趣（卜文娟，2017）。

经过调研发现，有相当一部分天使投资人来自金融领域。从中国天使联合会会员的从业背景来看，他们大部分都有创业投资机构工作经历。与其他类型的天使投资人不同，拥有创业投资机构背景的天使投资人在早期股权投资上的经验更加丰富。他们属于专业的投资人，具备股权投资相关的知识和经验，而且他们因为专注于投资，所以有大量的时间和精力去接触创业企业。李严等（2012）的研究表明，具有金融或咨询行业从业经验的人更倾向于投资早期阶段的高新技术创业企业。基于以上分析，提出以下假设。

假设6：有创业经历的天使投资人的TMT行业偏好高于无创业经历的天使投资人。

假设7：有创业投资或私募股权投资经验的天使投资人的TMT行业偏好高于没有创业投资或私募股权投资经验的天使投资人。

4. 天使投资人的投资经验与常住城市对TMT行业偏好的影响

每年平均投资数量多的天使投资人的选择范围广泛、投资经验丰富。在投资总量增加的情况下，投资TMT行业的可能性也会相应增加。在常住城市方面，在TMT行业发达的地区，往往涌现出更多有潜力的投资机会。作为国内教育、经济、科技高度发达的地区，北京、上海、广州及深圳等城市的TMT行业在蓬勃发展，这也直接使一线城市的天使投资人能够接触到更多这一领域的创业企业。基于以上分析，提出以下假设。

假设8：每年平均投资数量多的天使投资人更倾向于投资TMT行业。

假设9：一线城市天使投资人的TMT行业偏好高于二线城市天使投资人。

二、研究设计

1. 样本与数据

本书所选取的样本为狭义的天使投资人，即对创业企业进行早期投资的个人（不包括天使投资组织和机构）。与以往采用便利样本调研（Li 等；王佳妮等）、实验数据（Ding等）、大规模私人投资者调查（Ding等）的文献有所不同，本书的数据有一定的独特性，包括天使投资人基本资料、投融资事件和投资轮次等。数据主要来自IT桔子、桔子雷达数据库，另外笔者通过清科私募通、天眼查以及百度百科等信息搜索工具进行资料补充和比对。

笔者先从IT桔子TOP500天使投资人入手，在统计、汇总其年龄、学历、专业背景等基本资料的基础上，搜寻其投资事件，再根据该事件查询被投资公司所处行业。在将500位天使投资人信息录入后，笔者再对其进行进一步筛选：删除资料不全或者信息模糊的天使投资人样本；对于仅对一两家公司进行过投资的天使投资人，很难判断其行业倾向，故剔除投资数量在3次以下的天使投资人。最终获得455个有效样本。在455个有效样本中，有一部分天使投资人的行业偏好已经被IT桔子网站标注为“TMT”模块，但存在遗漏。笔者根据投资事件的行业属性进行了核实和重新标识。

2.模型与变量

本书用“天使投资人是否投资过TMT行业的创业企业（*TMT*）”作为因变量，用天使投资人相关个人特质和背景作为自变量“影响因素（*X*）”的代理变量，选取性别、年龄、学历、专业背景、是否有留学经历、是否有创业经历、是否有创业投资或私募股权投资经验进行度量，构建以下Logistic模型：

$$TMT_n^*=\alpha_n+\beta_n*X_n+\varepsilon_n \tag{1}$$

其中，$TMT_n^*=\ln\left(\frac{P(TMT_n=1)}{1-P(TMT_n=1)}\right)$，是因变量*TMT*经过logit变换后得到的数值；因变量*TMT*表示天使投资人的TMT行业偏好，如果是，变量数值取1，否则取0；自变量包括天使投资人的性别、年龄、学历、专业背景等特征。主要变量及定义如表4-1所示。

表4-1　主要变量及定义

变量		符号	定义
因变量	TMT产业偏好	*TMT*	是为1；否为0
自变量*X*	性别	*Sex*	男为1；女为0
	年龄	*Age*	45岁以上为1；45岁及以下为0
	学历	*Degree*	学士以下为1；学士为2；硕士为3；博士及以上为4
	专业背景	*Major*	理工科为1；文科为0
	是否有留学经历	*Aboard*	是为1；否为0
	是否有创业经历	*Entrepreneurship*	是为1；否为0
	是否有创业投资或私募股权投资经验	*Executive*	是为1；否为0
	每年平均投资数量	*Quantity*	1~3个为1；4~6个为2；7~9个为3
	常住城市	*City*	一线城市为1；二线城市为0

三、实证结果分析

1.描述性分析

研究发现：偏好投资TMT行业的天使投资人数量远高于非偏好者，前者占比78.9%（359位）。从性别分布来看，455个样本中仅有12位女性天使投资人，占2.6%。由此可见，中国天使投资人市场仍由男性主导，女性数量极少。从年龄分布来看，在从事天使投资行业的投资人中，73.2%的天使投资人为45岁及以下的中青年，仅26.8%的天使投资人年龄在45岁以上，说明了青年、中年人更倾向于进入天使投资行业。在教育水平方面，硕士占比最高，达到46.4%（211位），其次为博士及以上和学士，占比分别为24.2%和22.4%，学士以下学位的天使投资人仅占到7%。73.6%的天使投资人有理工科（多为计算机和通信工程）专业背景，而文科专业背景的天使投资人仅仅占26.4%。有超过半数（65.3%）的天使投资人有留学经历，多为大学本科毕业后出国攻读硕士学位。在职业背景方面，62.2%的天使投资人有过创业经历；72.7%的天使投资人有创业投资或私募股权投资经验，曾担任一些创业投资或私募股权投资机构创始人或合伙人，大多数机构由这些投资人单独创办或联合他人创办。

此外，这些天使投资人平均每年投资数量主要集中在4～6个，占到总人数的58.9%；有24.8%的天使投资人投资数量少于4个；有少量的天使投资人每年会投资7～9个项目（占16.3%）。通过对455位天使投资人的常住城市进行统计，可以发现多达83.3%的天使投资人以一线城市（北京、上海、广州、深圳）作为其常住地并参与当地投资，其中大多数天使投资人常住在北京。其余16.7%的天使投资人最常进行投资活动的城市为厦门等二线城市。

表4-2为主要变量的描述性统计结果。由于本次调研的女性天使投资人样本量过少，无法客观反映天使投资人的性别结构，所以本研究不对性别与TMT行业偏好之间的关系进行分析，剔除性别变量。

表4-2 描述性统计（N=455）

变量	观察值	最小值	最大值	均值	标准差	样本结构
TMT	455	0	1	0.7890	0.40846	偏好TMT（78.9%）
						不偏好TMT（21.1%）
Sex	455	0	1	0.9055	0.29285	男（97.4%）
						女（2.6%）
Age	455	0	1	0.2681	0.44347	45岁及以下（73.2%）
						45岁以上（26.8%）
Degree	455	1	4	2.8879	0.86448	学士以下（7.0%）
						学士（22.4%）
						硕士（46.4%）
						博士及以上（24.2%）
Major	455	0	1	0.7363	0.44114	理工科（73.6%）
						文科（26.4%）
Aboard	455	0	1	0.6527	0.47662	有留学经历（65.3%）
						没有留学经历（34.7%）
Entrepreneurship	455	0	1	0.6220	0.48543	有创业经历（62.2%）
						没有创业经历（37.8%）
Executive	455	0	1	0.7275	0.44575	有创业投资或私募股权投资经验（72.7%）
						没有创业投资或私募股权投资经验（27.3%）
Quantity	455	1	3	1.9143	0.63603	投资1～3个项目（24.8%）
						投资4～6个项目（58.9%）
						投资7～9个项目（16.3%）
City	455	0	1	0.8330	0.37342	一线城市（83.3%）
						二线城市（16.7%）

2. 单变量回归分析

实证检验结果显示，除了天使投资人的年龄和投资数量外，其他因素都对TMT行业投资偏好有显著的影响（见表4-3）。

表4-3　单个变量回归结果

变量	M1	M2	M3	M4	M5	M6	M7	M8
Age	−2.619 （0.430）							
Degree		1.873*** （0.000）						
Major			2.520*** （0.000）					
Aboard				2.552*** （0.000）				
Entre-preneur-ship					1.076*** （0.000）			
Executive						−0.766*** （0.010）		
Quantity							−0.007 （0.967）	
City								3.072*** （0.000）
常数	2.388*** （0.000）	−3.512*** （0.000）	−0.201 （0.274）	0.076 （0.633）	0.728*** （0.000）	1.910*** （0.000）	1.333*** （0.000）	−0.963*** （0.000）
R^2	0.0824	0.0673	0.2344	0.0385	0.6246	0.2944	0.0028	0.1432

注：括号中为标准差，***、**、*分别表示在1%、5%和10%水平以下显著。

在个人特征方面，教育水平对TMT行业投资偏好有显著的正向影响，即学历较高的天使投资人对TMT行业的偏好更强。从教育背景来看，具有理工科专业背景的天使投资人对TMT行业的偏好高于其他专业的天使投资人；有过海外留学经历的天使投资人对TMT行业的偏好高于没有海外留学经历的天使投资人。

在职业背景和经验方面，天使投资人的创业经历对TMT行业投资偏好有显著的正向影响，即有过创业经历的天使投资人更偏好投资TMT行业的创业项目。但是，天使投资人的创业投资机构和私募股权投资机构从业经历对TMT行业投资偏好有显著的负向影响，即有创业投资或私募股权投资经验的天使投资人对TMT行业投资更为保守。

实证检验还发现，天使投资人常住城市的发展水平对其TMT行业投资偏好有显著正向影响。相对于在二线城市的天使投资人来说，常在一线城市进行天使投资活动的人更偏好投资TMT行业的创业企业。

3. 多元回归分析

为应对多元回归模型中的内生性和多重共线性问题，综合考虑单变量回归分析和自变量相关性分析的结果，适当剔除一些自变量，以保证模型的有效性。从表4–4中可以看出，变量*Degree*和*Aboard*、*Major*和*Entrepreneurship*、*Aboard*和*Executive*之间均存在显著的相关关系。一般而言，有留学经历的人学历普遍较高；理工科背景的天使投资人更有创业倾向；有创业投资或私募股权投资经验的天使投资人很多都有海外留学背景。最终，剔除性别、年龄、是否有留学经历、是否有创业经历和每年平均投资数量等几个自变量，在多元回归模型中保留学历、专业背景、是否有创业投资或私募股权投资经验、常住城市这几个自变量。

表4–4　　Pearson相关性分析

变量	*City*	*Degree*	*Major*	*Aboard*	*Entrepreneurship*	*Executive*
City	1					
Degree	0.426 （0.080）	1				
Major	0.401 （0.140）	0.390 （0.210）	1			
Aboard	0.342 （0.062）	0.472** （0.000）	0.360 （0.072）	1		
Entrepreneurship	0.186 （0.092）	0.140** （0.003）	0.223** （0.000）	0.117* （0.013）	1	
Executive	–0.049 （0.296）	–0.045 （0.337）	–0.086 （0.066）	–0.177** （0.000）	–0.039 （0.401）	1

注：***、**、*分别表示在1%、5%和10%水平以下显著；括号内为Pearson系数的显著性水平。

HL拟合优度检验结果显示，模型具有较好的拟合度。卡方值、自由度、*P*值结果见表4–5。

表4–5　　HL拟合优度检验

卡方值	自由度	显著性水平（*P*值）
8.526	14	0.675

注：HL指标服从χ^2分布，χ^2显示无统计学意义（$P>0.05$）表示模型拟合较好，反之表示模型拟合较差。

多元回归结果表明，天使投资人的学历显著影响其对TMT行业的投资偏好。学历越高的天使投资人，越容易选择投资TMT行业。天使投资人本身就是由受教育程度较高的群体构成，通过对455位天使投资人样本的研究发现，天使投资人数量最多的是硕士研究生，但在这种整体学历已经很高的基础上，学历更高的天使投资人仍然倾向于投资更具有创新性的TMT产业。例如，对于拥有博士及以上学位的天使投资人而言，其对TMT行业的投资偏好度接近100%。

天使投资人专业背景显著影响其TMT行业投资偏好。相较于文科专业背景的天使投资人，学习理工科的天使投资人更倾向于投资TMT行业。这主要是因为大多数天使投资人都会选择投资自己所熟悉的行业。进一步对理工科专业背景的天使投资人进行研究，发现理工科的天使投资人大多有创业经历，他们通过创业这种方式走进商业世界，创业成功后又化身天使投资人对其他创业者进行资助。这种类型的天使投资人因为本身具有理工科和创业经历的双重背景，更倾向于投资高科技互联网产业，他们在这些领域具有丰富的知识和经验，也能更好地帮助创业者选择正确的战略模式和发展方向。从样本的描述性分析结果来看，这些天使投资人中80%为计算机专业，这也佐证了这类天使投资人更倾向于投资TMT行业的创业项目。

天使投资人创业投资或私募股权投资经验显著影响其TMT行业投资偏好。但相对于担任创业投资机构或私募股权投资机构高管或负责人的天使投资人，不担任该种职位的人更倾向于投资TMT行业。从样本描述性分析中可以发现，国内天使投资人群体基本由企业家、创业投资机构或私募股权机构投资人、专业人士和社会名流（体育、演艺界明星等）构成。由于是正式投资模式，创业投资机构或私募股权机构投资人的决策相对谨慎，其会更加重视控制投资风险，所以对TMT行业的投资偏好反而比较低。

天使投资人常住城市显著影响其TMT行业投资偏好。越是发达地区的天使投资人，越倾向于投资TMT行业的创业项目。与其他三个变量相比，常住城市是影响天使投资人TMT偏好最主要的因素。国内大部分天使投资人都在北京、上海、广州以及深圳进行投资活动，这主要源于这些一线城市有着丰富的人才、科技、资金以及鼓励创新创业的友好环境。此外，北京、上海、广州以及深圳的TMT行业较其他地区更发达，投资机会更多、更好，这也促进了天使投资人的投资倾向。进一步研究发现，除了一线城市，因为有阿里巴巴等大型科技企业的资源基础和辐射效应，所以杭州地区TMT行业发展良好，杭州的天使投资人也更偏好投资TMT行业的创业项目。

Logistic 回归结果分析如表4–6所示。

表4–6　　Logistic回归结果分析

变量	回归系数（*B*）	标准差（*S.E.*）	卡方值（*Wald*）	自由度（*df*）	显著性水平（*Sig.*）	比值比 Exp（*B*）
Degree	1.380***	0.235	34.375	1	0.000	3.975
Major	1.595***	0.329	23.539	1	0.000	4.930
Executive	–0.848**	0.403	4.432	1	0.035	0.428
City	2.095***	0.386	29.534	1	0.000	8.129
Constant	–4.217***	0.703	36.012	1	0.000	0.015

注：***、**、*分别表示在1%、5%和10%水平以下显著。

四、结论与启示

以455个天使投资人样本观测值为实证研究对象，检验了天使投资人不同的特征和背景对其投资TMT行业偏好的影响。主要结论有以下两点。

第一，中国天使投资群体呈现出男性多、以中青年群体为主、学历高、创业投资或私募股权投资经验丰富的特征。中国女性天使投资人数量极少，天使投资人以中青年群体为主；天使投资人整体学历较高，大多有理工科专业背景，其中最多的为计算机专业；超过半数的天使投资人有留学经历和创业经历；大多数天使投资人同时有创业投资或私募股权投资经验；天使投资人每年投资数量集中在4～6个，并且主要活跃在北京、上海、广州、深圳。

第二，不同背景的天使投资人对TMT行业投资偏好也有所差异。这种差异体现在以下两个方面。一是天使投资人的学历、专业、常住城市与投资经验对TMT行业投资偏好的影响不同。其中，天使投资人学历越高、主修理工专业、常住城市投资活动越发达，TMT行业投资偏好越强；有创业投资或私募股权投资经验的天使投资人对TMT行业投资偏好低于其他投资人。二是区域特征是影响天使投资人对TMT行业偏好最主要的因素。天使投资行业发达程度往往和其所在地区的科技创新产业等发展水平紧密相关。一个城市对科技创新所持的积极态度为创业企业提供了优质的环境，这也会有效增加该城市的天使投资人数量，促进整个经济产业的发展。

本节系统地分析了天使投资人的个人特征和从业经历对TMT行业偏好的影响，为创业者和天使投资人提供了参考。从应用价值来看，如何正确地理解天使投资人的评价标准和个人喜好，是创业团队在融资阶段需要关注的问题。深入了解天使投资人对于不同产业的偏好，并且清楚造成这种偏好的影响因素，可以使创业者在融资过程中更具针对性，完善融资策略，更加便捷、有效找到适合自己项目的投资人，降低创业团队寻找融资的盲目性和各种风险，提高融资成功率。对中国天使投资人偏好影响因素的研究可以促使政府有针对性地制定相关政策，从制度上推动天使投资的发展，缓解中小企业的融资难题。同时，随着天使投资的发展，各类中介机构和投融资平台创建起来，通过研究不同背景天使投资人对于TMT行业的偏好，中介机构可以有针对性地抓取和筛选创业项目以推送给相应的天使投资人，为天使投资人投资和创业者融资提供了新的思路。

在理论贡献方面，本书在一定程度上拓展了天使投资领域文献的研究范围，尤其是丰富了天使投资人投资决策相关的研究。但是，本书仍存在以下不足：天使投资人是相对“隐蔽”和“低调”的群体，在样本统计方面难免存在漏洞或误差；未考虑被投对象方面的客观因素，在变量选取方面可能会存在遗漏；在解决多重共线性的问题时剔除了部分自变量，对于这些变量是否显著影响因变量，没有进行详细研究，对研究结果有一定影响。

虽然国内女性的风险承受能力及业务水平等在近年来已经有了很大提升，但对于天使投资这种高风险、高回报的行业，女性仍然存在一些劣势。如何促进女性天使投资人数量增加，以平衡整个行业，促使天使投资领域更加广泛是业界、学界以及政策制定者未来需要考虑的问题。天使投资人存在身份转换和多重身份的现象，如“创而优则投”与“投而优则创”，即天使投资人可能拥有创业者身份。天使投资朝着更加专业和正式的方向发展，越来越多的知名天使投资人开始运作股权投资基金，这种个人投资模式与机构投资模式的对立、交互或是统一，也是学界需要关注的内容。此外，在选取影响因素时，可将简单的二分变量优化为具体指标，对各个指标进行详细测度，以求准确衡量不同影响因素对天使投资人偏好的影响，运用更精密的工具和模型对样本进行描述分析，避免多重共线性等对研究结果造成影响。

第二节　天使投资与企业创新的关系——以创业板公司为样本

创业投资的主体包含创业投资机构和天使投资人两大类型。现有的研究大多讨论创业投资机构的作用，较少关注天使投资人对企业创新的影响，针对中国实际问题的论证更是匮乏。一些经验证据显示，天使投资人往往有着特殊的商业经验和行业资源，能够借助自己的人力资本和社会资本积极地参与被投资企业的监督管理与价值增值活动（Politis，2008）。那么，天使投资人是否能够影响企业创新活动？Pisano等（2010）研究发现，相对于其他企业，创业企业在接受天使投资人的资助后，能够创造更多的创新成果。买忆媛等（2012）利用美国考夫曼企业调查数据进行实证检验，发现天使投资对创新投入没有显著的影响，但对创新产出有促进作用。然而，刘督等（2016）分析了中国中小板和创业板制造业企业，得出了不同结论：天使投资人既能促进企业创新投入，也能激励创新产出。

也有一些学者发现天使投资人与创业投资机构对企业创新产生异质性影响。比如，创业投资机构注重创新投入，而天使投资人更关心短期创新产出（买忆媛等，2012）。Dutta和Folta（2016）指出：天使投资人和创业投资机构对早期企业创新（专利申请）的贡献相当；但从长期来看，与天使投资人支持的企业相比，有创业投资机构支持的企业能够产生更强的创新影响力（专利引用）。需要注意的是，尽管天使投资人与创业投资机构对企业的作用可能不同，但二者之间本身存在复杂的交互关系和内生影响（Hellmann和Thiele，2015；Dutta和Folta，2016；Hellmann等，2021），这种关系是否进一步影响他们对企业创新的作用尚不清楚。

总体来看，由于样本、数据以及方法的差异，天使投资与企业创新的关系还不明确，特别是在现有的实证检验中，鲜有研究将天使投资、创业投资与企业创新三者联系起来深入讨论它们背后的关联。笔者选取创业板2017—2019年上市公司为研究样本，在对样本股东进行识别的基础上，深入探讨了天使投资人与企业创新的关系。同时，笔者研究了创业投资机构在天使投资人与企业创新二者之间的作用。实证结果显示：与其他类型的样本相比，仅有天使投资人持股的企业创新能力更强，主要体现在实用新型专利和外观专利数量的增加上；天使投资人持股比例与联合投资特征对企业创新没有显著影响；创业投资机构的进入抑制了天使投资人对企业创新的激励作用。笔者还使用了倾向得分匹配、负二项回归、分组回归和更换变量等方法进行检验，结果稳健。

本节研究的主要贡献在于以下两个方面。第一，拓展了天使投资人与企业创新关系的相关研究。以往的研究大多是通过调研、质性研究来发现天使投资人存在促进企业创新相关的投后管理行为，笔者则是从“是否有天使投资人支持”“天使投资人持股比例”“天使投资人联合投资”三个方面对企业创新的影响进行实证检验。研究发现，有天使投资人支持的企业在一定条件下能够产生更多的创新成果，但天使投资人持股比例与联合投资特征对企业创新没有显著影响。第二，深化了创业投资与企业创新关系的相关研究，并提供了天使投资人与创业投资机构交互作用的新证据。以往的文献要么仅仅关注创业投资机构的影响，要么比较创业投资机构和天使投资人作用及其机理的差异，笔者重点研究了天使投资人与企业创新的关系，以及创业投资机构对这一关系的影响。根据天使投资人和创业投资机构两类股东持股特征对样本进行分组，发现仅有天使投资人支持的企业创新能力更强，并且创业投资机构的进入干扰了天使投资人对企业创新的激励作用。

一、研究假设

1. 天使投资、创业投资与企业创新

天使投资一般出现于企业融资的早期阶段，由于企业在此时往往没有或较少拥有创新成果，天使投资人在提供资金的同时，往往会利用自身的行业优势及创业经验，在企业战略、资源、监管和指导方面提供支持，推动被投资企业各方面的完善和发展以使其形成竞争优势（Politis，2008）。买忆媛等（2012）、刘督等（2016）、Dutta和Folta（2016）等学者也证实了天使投资在企业创新中的作用。由于委托代理关系的不同，天使投资人相较于创业投资机构更可能奉行机会主义，倾向于在创业初期为企业提供研发支持（买忆媛等，2012；刘督等，2012）。创业企业在接受投资后，为了向天使投资人展现自身实力和资金使用效果，往往会进行一定数量的专利申请，以期增强天使投资人的信心和获取更多支持（买忆媛等，2012）。基于此，提出以下假设。

假设10：相对于没有天使投资人持股的企业，有天使投资人支持的企业创新能力更强。

与此同时，创业企业在发展过程中会进行多轮增资扩股。天使投资人的资金实力有限，创业企业在后续发展过程中有可能获得来自创业投资机构的注资。需要注意的是，天使投资人与创业投资机构在投资动机、投资模式、合约限制等方面存在差异，这不仅导致二者之间存在一定的内生影响，还使二者在企业创新策略目标方面有所不同（Hellmann和Thiele，2015；Hellmann

等，2021）。买忆媛等（2012）指出，创业投资机构作为企业，虽然会为被投资企业注入较多的资金，但在管理上会更加注重企业的长期盈利模式和行业优势，比较谨慎地评估企业研发新专利的可行性。若是创业企业要进行专利研发，创业投资机构往往对创业企业研发及管理团队的整体要求较高。而天使投资人投资项目一般从人出发，通过对创业者性格特点和过往经历的了解为企业在技术创新上提出建议，从而往往会有较高的风险容忍度。混合背景的创业投资股东们可能就企业是否应该进行某项技术创新产生矛盾，进而影响企业的创新活动（苟燕楠、董静，2014）。Hellmann与Thiele（2015）认为，在企业融资的后期，企业经营进入正轨，各项财务指标趋于稳定，这时占股较高的创业投资机构可能不再需要天使投资人，强势的天使投资人也可能因为不想在企业中影响力下降而拒绝创业投资机构的进入，二者就存在敌对关系。二者的敌对关系和矛盾冲突有可能限制了天使投资人对企业创新的作用。基于此，提出以下假设。

假设11：相对于没有天使投资人持股以及天使投资人和创业投资机构同时持股的企业，仅有天使投资人支持的企业创新能力更强。

2. 天使投资人的持股结构特征对企业创新的影响

股权结构特征对企业创新的影响可能存在差异。经验证据显示，天使投资人持股比例的增加能够提升其在企业经营决策中的话语权，使天使投资人有效参与企业的经营管理，发挥增值作用，进而推动企业创新（邓宁，2019）。

联合投资指的是由两个或两个以上天使投资人共同对某家初创企业提供资金支持的一种投资方式（刘倩倩，2020）。与单一天使投资人持股相比，多个天使投资人联合投资可以为被投资企业的创新活动提供更多资金支持，特别是进行一些资金要求较高的创新项目时，联合投资有助于企业创新活动的稳定推进（Croce等，2013）。同时，不同的天使投资人往往有着不同的社会背景和资源，联合投资可以整合各个天使投资人的资源和优势，能够更好地推动企业创新（Osnabrugge和Robinson，2000）。此外，初创企业往往面临较高的风险和失败率，联合投资有助于天使投资人共同承担企业在进行创新时出现的短期失败风险（刘倩倩，2020）。

基于此，提出以下假设。

假设12：天使投资人的持股比例越高，被投资企业的创新能力越强。

假设13：相对于单一的天使投资人投资，天使投资人联合投资对企业创新有正向影响。

二、研究设计

1.样本和数据来源

（1）研究样本。

笔者选取了深圳创业板2017—2019年首次公开发行股票的221家公司作为样本。由于样本中企业获得的专利数量存在较大差异，为了减少极端值对结果的影响，笔者在多元回归前对专利数量进行了缩尾处理（Winsorize），最终获得218家上市公司样本。

（2）数据来源。

天使投资人和创业投资机构相关信息来自上市公司招股说明书中与股权信息、股东性质有关的内容。根据《国务院关于促进创业投资持续健康发展的若干意见》（国发〔2016〕53号），将天使投资人界定为"以其自有资金直接开展创业投资活动的私人投资者"，该投资者不属于被投资企业职员，也不是被投资企业实际控制人与高级管理层的家庭成员和直系亲属。笔者借鉴李曜和张子炜（2011）、Johnson和Sohl（2012）的方法，查看了招股说明书前十大自然人股东的相关信息，识别出了天使投资人持股情况。此外，笔者参考陈思等（2017）的方法，识别了创业投资机构持股情况。

本节研究使用专利数量来度量企业创新活动。专利数据来自IPO公司披露的招股说明书。控制变量当中的上市公司财务指标来自Wind数据库和CSMAR数据库。对于招股说明书和年报中未披露的信息，再通过天眼查和其他渠道匹配。

表4-7列示了上市公司样本分布情况。在2017—2019年上市的218家公司中，有100家在上市之前有天使投资人持股，占比达45.87%。表4-7还将样本企业中天使投资人的持股比例进行了求和，按照0~10%、10%（含）~20%、20%及以上的持股比例进行了划分。

表4-7　上市公司样本分布情况　（单位：家）

全样本（按照“是否有天使投资人或创业投资机构持股”）		
有天使投资人	无创业投资机构	22
	有创业投资机构	78
无天使投资人	无创业投资机构	20
	有创业投资机构	98
小计		218
有天使投资人持股的子样本（按照“持股比例”和“是否联合投资”）		
天使投资人持股比例	天使投资人持股比例为0～10%的公司	72
	天使投资人持股比例为10%（含）～20%的公司	18
	天使投资人持股比例为20%及以上的公司	10
是否联合投资	只有1个天使投资人	39
	联合投资（多个天使投资人）	61
小计		100

2.研究变量及定义

（1）被解释变量。

参考买忆媛等（2012）的方法，笔者采用专利（*Patents*）数量来衡量公司的创新水平。为了加强研究结果的稳定性和准确性，笔者在稳健性检验中又将专利数量划分为发明专利数（$Patents_{FM}$）和非发明专利数（$Patents_{Other}$）。其中，非发明专利包括实用新型专利与外观专利两类。

（2）解释变量及分组变量。

笔者借鉴并拓展了李曜和张子炜（2011）、刘督等（2016）及陈思等（2017）的研究思路，根据天使投资人与创业投资机构持股情况设置了两个哑变量，即是否有天使投资人持股（$Angel_E$=0或1）、是否有创业投资机构持股（VC_E=0或1）。

为了进一步识别创业投资机构对天使投资人与企业创新二者关系的影响，笔者把样本分为三类，并设置哑变量，即仅有天使投资人持股（$Angel_{Only}$=0或1）、天使投资人和创业投资机构共同支持（VC_EAngel_E=1或0），以及没有天使投资人支持（$Angel_N$=0或1）。

对于有天使投资人持股的上市公司样本，天使投资持股特征从持股程度和联合投资两个维度来度量，前者为“公司前十大股东中天使投资人持股比例之和（$Angel_{per}$）”，后者为“是否有多个天使投资人支持（$Angel_{syn}$=1或0）”。

（3）控制变量。

笔者参考了以往文献，选取了企业资产规模（*Size*）、企业资产收益率（*ROA*）、企业资产负债率（*Debit*）、固定资产比率（*Tangible*）作为控制变量（陈思等，2017）。同时，由于上市公司所处行业不同，其创新能力也不尽相同，故本节研究加入了行业（*Manufacture*）作为控制变量。此外，企业成立的时间往往与创新能力成正相关关系，存续时间长的企业由于经验丰富，更有可能进行技术创新，故本节研究还选取了公司成立时间（*Year*）作为控制变量（陈见丽，2011）。主要变量定义如表4–8所示。

表4–8　主要变量定义

变量类型	符号	变量定义
被解释变量（企业创新）	*Patents*	公司在招股说明书中披露的公司所获得国家知识产权局授权的专利数目取对数
	$Patents_{FM}$	公司在招股说明书中披露的公司所获得国家知识产权局授权的发明专利数目取对数
	$Patents_{Other}$	公司在招股说明书中披露的公司所获得国家知识产权局授权的实用新型专利和外观专利数目取对数
解释变量（天使投资）	$Angel_E$	公司是否有天使投资支持，是则$Angel_E$=1；否则$Angel_E$=0
	$Angel_{Only}$	公司是否仅有天使投资人支持，是则$Angel_{Only}$=1；否则$Angel_{Only}$=0
	VC_EAngel_E	公司是否有天使投资人和创业投资机构共同支持，是则VC_EAngel_E=1；否则VC_EAngel_E=0
	$Angel_N$	公司是否没有天使投资人支持，是则$Angel_N$=1；否则$Angel_N$=0
	$Angel_{per}$	公司前十大股东中天使投资人持股比例之和
	$Angel_{syn}$	公司是否有多个天使投资人支持，是则$Angel_{syn}$=1；否则$Angel_{syn}$=0

续表

变量类型	符号	变量定义
分组变量	VC_E	公司是否有创业投资机构支持，是则VC_E=1；否则VC_E=0
控制变量	*Size*	公司IPO当年的总资产取对数
	ROA	公司IPO当年的总资产收益率
	Debit	公司IPO当年的资产负债率
	Tangible	公司IPO当年固定资产占总资产的比率
	Year	公司IPO时的年份减公司成立的年份
	Manufacture	IPO公司是否属于制造业，是为1，不是为0

三、实证结果分析

1.描述性统计与相关性检验

表4-9列示了主要变量描述性统计。在被解释变量方面，样本企业*Patents*平均值为3.46，$Patents_{FM}$为2.05，$Patents_{Other}$为2.88。在解释变量方面：有天使投资人持股背景的样本企业占46%（包括仅有天使投资人支持的占10%，天使投资人和创业投资机构共同支持的占36%）；在有天使投资人支持的样本企业中，天使投资人持股比例之和平均为4%，有近1/3的企业存在多个天使投资人支持的情况。相关性检验结果显示，天使投资与专利申请数量没有明显的相关性，但仅有天使投资人支持的企业与专利申请数量存在显著的正相关，这为后文进一步论证变量之间的关系提供了前提和基础。

表4-9　　　　主要变量描述性统计

变量	观测值	平均值	标准差	最小值	最大值
Patents	218	3.46	1.30	0.00	6.21
$Patents_{FM}$	218	2.05	1.25	0.00	5.57
$Patents_{Other}$	218	2.88	1.56	0.00	6.21

续表

变量	观测值	平均值	标准差	最小值	最大值
$Angel_E$	218	0.46	0.50	0.00	1.00
$Angel_{Only}$	218	0.10	0.30	0.00	1.00
VC_EAngel_E	218	0.36	0.48	0.00	1.00
$Angel_N$	218	0.54	0.50	0.00	1.00
$Angel_{per}$	218	0.04	0.07	0.00	0.47
$Angel_{syn}$	218	0.28	0.45	0.00	1.00
VC_E	218	0.81	0.40	0.00	1.00
Size	218	20.88	0.69	19.65	23.80
ROA	218	0.08	0.03	0.01	0.26
Debit	218	0.26	0.14	0.04	0.87
Tangible	218	0.13	0.10	0.00	0.58
Year	218	14.71	5.13	3.00	32.00
Manufacture	218	0.75	0.44	0.00	1.00

2. 回归结果分析

（1）天使投资人对企业创新的影响。

表4-10说明了天使投资人对企业创新的影响（OLS回归）。模型（1）检验结果表明，天使投资人持股不能显著地促进企业申请更多专利（系数为0.168，未通过10%显著性检验），假设10未得到验证。根据天使投资人与创业投资机构两类股东持股情况，将样本分为三个类型，即仅有天使投资人持股的企业、天使投资人和创业投资机构共同持股的企业、没有天使投资人持股的企业。模型（2）～（4）的回归结果显示，$Angel_{Only}$系数为0.702，在1%水平显著，VC_EAngel_E、$Angel_N$系数不显著。这说明，相比其他样本，仅有天使投资人持股能够显著提升企业创新能力，促使企业申请更多专利，假设11得到验证。

表 4-10　　天使投资人对企业创新的影响（OLS 回归）

变量	模型（1）	模型（2）	模型（3）	模型（4）
$Angel_E$	0.168 （1.07）			
$Angel_{Only}$		0.702*** （2.80）		
VC_EAngel_E			–0.105 （–0.65）	
$Angel_N$				–0.168 （–1.07）
Size	0.367*** （3.00）	0.381*** （3.20）	0.332*** （2.74）	0.367*** （3.00）
ROA	–1.063 （–0.42）	–1.517 （–0.61）	–0.192 （–0.47）	–1.063 （–0.42）
Debit	0.675 （1.05）	0.684 （1.09）	0.791 （1.23）	0.675 （1.05）
Tangible	–0.848 （–1.08）	–0.884 （–1.16）	–0.699 （–0.90）	–0.848 （–1.08）
Year	0.000 （–0.03）	0.000 （0.01）	0.000 （–0.03）	0.000 （–0.03）
Manufacture	1.472*** （8.13）	1.449*** （8.12）	1.463*** （8.06）	1.472*** （8.13）
F 统计量	11.820	13.150	11.680	11.820
调整 R^2	0.259	0.305	0.256	0.259
观测值	218	218	218	218

注：括号内为 *t* 值；***、**、* 分别表示在 1%、5%、10% 水平显著。

（2）相关的解释来自以下几个方面。

首先，在天使投资人持股的样本企业中，有 77.23% 的企业是同时存在创业投资机构投资的，创业投资机构在企业中往往拥有较强的话语权，对企业创新有着较大的影响。模型（3）中 VC_EAngel_E 的系数虽然不显著，但其符号为负，创业投资机构的进入阻碍了天使投资人的积极作用，最终导致 $Angel_E$

系数不显著。

其次，对于仅有天使投资人支持的企业，天使投资人是它们重要的外源融资，能够资助企业开展创新活动；企业也希望通过开展创新活动，向天使投资人展现企业的实力，得到天使投资人长期的资金或其他资源支持（买忆媛等，2012）。天使投资人在企业中的存续时间往往较长，而专利从研发到最终取得也需要较长时间，这就使得天使投资人更有可能见证企业的专利创新。需要注意的是，仅有天使投资人持股的子样本平均持股比例为10.51%，高于总样本中天使投资人的平均持股比例（8.81%），这类“超级天使”有着更强的话语权和控制能力，能够对企业创新产生积极影响（Hellmann等，2021）。

最后，天使投资人和创业投资机构有着不同的背景特征、投资策略和投资目标，二者同时持股一家公司时，可能会针对创新活动产生意见分歧，并最终影响企业创新产出（苟燕楠、董静，2014）。天使投资人往往是因为看好初创团队，看好企业现阶段的发展潜力而去投资，推动企业多进行专利创新，形成竞争优势（Osnabrugge，2000）。天使投资人在企业的管控上往往更加灵活，不会对企业的经营数据有较为量化的要求。相较于天使投资人，创业投资机构会更加看重企业在几年内快速成长带来的资本增值。并且，创业投资机构对被投资企业较为严格的管控在一定程度上抑制了企业的创新活力。有创业投资机构支持的企业，在专利数量上相对较少（Manso，2011）。

近年来，创业板在发行审核、退出机制、监管体制等方面存在的漏洞使得市场上出现了较高的估值和泡沫（肖明等，2020），这就吸引了一部分投机的创业投资机构在企业成熟阶段进场，尤其是开展Pre-IPO（上市前私募股权投资）活动。这些创业投资机构希望通过短时间内的资本运作获取高额回报（陈见丽，2011）。这就意味着有些创业投资机构不会过多关注企业的创新发展，天使投资人若不是同样强势，将无法对企业创新产生显著影响。基于上述原因，同时有天使投资人和创业机构支持的企业未必有优势，创新能力还不如仅有天使投资人支持的企业。

3.天使投资人持股特征与企业创新的影响

如表4-11所示，天使投资人的持股比例与联合投资对企业创新没有显著影响。假设12和假设13均未得到验证。究其原因，可能有以下两方面。

表4-11　天使投资人持股特征对企业创新的影响（OLS回归）

变量	模型（5）	模型（6）
$Angel_{per}$	1.063 （0.69）	
$Angel_{syn}$		−0.001 （−0.00）
Size	0.496** （2.12）	0.478** （2.00）
ROA	−1.091 （−0.31）	−1.060 （−0.30）
Debit	0.103 （0.10）	0.207 （0.20）
Tangible	−1.887* （−1.63）	−1.988* （−1.73）
Year	0.017 （0.73）	0.014 （0.63）
Manufacture	1.461*** （5.05）	1.439*** （5.16）
*F*统计量	5.240	5.140
调整R^2	0.285	0.2265
观测值	100	100

注：括号内为*t*值；***、**、*分别表示在1%、5%、10%水平显著。

在持股比例方面，笔者认为主要是受到天使投资人在前十大股东中持股比例较低且数据间差异较小的因素影响。在本节研究的218家上市企业中，天使投资人持股比例平均值为4%，标准差为0.07，其中持股比例高于20%的仅有10家，近半数天使投资人在企业中仅持有0%～20%的股份。故其持股比例的变化可能受数据本身的影响而对专利申请的影响不显著。

在联合投资方面，笔者认为，股东过多且股权分散，可能导致公司治理效率降低，不利于促进创新（杨德伟，2011）。尽管投资者异质性能带来一些好处，但不同天使投资人对企业创新、发展战略等重大决策持不同意见，这种矛盾冲突增加了沟通成本，进而抑制了企业创新（刘倩倩，2020）。联合投资是否带来绝对优势，又或是受到哪些条件制约，还需要进一步验证。

4.稳健性检验

（1）内生性问题。

本节研究不存在反向因果问题。与创业投资机构不同，天使投资人的进入一般都是在企业发展初期，企业创新能力在当时普遍较弱；天使投资人的投资决策，更多是基于对创始团队能力和创业企业发展前景的考虑（Mason和Stark，2004）。在这种情况下，本节研究可能存在样本“自选择”问题。企业获得天使投资人的资助并非随机，可能与企业自身的状况有关。为了解决这一内生性问题，笔者使用了倾向得分匹配法（Propensity Score Matching，PSM），根据协变量（多个控制变量）将仅有天使投资人支持的企业（处理组）同剩余样本中与其最相似的企业（控制组）进行匹配，从而检验天使投资人的净影响。

图4-1、图4-2和图4-3显示了倾向得分的共同取值范围与匹配前后的倾向得分匹配核密度。总体来看：大部分样本均在共同取值范围内，损失的样本量较少；匹配前，处理组的倾向得分显著高于控制组；在控制组中寻找倾向得分最近的四个企业，匹配后两组的倾向性得分差异较小。在完成PSM的

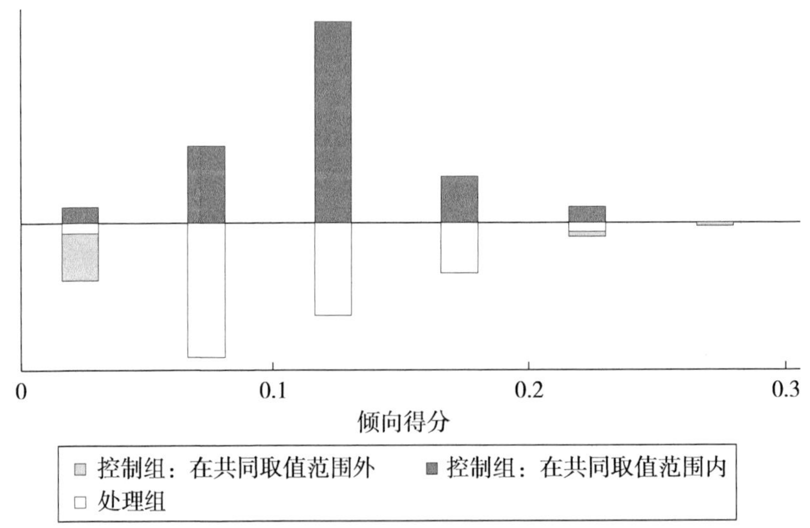

图4-1　倾向得分的共同取值范围

基础上，笔者重新进行了OLS回归和负二项回归分析。如表4-12所示，模型（7）~（9）结果均显示，与其他样本企业相比，仅有天使投资人持股的企业创新能力更强，与前文的结论一致。

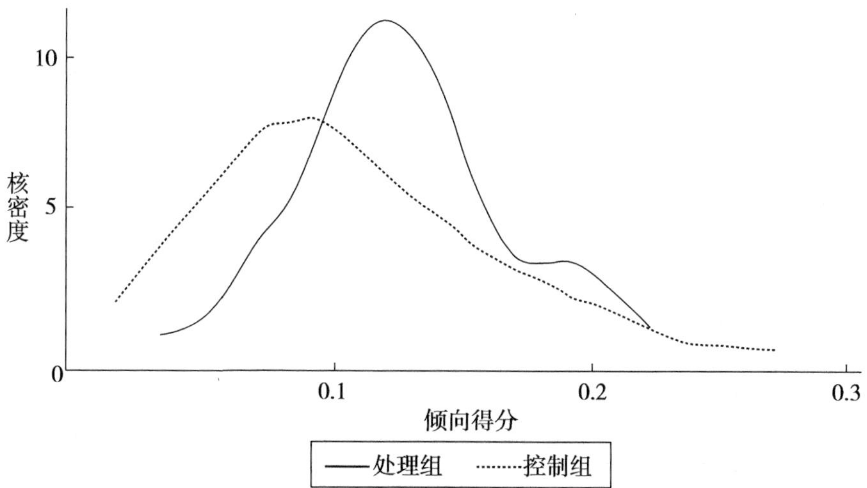

注：默认使用二次核密度函数，默认宽带为0.0159。

图4-2　倾向得分匹配核密度（匹配前）

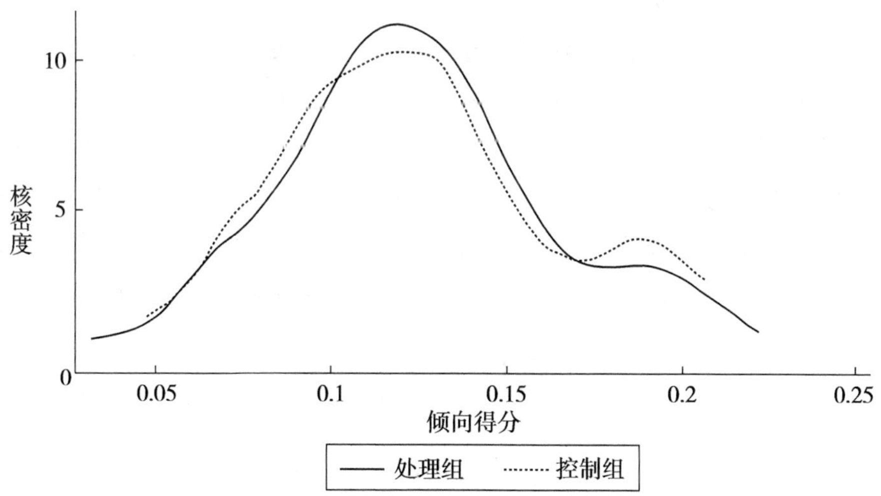

注：默认使用二次核密度函数，默认宽带为0.0159。

图4-3　倾向得分匹配核密度（匹配后）

表4-12　　基于PSM的OLS回归和负二项回归结果

变量	PSM-OLS	PSM-负二项回归	负二项回归
	模型（7）	模型（8）	模型（9）
$Angel_{Only}$	0.713*** （2.67）	0.205*** （2.80）	0.192*** （3.02）
控制变量	已控制	已控制	已控制
F统计量	6.81		
$Prob>F$	0.000		
R–$squared$	0.349		
$Adj\ R$–$squared$	0.297		
$Wald\ chi2$（7）		18.90	45.030
$Prob>chi2$		0.009	0.000
$Pseudo\ R$-$squared$		0.050	0.043
观测值	97	97	218

注：括号内为t值；***、**、*分别表示在1%、5%、10%水平显著。

（2）更换分组方式。

根据是否存在创业投资机构持股，将样本企业分为两组子样本，验证两组子样本中天使投资人对企业创新的影响差异。从表4-13中模型（10）和模型（11）的回归结果可以看出：当有创业投资机构持股时，天使投资人对企业创新未能发挥有效作用；当没有创业投资机构持股时，天使投资人能够有效促进企业创新。这一结果与前文的结论相吻合，天使投资人对企业创新有激励作用，但作用程度受到创业投资机构的干扰。对假设10进行修正：天使投资人对企业创新有激励效应，这一效应在不同创业投资机构持股情况下存在差异。

表4-13　　基于分组和更换指标的OLS回归结果

变量	VC_E=1	VC_E=0	$Patents_{FM}$	$Patents_{Other}$
	模型（10）	模型（11）	模型（12）	模型（13）
$Angel_E$	0.024 （0.13）	0.692** （2.06）		

续表

变量	VC_E=1	VC_E=0	$Patents_{FM}$	$Patents_{Other}$
	模型（10）	模型（11）	模型（12）	模型（13）
$Angel_{Only}$			0.262 （1.00）	0.804*** （2.47）
控制变量	已控制	已控制	已控制	已控制
F	10.48	2.13	6.72	6.85
$Prob>F$	0.000	0.067	0.000	0.000
R-squared	0.304	0.304	0.183	0.186
Adj R-squared	0.275	0.161	0.156	0.159
观测值	176	42	218	218

注：括号内为t值。***、**、*分别表示在1%、5%、10%水平显著。

（3）更换企业创新的度量指标。

在我国，专利指发明专利、实用新型专利和外观专利三种。本节研究将专利数量划分为发明专利数及非发明专利数（实用新型专利和外观专利之和）两类，记为$Patents_{FM}$和$Patents_{Other}$，对其进行OLS回归分析（结果见表4-13）。对比模型（12）和模型（13）的回归系数，天使投资人对于企业专利数量增加的影响主要体现在实用新型专利和外观专利的发明上。在早期阶段，创业企业盈利能力较弱，往往更看重短期创新效果，为了吸引天使投资人注资，较少进行较长周期的原创性技术开发，而是选择进行技术含量较低的研发（买忆媛等，2012）。

四、结论与启示

加快发展天使投资，充分发挥创业投资支持创新创业作用，是深入实施创新驱动战略的重要要求。本节研究以2017—2019年创业板上市公司为样本，综合运用PSM、OLS回归、负二项回归等方法，研究天使投资人对企业创新的影响，同时考察了创业投资机构在天使投资人与企业创新二者之间的作用。

主要得到以下结论：一是与其他类型的样本相比，仅有天使投资人持股的企业创新能力更强，主要体现为实用新型专利和外观专利数量的增加。二是天使投资人持股比例与联合投资特征对企业创新没有显著影响。三是创业投资机构的进入抑制了天使投资人的创新激励作用。

由于数据获取、指标度量以及研究方法的局限性，本节研究存在不足之处，但总体而言，相关研究在理论与实践方面仍然有着重要意义。一方面，本节研究揭示了天使投资人与企业创新的关系以及创业投资机构对二者关系的影响，为理解天使投资人的价值和企业创新的影响因素都提供了新视角。另一方面，本节研究提供了中国情景下天使投资人激励创新、天使投资人与创业投资机构交互作用的经验证据。创业企业可以结合自身股权情况，在适当时机引入天使资本，利用天使投资人资源和经验，实现企业技术创新等方面增值，提高企业创新绩效。但是，对于同时引入天使投资人和创业投资机构，企业要关注股东之间的制衡关系和保证企业治理效率，充分发挥创业投资机构对企业创新的支持作用。反过来，作为创业企业的重要融资来源和推动企业进行创新的重要推手，天使投资人要充分发挥自身的积极作用，真正让企业通过创新提升经营绩效，实现资本增值。此外，本节研究为国家大力发展天使投资、完善金融支持创新体系提供了政策启示。政府应该加大对天使投资人的政策支持，通过引导基金、税收激励、风险补偿、平台建设、教育培训等多种方式，培育更多的天使投资人群体，引导资金流向种子期和初创期企业，助推中小企业开展高质量的创新活动。

第五章　天使投资组织化与机构化发展

近年来，全球天使投资市场不断发展和演变，从“野路子”到“专业化”，从“单打独斗”到“抱团取暖”，天使投资人开始朝着专业化、群体化及机构化方向发展。天使投资人之间交流合作，开展联合投资，能够分散风险，还可以进行更大规模的交易。各类天使投资组织涌现出来，为天使投资人带来了信息沟通、投资合作等方面的便利。截至2021年9月，中国共有74家天使投资组织，公开披露信息的有58家。其中57%的天使投资组织分布在一线城市，70%以上的组织是近几年成立的新机构，还有一些天使投资组织依靠政府引导基金支持。实践证明，“基金+平台”的模式能够更好整合资源，打造更为完善的创投生态体系。

第一节　国际天使投资组织的发展

20世纪90年代后期，在美国128号公路与硅谷地区涌现了大量的“天使团体”，如天使俱乐部（Organized Angel Club）、天使联盟（Angel Union）、“超级天使”（Super Angel）等，以及衍生出一些为天使投资提供中介服务的组织，如天使网络（Angel Networks）、天使协会（Angel Associations）等（MIT，2000）。一方面，天使投资市场的不断发展，推动天使投资朝着专业化、群体化及机构化方向发展，这类投资主体的活动更加复杂，其行为特征更有研究价值（Shane，2005）；另一方面，天使网络等中介服务机构的建立和发展，不仅能提升天使投资活动的效率，还为研究学者提供了天使投资数据采集渠道（Harrison和Mason，2010）。

一、天使投资组织的兴起

在美国和其他一些国家，大多数天使投资交易通过单个天使投资人或者辛迪加等正式的天使投资组织进行，这些投资群体通常包含经验丰富和活跃的天使投资人。根据ACA的定义：在“天使团体”中，单个天使投资人可以和其他天使投资人一起评估和投资创业企业，多个天使投资人可以汇集资金来进行大额交易。

最早的天使投资组织在20世纪50年代就以俱乐部的形式出现了，但天使投资组织化发展的趋势是在20世纪80年代天使投资的整体规模扩大之后才开始出现，相关组织在世纪之交获得了快速发展，由此天使投资进入了组织化发展的阶段。全球天使投资市场几乎都衍生出一些新模式：由少量的活跃天使投资人联合起来形成非正式组织；随着成员规模扩大和组织制度的完善，各地开始涌现更多正式的私人组织；一些不同区域私人组织之间开始联合起来，形成国家或区域层面的大型组织。

20世纪90年代早期，尽管美国也有一些非正式的天使投资组织在各地从事早期投资，但真正被业内熟知的还是一家正式机构。1994年11月，知名投资家汉斯·赛维伦斯（Hans Severiens）先生与他的朋友们在硅谷地区创建了美国第一家天使投资俱乐部——“天使帮”（Band of Angels）。1995年之后，天使投资组织发展迅猛，越来越多的天使投资人开始加入这些新创组织，与其他成员一起进行投资。1996年，美国天使投资组织不足十家，到2003年已经将近200家。2006年，天使投资组织之间进行联合投资，不仅可以打破区域的限制，还可以扩大资金规模，尤其是当创业企业无法获取创业投资资金时，天使投资组织的联合资金可以用来进行多轮投资。与此同时，一个国家级行业协会——ACA正式成立，该协会面向美国各区域认证的天使投资人会员以及天使投资组织会员，还吸收了来自加拿大和墨西哥的北美成员。截至2015年年底，全美有400余家的天使投资组织，其中有60%是天使投资协会的会员。

在欧洲，天使投资网络是一类很普遍的组织，这类组织把不同的商业天使、“天使团体”联系在一起，发挥中介作用，但本身不做投资。根据EBAN的定义：天使投资网络是一个中介平台，目的在于将创业者和天使投资人联系起来，促成交易；平台本身保持中立，通常不评估创业项目，天使投资人自己做出投资决策；天使投资网络还经常为天使投资人和创业者提供一些增值服务。天使投资网络一般是区域性的，有国际、国家或者城市等多个层次类型。其中，国家层面的组织一般可视作行业协会，其作用更加广泛，不仅把各类投资主体聚集到一起，更重要的是通过增强天使投资意识、分享投资实践、发展新天使投资网络、倡导出台政策等服务来促进整个天使投资行业的发展。这类组织本身不做投资，也不以中介角色为主要目的。不同的国家对一些术语的使用不尽相同，尤其是欧洲的一些国家更倾向于在名称上使用“Network”而不是“Association”。事实上，一些国家级（或者国际）天使投资网络就是协会。通过这些组织及在当地的分支，可以与政府、媒体建立联系，通过影响力来增强与相关各方的谈判能力，比如，拿到政府的优惠政策或争取更多的金融支持。

天使投资人的交流与合作已经不仅局限于本国层面，更多活动已经开始向国际化发展。早在1999年，在欧盟的支持下，欧洲地区一些天使投资同行联合创建了EBAN。根据EBAN的统计，欧洲约有470个正式的天使投资组织。2001年，新加坡天使投资同行主导创建了“东南亚天使投资联盟”（Business Angel Network of Southeast Asia，BANSEA），该组织致力于联系中国、印度、马来西亚、泰国以及欧美地区的一些活跃天使组织。2007年，全球十几个国家级天使投资组织联合在一起，成立了大型国际组织——“世界天使投资协会”（World Business Angels Association），旨在提升天使投资意识，促进天使投资国际交流与合作。2016年，原世界天使投资协会的一些创始成员，联合了其他国际成员，又创立了一个新组织——“全球天使投资联盟”（Global Business Angels Network）。

天使投资组织一般是区域性、全国性或者国际性的机构，旨在为天使投资人和创业企业提供中介服务，包括聚集零散的天使投资人、发布投融资信息、帮助供求双方联系等。就内部规模而言，其差异较大，有的天使投资组织规模非常小，几个人就能组成，有的规模则达到100多人。国际性和全国性的天使投资组织往往以各地的天使投资组织为会员，覆盖的天使投资人群体更广。截至2021年，ACA吸纳了15000多名合格天使投资人及250余家天使投资组织会员，他们投资了3万多家创业企业。在欧洲，为了鼓励建立跨区域网络，大多数国家已成为EBAN的成员国。

二、天使投资组织的种类

MIT（2000）将天使投资组织分为四类：一是种子期融资企业（Seed Financing Businesses），这类机构全职从事早期投资业务，是公司形态的天使投资组织；二是会员制天使俱乐部（Member Organized Angel Club），这类机构吸收活跃的天使投资人加盟，成员间信息共享、共同决策；三是营利性中介及投资机构（For-profit Matching and Investment Organization），这类机构本身也从事投资业务，同时提供项目筛选、尽职调查等咨询服务；四是第三方服务机构（Third-party Matching Services），它们致力于成为天使投资人和创业企业的信息中介，这类机构是一些非营利性组织。Mason 和 Harrison（2011）将天使投资协会及其他网络形式的组织称为天使投资的“显性市场”，这类市场基于不同的成员背景可分为两大类：一是以天使投资协会成员为主体的网络组织，二是以非天使协会成员为主体的其他网络组织以及辛迪加组织。从 OECD（2011）的报告，笔者发现天使投资协会和天使投资网络存在隶属关系，通常天使投资协会属于半官方机构，为促进天使投资行业的发展，为投资者和企业建立了天使投资网络这一交流平台。

天使投资组织化是一种必然的发展趋势。随着天使投资的组织化发展，各种天使投资组织形式应运而生。结合国内外实践，以及 OECD（2011）、World Bank（2014）的分类，天使投资组织有以下几种形式。

1.私人俱乐部型平台机构

天使投资俱乐部以私人投资者为服务对象，主要的运作目的是增进公众对天使投资的了解，培育和发展天使投资人队伍，促进天使投资人之间的联合投资。根据服务模式不同，可以采用会员管理制运营，设立一个非营利平台组织，或者采用经理管理制运营，创建一个营利性公司。二者最大的区别在于是由谁来执行投资相关的专业事宜。在美国，20 世纪 80 年代后期至90 年代早期，就开始有各种各样的天使投资俱乐部，比如，著名的“天使帮”是发展较早、较成熟的天使投资组织之一。美国硅谷地区已经形成了从天使投资到中期、后期创业投资完整的体系。因此，创新企业无论处于种子期、导入期，还是成长期、成熟期，只要有潜力，都能获得天使投资俱乐部相应的帮助。如果创业者只有一个好的创意，他可以得到专注于启动资金投资的天使俱乐部或天使投资人5万美元左右的帮助；如果他有了一个早期版本的产品和启动团队，他就可能从天使投资俱乐部或天使投资人处得到10万~50万美元的种子基金；如果企业开始商业运营并有了正式客户，它可能从早期、中期创业投资基金获得200万~500万美元的融资，再接下来就是中晚期创业投资。

2. 专业的早期投资机构

这类机构通常由几位核心的天使投资人出资创建，是为初创企业提供种子创业资金及后续融资的专业金融机构，通常以有限责任公司或者有限合伙企业的形态存在。这群天使投资人拥有共同的投资理念和投资偏好，并且基于相互信任聚集到一起。他们一般不寻求外部融资，用自有资金形成“天使投资基金”（Angel Investment Fund）。这类机构通常会设立专职管理岗位，由有丰富经验的天使投资人负责处理日常投资管理事务。

创业投资基金普遍为有限合伙制。根据法律规定，投资决定由普通合伙人做出，有限合伙人扮演着被动的角色。在国际上，由于很多天使投资组织的成员都是积极的投资人，这种有限合伙制的结构并不适用，可能存在与组织相关联的跟投基金，这个基金是与天使投资组织分开运营的一种独立的投资工具（Preston，2004）。反观国内，很多天使投资基金本质上就是创业投资基金，只不过投资阶段更早、投资规模更小，可以理解成投天使轮的创业投资。与此同时，一些天使投资组织也尝试在内部创建基金，主要是从天使投资组织会员处募资，基金运营手法与传统的创业投资机构相似。

3. 中小型网络或者联盟组织

美国的活跃天使投资人已经初具规模，在一些交易活动中，他们不再是“单打独斗”，而是“抱团”投资。因此，“天使团体”就出现了。这是相对于“个人天使”的一个概念，强调投资主体的变化。在欧洲以及天使投资人规模较小的地区，投资不活跃，尤其是投资人和创业企业之间存在较大的信息障碍，因此天使投资网络开始涌现出来，它与“天使团体”有某些类似的地方，但是更强调投资中介的作用，即天使投资人通过天使投资网络这个第三方平台才能达成交易。由于目标和模式不同，有的天使投资网络是运营一个非营利组织，有的天使投资网络是直接设立营利性中介或者投资机构，还有的则是前二者的结合（“非营利平台+投资基金模式”）。

国际经验显示，存在四种类型的天使投资网络。一是开放式协会，定期组织路演活动，不断招募新的天使投资人会员，天使投资人可以灵活、自由做出投资决策。二是低调的活跃天使投资人社群，可以把资金汇聚在一起，类似美国“天使团体”的做法，有严格且规范的运营模式，能够做出更加有效率且高质量的决策。三是混合型（“协会+活跃天使投资人”），综合了前两类的优势。四是神秘俱乐部，由一群熟人或者具有相同专业知识或背景的潜在投资者组成，他们低调行事并且比较“排外”，陌生的新成员和创业者一般很难接近他们；俱乐部的活跃度因成员之间的动机和目标不同而有差异，如果俱乐部有许多富有和活跃的天使投资人，投资活动相对更活跃一些（OECD，2011）。

4. 大型网络、联盟、协会等行业自律组织

从全球市场来看，越来越多的国家和地区开始创建更大的平台，提供更广泛的服务，代表整个行业发声。国家级或者跨国天使投资协会通常是“伞形结构”，将辖区内不同的天使投资组织、其他关联社群和机构聚集在一起，共同支持天使投资行业的发展。它们本身不参与投资或是做投资决策，主要的服务包括支持和发展天使投资组织，收集和传播天使行业信息，通过教育培训项目培育天使投资人、促使专业化，呼吁政策支持，促进整个天使投资行业的专业化和规范化发展。在组织背景和结构上，它们大多数是官方或者半官方组织，也有一些是私人运作的非营利平台，如ACA、UKBAA、法国天使投资协会（France Angels）、意大利天使投资联盟（Italia Business Angel Network）、加拿大天使协会（National Community for Angels，Incubators and Accelerators，NACO）等，以及EBAN、BANSEA。

5. 其他形式

天使投资组织在欧美国家的发展已经较为成熟，其表现形式多种多样，还有一些特色组织。

（1）女性天性投资组织。

如美国的“金种子天使投资网络”。这是由一位资深的女性投资人

Stephanie Newby于2005年创立的天使投资机构，其主要是为女性天使投资人和女性主导的创业企业提供更好的融资渠道和增值服务。“金种子天使投资网络”的创立使女性天使投资人得到了与男性天使投资人同等的声誉和权利。近年来，以女性为主或只有女性的天使投资组织数量明显增加，很多国家和地区都陆续成立女性天使投资组织，如新西兰的“北极天使”、英国苏格兰的“投资女性”、阿联酋的“女性天使投资网络”等。在这些女性主导的天使投资组织中，有些组织的成员全部是女性，也有些组织考虑成员多元化的好处，会适当向部分男性天使投资人开放。

（2）投资某些特殊行业。

比如，美国“生命科学天使俱乐部”（Life Science Angels，LSA）。该组织成立于2005年，专注于生命科学的早期投资，已经累计投资100多家企业，投资额超过6000万美元，拥有约150位合格投资人会员，这些会员都曾经或正在从事生命科学领域工作。这是一个非营利的俱乐部，每年向会员收取1750美元的会费。

（3）关注社会影响力、可持续发展领域。

比如，美国“投资者圈子”（Investors' Circle）俱乐部。该组织关注的并非传统意义上的TMT行业，该组织从事影响力投资，即关注对社会有直接积极作用的行业，如新能源行业、环保行业等。该组织已经与社会企业网络（Social Venture Network，SVN）合并为“社会企业圈子”（Social Venture Circle），将创业者、影响力投资人、各类相关的资源聚集在一起，共同推进创造公平、繁荣的经济环境。

（4）线上平台（Online Platform）。

随着互联网和信息技术的发展，越来越多的天使投资人活跃在一些线上平台，这些平台不仅能够帮助筛选创业企业，降低交易成本，而且为投资人、创业者提供了交流合作、教育培训的机会。比如，“Angellist”就是一个开放的互联网平台，将大量初创企业和天使投资人连接起来，使资金持有量相对较少的天使投资人通过联合投资的方式，共同参与初创公司的股权投资。这个平台上的天使投资人必须是符合美国证券法规定的“合格投资者”，其中包括一些活跃的天使投资人。“Gust”也是一个知名平台，它是全球最大的早期投资者和创业者社群，为天使投资人的尽职调查、沟通谈判、合同订立等提供标准化的工具和模板，促使投资人能够在平台上直接完成交易。最近几年，线上平台不断发展，为很多创业企业提供了早期融资支持，线上投资交易也成为全球早期投资市场不可缺少的一部分。但在实际交易过程中，股权众筹模式仍蕴含着较高的风险。因此，政府要不断出台监管政策，以确保实现行业健康、可持续发展。

三、天使投资组织化动因

天使投资组织将天使投资过程中的参与者信息收集、筛选、传递、披露工作集中起来，实行专业化管理运作，提供有偿或无偿服务，达到规模效应，或者组成集团进行自我投资，或者为天使投资人提供更多个性化投资服务。天使投资能够从早期的“独行侠”发展到现在的“抱团打天下”，有多方面的推动因素。

1.“个人投资”的局限性

从全球范围来看，天使投资都是一项高风险的投资行为。在某些欠发达国家和新兴市场，由于个人、社会及制度环境等因素，天使投资人可能面临更加严峻的挑战。

从微观层面来看，首先，个人天使投资人在专业能力上会有缺陷。个人天使投资人很可能对某一行业比较有深刻理解，而对其他行业不够熟悉，进而导致可投项目有限以及投后管理低效。其次，由于资金规模的限制，个人天使投资人无法投资更多的项目以分散投资风险。最后，个人天使投资人的社会网络是有限的，影响企业获得后续的融资机会以及增值服务的质量。

从宏观层面来看，创业者和天使投资人对天使投资实操过程的理解普遍不强；市场中缺乏一些能够被识别的、成功的、可供参考的天使投资模式；天使投资人之间以及创业者与天使投资人之间的信任度不够；市场中不仅缺乏教育资源，无法支持更多人学习天使投资经验和技术，还缺乏创业导师去帮助创业者解决问题；薄弱的创业生态环境不利于促进天使投资和创新创业发展。

2.“抱团投资”的优势和动因

个人天使投资人对于促进早期投资的发展极为重要，然而只有少数的“独行侠”能够成功。因此，他们需要“团队的力量”——天使投资人之间联合起来形成一些正式和非正式的组织。这些天使投资组织可以汇集更多资金、知识、经验以及社会资源，可以克服一些“单独作战”面临的高风险问题。尤其是在新兴市场，天使投资组织能够帮助天使投资人接触更多高质量的投资机会，运用联合投资的方式降低风险。无论是对于天使投资人本身，还是对于整个天使投资环境的改善，这类组织都有很多优势，这也是天使投资组织化的动因所在。

（1）基于群体优势的内在动因。

从内在因素来看，促使天使投资组织化发展的原因有以下几点。

一是分工协作，提高交易效率，降低投资成本。天使投资的运作机制可分为项目搜寻、尽职调查与项目筛选、投资合同条款谈判、投资后参与、退出五个阶段，各个阶段的工作量都很大，需要付出巨额的劳动成本。同时，由于早期投资市场是信息高度不对称的市场，单个天使投资人几乎不可能充分了解创业企业，也不可能在投资后对创业项目形成强有力的监督与控制。天使投资组织形成后，多个天使投资人可以取长补短、分工协作，在整个投资过程中通过采取各种特别的制度安排来筛选优质项目、规范投资管理、强化项目监控，这样做不仅能够提高投资交易效率，还能够实现投资的规模经济，降低投资成本。

二是汇集资源，降低投资风险，提高投资成功率。每个人的知识和经验都是有限的，天使投资组织能够充分发挥每个成员在资金、信息、知识、技能、经验等方面的优势，共同寻找投资项目，共同分析、评估项目，共同进行投资，不仅为投资决策和投后管理带来便利，还能在一定程度上降低风险，提高投资成功率。

三是形成联合效应，增强经济实力，提升投资影响力。团队投资可以扩大资金规模，能够投资更多优质项目，或者投资估值较高的大型项目。随着经济实力的增强，天使投资人在投资谈判中的影响力也在提升。

四是知识转移，提供经验交流和技能学习的机会。越来越多的高净值人群加入天使投资组织，这些组织为这些天使投资领域的“新手”提供教育和培训的机会，邀请活跃的天使投资人分享投资经验和方法策略，并且通过联合投资机制让这些“新手”在实战中学习。

五是志同道合，扩大社交，增强归属感与成就感。“人以群分”，很多天使投资组织都是来自某些特殊圈子，如同行、同乡、同学（高校校友，尤其是MBA/EMBA同学）等，这些相似或相同的特征，使得成员间关系更加紧密，容易建立信任感。这类天使投资组织在心理上可以带给个人天使投资人一定程度上的归属感和成就感，让其有所依靠而不是单枪匹马地奋战。同时，很多天使投资人因为对天使投资感兴趣且具有相似价值观而聚在一起形成天使投资组织，或是主动加入一个天使投资组织。

（2）基于制度和环境的外在动因。

从外在因素看，促使天使投资组织化发展的原因有以下几点。

一是创业区域聚集，推动资本集中。黄晓、胡汉辉（2014）指出：创业投资和创业企业有着双重空间集聚。美国的创业投资机构大多集中在某些特定地区——金融资源集聚区或者技术密集型产业集聚区。与创业投资机构类似，创业企业的地理聚集在一定程度上决定了天使投资与特定产业的集聚区域，也促使天使投资人呈现区域化和扎堆现象，有利于天使投资组织的形成和发展。

二是现代交通发展拓宽了投资区域。早期天使投资组织往往具有本地偏好，因为地理临近能够降低代理成本，带来更多信息优势，减少预测误差，从而带来更高的投资回报。然而，现代快速交通系统不断发展，距离已经不再是约束人们行为的最大因素，便捷的交通工具缩短了天使投资人空间位移的时间，扩大了行动半径，来自不同区域的天使投资人容易聚在一起。对于跨区域投资的天使投资人来说，通过加入天使投资组织，与外地天使投资人进行联合投资，有助于控制风险。

三是信息技术创新降低了组织成本。互联网和移动通信技术的发展改变了人们的生活和工作方式，为人与人之间的沟通提供了便利条件。从电子邮件到即时通信、视频电话等，天使投资人可以在互联网上进行资料搜索、整理，沟通和谈判，与其他更多的个人天使投资人或天使投资人团队进行交流，逐渐形成天使投资组织或加入天使投资群体。

四、天使组织的运营管理

成立一个组织容易，但是成功运营一个组织并非易事。天使投资组织的运营是一个系统工作，要考虑人力、资金、会员服务、外部环境等多方面的要素。根据世界银行（2014）的研究，天使投资组织失败的原因包括缺乏优秀的领导者、缺乏优质项目、投资成功经验少、内部人员观念冲突、商业模式无法持续经营、执行人员缺失、外部经济环境影响。

1.组织文化和会员招募

组织文化是组织的灵魂，也是推动组织发展的动力。组织文化的建立对会员招募、人员管理、投资效率提高以及组织的社会影响力提升有着重要的影响。天使投资组织的管理层需要通过一些制度规范、日常活动、会员联络等方法来逐步形成和实现文化的建立。

会员的数量和质量都会影响组织发展。在会员招募上需要考虑以下几个方面。

（1）人数限制。

有些天使投资组织是一个小圈子，定期或者不定期开展密切的交流活动，尤其是彼此熟悉又投资能力相当时，人数过多不一定是好事；有些天使投资组织则是看重规模优势，为会员带来更多的项目源、更好的联合投资机会及更大的社交网络。

（2）区域限制。

很多天使投资组织都是在本地开展服务，尤其是当本地创业和投资活动较为密集时，本地会员沟通相对便捷，而地理优势也对投后活动有积极的作用。然而，也有一些天使投资人开始跨区域寻找项目，这也推动天使投资组织吸收其他区域天使投资人。此外，当天使投资在本地有一定影响力后，会开始在其他区域设立一些分支机构，或者不同区域的天使投资组织联合起来形成一个面向全国的大型组织。

（3）专业要求。

拥有行业背景和投资专业能力应该成为会员的资质条件。毕竟天使投资是一个高风险的创业投资行为，在进行尽职调查、项目评估以及投后管理时，天使投资人需要有一定的专业能力。天使投资组织有一定的项目偏好，这就要求会员具备特定的背景，如行业经验、创业经历等。

（4）性别限制。

尽管女性天使投资人的规模相较于男性少，但大部分天使投资组织没有性别限定。EBAN（2010）研究指出，天使投资组织的会员性别差异化有助于拓宽行业领域，此外，女性因亲和的态度和细心的个性更容易与他人合作。近年来也涌现出一些女性主导的天使投资组织，它们专注于投资女性创业者。

（5）身份限制。

天使投资人普遍有着“圈子文化”，联合投资也依赖于成员间的信任关系。因此，大部分天使投资组织的会员加入实行“邀请制”，即新会员需要老会员推荐方能加入。会员质量往往比数量更重要，尤其在组织发展初期。

2. 组织结构与法律结构

根据投资流程执行者不同，天使投资组织分为会员制和经理制两种模式。最早的天使投资组织以俱乐部的形式出现，这些天使投资俱乐部大都是会员制模式，定期举办路演活动，将有融资需求的创业者请到活动现场介绍项目，会员可以对项目进行评估和讨论。如果会员认为项目是合适的，则自行做出投资决定。这类组织结构相对松散，需要活跃的会员主导项目筛选、会员招募、会员培训等核心事务，组织管理层可另外雇用全职或者兼职人员负责一些会议协调、数据库维护、信息发布等行政事务。由此可见，早期的天使投资组织主要扮演了信息中介的角色。

随着天使投资的神秘性慢慢减弱，越来越多的高净值人群开始尝试进入这个领域，天使投资组织的发展也越来越成熟，提供的服务也越来越丰富和系统化。有一些天使投资组织开始尝试经理制，即天使投资组织不仅提供项目信息，还聘请专门的职业经理人为会员提供项目初审、尽职调查、条款谈判方面的协助。与会员制相比，经理制运营成本较高，费用包括聘请全职的专业人员、租用办公室、其他行政支持等。

在法律结构方面，主要存在三种类型，取决于组织发展定位和管理模式。一是非法人结构。由于成员人数不多，彼此熟悉，只需要通过非正式的交流活动来保持成员联系即可。还有一种情况，该天使组织隶属于某个法人机构，在发展初期，借助母体机构的资源运营，随着一定时间的发展，该组织有可能注册成一个独立的实体机构。二是非营利法人。非营利组织适合于会员制组织，这种组织是一家平台型机构，本身不做投资，也不以营利为目的，靠收取会费来维系日常的行政开支，旨在聚集会员，为会员提供一些服务。三是营利法人。营利法人适合于经理制组织，提供一些收费服务，或者管理了会员出资的天使投资基金。

3.天使投资模式

根据不同的管理机制，天使投资会员的投资模式有以下三种情况。

（1）个人决策。

很多会员制天使投资组织只是发挥“平台”作用，如果针对路演的创业项目达成初步投资意向，某一位或者感兴趣的多位会员可以开展尽职调查和项目评估，每位会员独立决策。创业者与天使投资人进行沟通，多名天使投资人的出资额算作独立的多笔资金，或者把资金汇集在一起进行联合投资，算作一笔投资。

（2）集体决策。

投资决策依赖于集体投票，通常有两种模式。一是事后的承诺基金模式（Pledged Funds），每宗交易产生时才提供资金，并且可能面向不同的“小集体”，联合投资成员提前约定好，把可投资金汇集在一起，相当于一笔承诺金，不一定交给组织管理。当投资项目来了，集体决定投资总额，算作一笔投资。除了这笔集体资金外，允许其他成员以自己的名义一起跟投（但是对他们的金额有所控制和要求）。二是事先的承诺基金模式（Committed Funds），面向“大集体”，所有的会员提前把可投资金汇集在一起形成一只基金，由会员选出的活跃天使投资人或者天使投资组织外聘的职业经理人来管理基金，每宗交易需要经过全体会员投票决策，绝大多数同意才能投资，每宗交易算作一笔投资。

（3）边车基金（Sidecar Funds）。

就像坐在边三轮摩托车边车的人对骑手的信任一样，边车基金的出资人也非常信任天使投资组织里那些有经验的天使投资人。这是一种被动的合投基金，出资人与活跃天使投资人进行联合投资。边车基金的募资对象包括高净值个人、天使投资组织成员以及其他投资机构。

五、国际天使投资组织的发展和实践经验

1. 美国天使投资组织发展概况

（1）天使投资组织的发展历史。

在早期，美国天使投资低调且私密，并且多数由个人或者一些非正式的投资者进行。在最近的几十年里，产生了很多新现象，改变了天使投资的单一模式。绝大多数的美国天使投资人仍旧独自进行投资，但是越来越多的天使投资人通过正式的天使投资组织以及线上平台进行投资。1996年，美国天使投资组织不足十家，到2003年已经约200家。2006年，天使投资组织之间进行联合投资，这样不仅可以打破区域的限制，还可以扩大资金规模，尤其是当创业企业无法获取创业投资资金时，天使投资组织的联合资金可以进行多轮投资。与此同时，一个国家级行业协会——ACA正式成立。其面向美国各区域的认证投资人会员以及平台会员，还吸收了来自加拿大和墨西哥的北美成员。截至2021年，ACA有15000多名合格的天使投资人会员以及250余家天使投资组织会员。

（2）基于天使投资组织的投资情况。

每年春季，ACA举办一场年度峰会（ACA Summit）并发布天使投资研究报告，报告上一年度美国天使投资市场的状况。自成立以来，ACA主要发布了四大主题报告：《美国天使投资报告》（*Halo Report*）、《天使投资人报告》（*Angel Funders Report*）、《美国天使》（*The American Angel*）、《天使投资疫情影响专题报告》（*Pandemic Investor Impact Report*）。

ACA与天使资源研究院（Angel Resource Institute，ARI）联合发布的*Halo Report*，相关数据主要来自ACA内天使投资组织会员的调研结果。2021年春季，ARI发布了新的报告，主要统计了2020年的交易情况。对于美国来说，2020年也是不平凡的一年。受新冠肺炎疫情的影响，天使投资市场的交易规模有明显下滑。2020年，受访机构完成了2198笔交易（其中75.70%为种子期），交易额达46.17亿美元（其中61.51%为种子期）。在项目估值和平均交易额方面，相比2019年，2020年种子轮交易的投前估值下降了28%，平均每笔交易额上涨46.15%。从行业偏好来看，信息技术（27.02%）、B2C（企业对个人）业务（24.99%）以及健康医疗（22.54%）是前三大领域（见图5-1）。

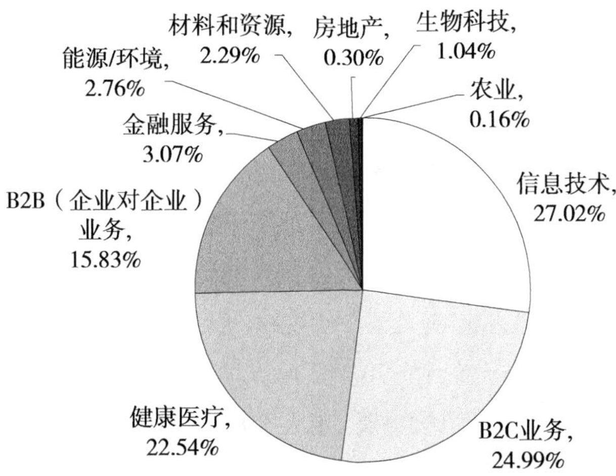

图5–1　2020年美国天使投资交易的行业分布（按数量）

2018年8月，ACA发布了首个*Angel Funders Report*，调研了26个天使投资组织在2017年的交易数据，总共有 393家创业企业进行了432轮投资，单笔投资额平均为100万美元（中位数），投资总额超过1亿美元。2019年春季，ACA在年度峰会上发布了新的*Angel Funders Report*，与2018年发布的报告相比，单笔投资额增加，平均为120万美元（中位数），投前估值平均为600万美元。2020年10月27日，ACA举办了秋季论坛（线上），正式发布了*Angel Funders Report 2020*。ACA调研了79个活跃天使投资组织（覆盖8348位天使投资人）交易情况。这些天使投资人在2019年开展了1058笔交易，投资总额超过1万美元，超过一半的交易为种子轮交易，且70%的种子轮交易低于25万美元。2021年10月27—28日，ACA举办了年度秋季论坛，正式发布了*Angel Funders Report 2021*，调查分析了72家天使投资组织（覆盖8458位天使投资人会员）的交易规模以及被投资企业的相关特征。受访的天使投资组织在2020年累计投资超过6.5亿美元，主要投向医疗健康与信息技术两大领域（占到整个交易的70%）；被投资企业还从其他渠道进行融资，总共获得资金达40亿美元，较初始天使投资翻了6倍；平均每个天使投资人进行了19笔交易，平均每笔交易24.5美元；被投资企业呈现更加多元化的物质，有29%的被投资企业由女性担任CEO（2013年数据为21%），有15%的被投资企业由黑人创业者领导（较2017年翻了5倍）。

2.欧洲天使投资组织发展概况

（1）天使投资组织的发展历史。

除了美国，欧洲是天使投资相对活跃的地区。尤其是在21世纪后，无论是天使投资人规模，还是天使投资组织的数量，都在不断上升。天使投资人的交流与合作已经不局限于本国层面，而是开始向国际化发展。早在1999年，在欧盟的支持下，欧洲地区的一些天使投资同行联合创建了EBAN。EBAN每年夏季举办年度大会，发布有关上一年度欧洲天使投资发展情况的报告。

根据EBAN（2019）统计：2019年欧洲活跃天使投资人有34.5万人，与2018年持平。在天使投资组织规模方面：2003—2012年，天使投资组织的数量年均增长17%，2013年之后增长放缓，2019年的活跃天使投资组织数量为404个（见图5-2、图5-3）。

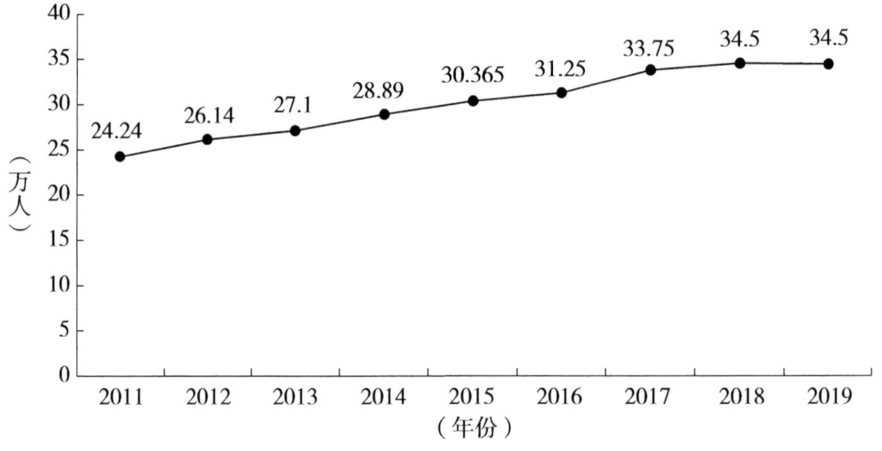

图5-2　欧洲活跃天使投资人规模（2011—2019年）

（2）基于天使投资组织的投资情况。

最近几年，欧洲地区天使投资交易额逐年上升。2019年，天使投资交易额达80.4亿欧元，同比增长7.9%，但交易数量为36020笔，有所下滑（见图5-4）。在天使投资市场中，来自天使投资组织的交易仅占10%（“看得见的市场”），其余是来自隐秘的、零散的天使投资个人的交易。如果考虑早期创业投资交易（44亿欧元）与股权众筹交易（7.8亿欧元），2019年欧洲地区早期股权投资市场交易额总共为132.2亿欧元。

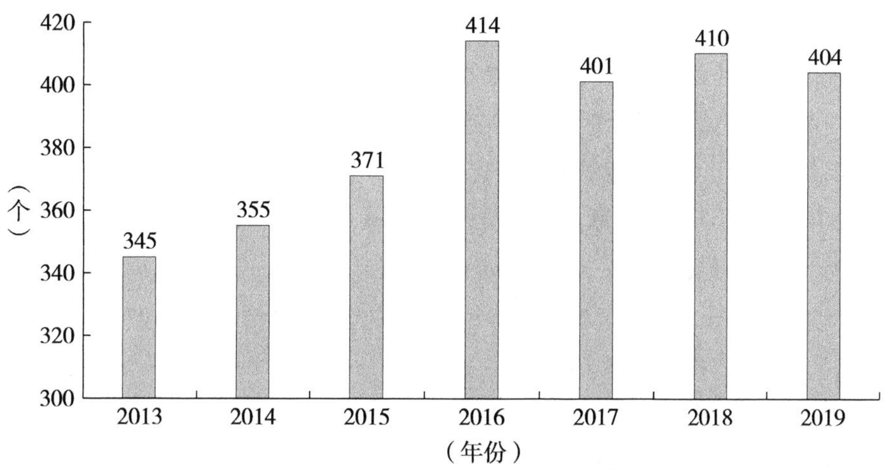

图5-3 欧洲活跃的天使投资网络数量（2013—2019年）

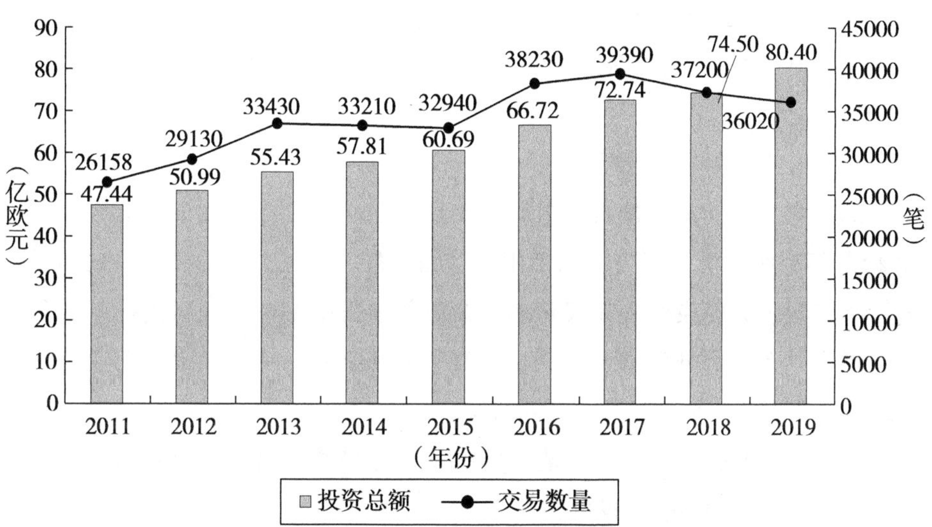

图5-4 欧洲天使投资总额和交易数量（2011—2019年）

2019年，每家创业企业获得的平均投资额为22.32万欧元，每个天使投资组织的平均投资额为1990万欧元，每位天使投资人的平均投资额为23.3万欧元。从行业偏好来看，投资额较多的五大领域为企业服务（16.3%）、金融科技（11.8%）、营销/商务（11.4%）、健康（9.9%）、传媒（4.3%）。高科技（金融科技、生物科技等）、ICT（信息和通信技术）以及医疗健康行业是相对热门的领域。需要注意的是，有一些天使投资人对行业没有特殊偏好，投资时更看重团队能力与产品或市场的前景（EBAN，2017）。从交易模式来看，约有一半投资是天使投资组织内部会员之间的联合投资。

3.加拿大天使投资组织发展概况

2019年6月，NACO联合数据合作方Hockeystick发布了一份新的加拿大天使投资市场调研报告——*2018 Report on Angel Investing Activity in Canada*。研究团队联系了55个活跃天使投资组织，最终有32个给予反馈，其中有27个提供了较为详细的投资数据。

（1）天使投资组织特征。

调研显示：绝大多数天使投资组织（67%）为非营利机构；一半以上的天使投资组织已经运营五年以上，并且有28%的天使投资组织成立超过十年。在规模方面，天使投资组织覆盖会员数量从25名到100名以上不等，其中，女性天使投资人占17%。从活跃度来看，3/4的天使投资组织在2018年进行了五笔以上交易。

（2）天使投资交易情况。

2018年，受访的天使投资组织共收到6541份需要融资的商业计划书，相比2017年有所下滑，但与前几年相比已经翻番。仅有17%的商业计划书项目进行了路演，天使投资人仅仅对参加路演的项目中43%的项目进行了尽职调查，最终只有一部分能够成功获得融资。总体来看，从最初提交商业计划书到最终获得融资，成功率仅仅为6.4%。

如表5-1所示，2018年天使投资市场共有583笔交易，投资金额达1.428亿美元。相比2017年，投资数量增加，但由于单笔交易的平均规模变小，投资总额有所下滑。在2018年的交易里面，有60%为新投资，约有40%为后续追加投资；有大量的交易由天使投资组织和其他参与方联合投资完成，联合投资的平均规模在不断增加，2018年联合投资者平均每笔投资约83.1万美元。

从行业分布（投资数量）来看，天使投资人比较青睐信息与通信技术（45%）和生命科学（20%）的项目。从企业规模来看，天使投资人主要偏好投资小企业（员工规模10人及以下，74%）。

表5–1　　加拿大天使投资市场调研情况

年份	受访组织的样本数（个）	披露投资信息的样本数（个）	投资数量（笔）	投资总额（百万美元）	新交易占比（非追加）
2015	32	31	283	133.6	35%
2016	35	34	418	157.2	44%
2017	44	36	505	162.2	80%
2018	32	28	583	142.8	60%

资料来源：*2018 Report on Angel Investing Activity in Canada*。

在交易工具方面，各类型都使用较为广泛，总体而言天使投资人更偏好使用可转债（37%）和普通股（36%）。在估值方面，过半项目估值在200万～600万美元；追加投资项目估值（平均1170万美元）高于新交易（平均400万美元）。在投资回报方面，有7家天使投资组织提供了24笔项目退出信息，其中，3笔通过IPO退出，14笔通过股权转让退出，投资回报区间为1.3～29.3倍。

第二节　中国天使投资组织调查研究

随着“大众创业、万众创新”的热潮席卷我国，天使投资也在快速发展。2016 年，天使投资被国务院正式写入政府工作报告，中央及地方政府在近几年陆续出台了很多促进天使投资发展的政策。天使投资市场格局正在发生变化，天使投资组织已经在全国普及，这引起了理论界、实务界及政府部门更多的关注。《国务院关于促进创业投资持续健康发展的若干意见》明确指出，“鼓励成立公益性天使投资人联盟等各类平台组织，培育和壮大天使投资人群体，促进天使投资人与创业企业及创业投资企业的信息交流与合作，营造良好的天使投资氛围，推动天使投资事业发展”。《国务院关于推动创新创业高质量发展　打造“双创”升级版的意见》强调了充分发挥创业投资支持创新创业作用，再次提出“培育和壮大天使投资人群体”。笔者通过资料分析和问卷调查，揭示了中国天使投资组织的基本情况，找出相关问题并提出有针对性的对策建议。这些研究的主要贡献在于拓展了有关天使投资组织的定量研究以及提供了中国天使投资组织差异性特征的经验证据。

一、天使投资组织的发展历程

通过检索公开资料以及调查汇总可知，截至2021年9月，我国共有74个天使投资组织，公开披露信息的有58个[①]。其中57%的天使投资组织分布在北京、广东（广州/深圳）、江浙沪（上海、南京、苏州、杭州、宁波）等地区，70%以上的组织是近几年成立的新机构（见图5-5、图5-6）。

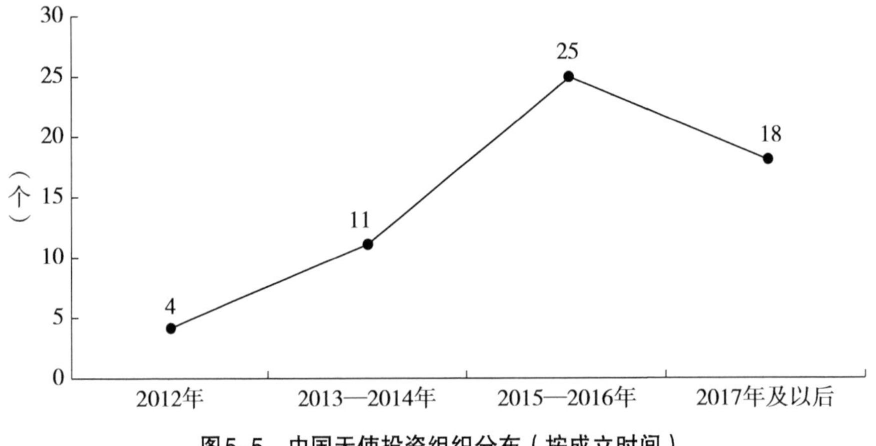

图5-5　中国天使投资组织分布（按成立时间）

与国际市场不同，我国天使投资组织的发展有明显的“中国特色”。从这些组织成立的基本情况来看，早期的天使投资组织都依托于政府机构或相关行业协会而成立。2007年，深圳天使投资人俱乐部成立，该机构是国内第一家非营利性质的天使投资组织，由深圳及周边城市从事天使投资的个人及机构自发组织形成，隶属于深圳市私募基金商会。2007年10月，深圳天使投资人俱乐部在深圳成功举办首届中国天使投资论坛。2008年，中国技术创业协会、上海市创业投资行业协会和上海市大学生科技创业基金会发起成立了上

① 见附录1。

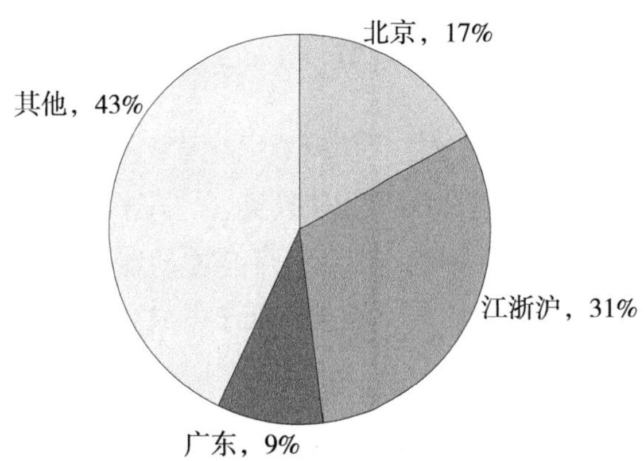

图5-6　中国天使投资组织分布（按所在地区）

海天使投资俱乐部。

2012—2014年，国内天使投资组织真正起步，带动了早期天使投资的发展，开始有大量投资人以及企业家关注种子期和初创期的企业。相对活跃的有2013年成立的以服务企业家天使群体为主的中关村百人会天使投资联盟，该组织是国内第一家经民政部门登记注册的天使投资联盟类机构（前身是中关村私募股权投资协会天使投资分会），有超500位会员。

2015—2016年是天使投资组织的快速发展期。在“双创”政策的驱动下，越来越多对天使投资感兴趣的群体聚集在一起。不仅是北京，上海、杭州、苏州、南京、武汉等十几个一、二线城市都涌现了行业协会、俱乐部以及培训服务机构等各类天使投资组织，它们当中有挂靠政府机构的，也有依托大型企业资源的，还有一些来自高校校友会，这些组织培育和发展天使投资人，帮助天使投资人对接创业企业，为天使投资人提供一个分享、交流的平台。

最近几年，天使投资组织新设速度放缓，一个最明显的标志是非北上广深地区的天使投资平台越来越多，并且出现一种新趋势，即有一些天使投资平台受政府引导基金的支持，如深港澳天使投资人联盟（深圳天使母基金，2019）、南京市级科技创新基金天使投资联盟（南京市级科技创新基金，2020）、中部天使投资联盟（湖北省创业投资引导基金，2021）等。实践证明：“基金+平台”的模式能够更好整合资源，打造完善的创业投资生态圈。

二、天使投资组织的运营管理[①]

笔者于2019年1—3月向这些天使投资组织发放调查问卷，回收有效问卷25份。这些组织总共覆盖超6000位天使投资人。其中，一线城市地区的天使投资组织占一半，60%以上的组织是近几年成立的新机构。此外，调研结果显示，大部分天使投资组织中的女性会员低于三成。天使投资组织的运营管理特征如表5-2所示。

表5-2 天使投资组织的运营管理特征（*N*=25）

选项		百分比（%）	选项		百分比（%）
组织性质	（a）有实体，有限责任公司	64	活动形式（多选）	（a）交流分享	95
	（b）有实体，社团组织	23		（b）路演对接	95
	（c）有实体，附属于某个机构或组织	4		（c）培训教育	86
	（d）无实体	9		（d）政府咨询	52
管理形式	（a）不聘请其他人员，所有事务由内部会员承担	37		（e）其他	24
	（b）聘请兼职/全职人员负责行政工作，会员负责投资相关事务	32	活动频次	（a）每周至少1次	57
	（c）除行政工作外，外聘专业人员负责运营但不直接负责投资相关事务	21		（b）低于每周1次但每月至少1次	38
	（d）除行政工作外，外聘专业人员负责运营并直接负责投资相关事务	10		（c）很少（低于每月1次）	5

① 见王佳妮的《中国天使投资组织调查研究》（《科技创业月刊》2020年第3期）。

随着天使投资规模的扩大，市场主体形态发生变化。当天使投资已经成为一种较成熟的投资模式时，天使投资也逐渐由个人向组织化方向发展，许多天使投资人以团体的形式聚集在一起，进行项目推介、尽职调查、项目评估、联合投资等活动。在组织性质方面，天使投资组织主要存在非法人、非营利法人和营利法人三种类型，组织性质的选择取决于组织发展定位和管理模式。大部分天使投资组织有运营实体，但仅有23%的天使投资组织为社团法人，64%的天使投资组织为有限责任公司。

从本次调研的结果来看：90%的天使投资组织为会员制模式，内部管理形式差异较大。有一部分天使投资组织没有聘请其他人员，所有事务由内部会员承担（37%）；也有一些天使投资组织对外聘请人员负责行政工作（32%）或者运营管理工作（21%），这些人不直接负责投资事务；只有10%的天使投资组织采取经理制模式，即除行政工作外，还对外聘请专业人员负责运营并直接负责投资相关事务。

为了提高会员活跃度及增强其在本区域的影响力，天使投资组织经常举办合作交流活动。调研发现：交流分享、路演对接以及天使投资人培训教育是较为普遍的三类形式；大部分天使投资组织是比较活跃的，57%的天使投资组织每周至少举办一次活动，有约1/3的天使投资组织至少每月都举办活动。

三、天使投资组织的投资情况

天使投资组织属于平台，本身不参与投资。从天使投资组织内部来看，会员的投资模式包括个人决策和集体决策（World Bank，2014）。在个人决策模式下，多名天使投资人的出资额算作多笔资金，也可以汇集在一起作为一笔投资。在集体决策模式下，天使投资组织通常会在内部成立联合投资基金，在事前汇集多名天使投资人的资金，或者事后根据不同的创业企业投资情况临时组建联合投资基金。本次调研结果显示：天使投资组织的投资方式相对灵活，主要是事后根据交易情况临时组织合投（31%）、会员自由投资（31%）、事后根据交易情况成立专属合投基金（14%），在事前成立基金的组织并不多，仅占7%（见图5-7）。

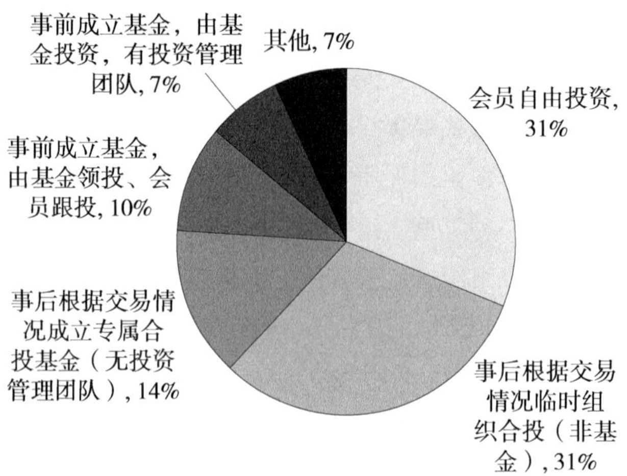

图5–7　天使投资组织的投资方式

中关村百人会天使投资联盟是为数不多的在内部成立了天使投资基金的组织。中关村百人会天使投资联盟是国内第一家经民政部门登记注册的天使投资联盟类组织，系国家一级协会。发起人主要为中关村第一代企业家或中欧商学院、长江商学院、北京大学和清华大学EMBA精英，会员以1960—1975年出生的企业家天使投资人为主体。截至2020年，中关村百人会天使投资联盟拥有500多位天使投资人会员。这个天使投资组织是企业家与专业天使投资人的跨界组织，70%为企业家，30%为专业天使投资人，跨越了十多个热门行业。中关村百人会天使投资联盟在每个行业拥有数十位专家型天使投资人，实行“专家领投，会员跟投”的联合投资模式，为创业者提供“创业导师团”的强大助力。

从2013年成立至今，中关村百人会天使投资联盟经历了几个重要的发展阶段，每个阶段的目标和任务重心不同：在成立初期举办一些投资沙龙活动，让会员彼此认识，提高熟悉度和信任感；2014年，开始尝试联合投资，增强会员之间的凝聚力；2015年，面向内部会员成立了“第一期种子基金”。这只基金有以下特征：规模为3000万元；采用有限合伙制的组织结构，参照创业投资机构的模式运作；大部分资金由会员出资认购，他们担任有限合伙人的角色；成立专门的基金管理机构，推选活跃的会员充当全职基金管理人，还有几位兼职管理人；有合适的投资机会时，由种子基金与内部会员所属的投资机构联合领投，会员可以跟投。工商信息显示：截至2021年，该基金对外投资了十余家企业。

在本次调研中，并不是所有的天使投资组织都提供了投资交易信息，可能有以下三个原因。一是有些天使投资组织只是发挥平台作用，不以促成投资交易为主要服务内容，因此没有统计相关的投资信息；二是一些天使投资组织出于保密动机，不愿意提供投资信息；三是一些天使投资组织刚成立不久，还没有在内部产生投资交易。本次调研中，有22个天使投资组织反馈了有关组织内部联合投资的情况。在2019年的年度计划方面，50%的天使投资组织合投总额计划在2000万元以上，60%的组织合投数量大于等于10笔。从2018年的合投总额和数量来看，53%的天使投资组织的投资总额在500万元及以上，44%的天使投资组织的投资数量在10笔及以上（见表5–3）。

表5–3　　天使投资组织内的合投情况（*N*=22）

选项		百分比（%）	选项		百分比（%）
2019年年度计划投资规模（总金额）	（a）500万元以下	19	2019年年度计划投资规模（总数量）	（a）1～9笔	40
	（b）500（含）万～2000万元	31		（b）10～19笔	47
	（c）2000万元及以上	50		（c）20笔及以上	13
成立以来累计投资规模（总金额）	（a）500万元以下	33	成立以来累计投资规模（总数量）	（a）1～9笔	53
	（b）500（含）万～2000万元	27		（b）10～19笔	27
	（c）2000万元及以上	40		（c）20笔及以上	20
2018年投资规模（总金额）	（a）100万元以下	34	2018年投资规模（总数量）	（a）1～9笔	56
	（b）100（含）万～500万元	13		（b）10～19笔	38
	（c）500万元及以上	53		（c）20笔及以上	6

四、组织化的问题与对策建议

对比国外“天使团体”和天使投资网络的运营情况，国内天使投资组织的发展还处于初级状态，在内部联合投资方面并不太活跃，大多是“摸着石头过河”，不断探寻自身发展的最优模式。中国天使投资组织的发展还处于初级阶段，存在发展不平衡不充分的问题。各天使投资组织之间的差异和差距也较为明显，成熟的、活跃的且系统化运营管理的天使投资组织还不多。具体来看，国内天使投资组织存在以下三个问题。

一是会员定位与运营管理之间不协调。调研发现：我国绝大多数天使投资组织为会员制模式。其中有一部分天使投资组织没有对外聘请其他人员，所有事务均由内部会员承担。根据国外经验，这种松散型的天使投资组织一般由活跃会员领导或者集体领导，没有其他支持，很容易出现倦怠或集体管理的问题。在调查中，有受访者反映“组织结构松散，对会员参与度很难硬性约束”“没有核心的收入来源和维护体系，形成不了会员间的合力效应”“组织内人很多，但付出的时间与精力太少”等问题。这种会员制管理模式，对会员的能力和付出要求较高。如果天使投资组织内部太过松散，没有活跃度较高的会员，就无法持续为全体会员提供有价值的服务。

二是联合投资模式及其规则不清晰。除了全国性或地方性行业协会，大部分私人型天使投资组织是以促进天使投资交易为目的而设立的。这就要求该组织通过自身或者会员的资源，提供大量的可供投资的创业项目，并通过定期开展路演活动向会员推介项目。国内大多数天使投资组织结构较为松散，主要采用个人决策模式，但是大多数交易以多位天使投资人联合投资形式完成。在这种情况下，“领投+跟投”模式的确立、联合投资人之间的角色定位、联合投资资金是否捆绑交易、合投基金的设立与管理等众多内容都至关重要。有受访者表示“目前很多组织的合投模式还需进一步探索”“缺乏高质量的创业项目”。

三是组织活力和可持续发展能力不充足。从国际经验可以发现，仅有1/3的天使投资组织采用公司制模式，大部分是设立非营利性组织。主要有以下原因：天使投资组织有政府或者相关机构的支持，旨在推动地方经济发展；天使投资组织只需要发挥平台功能，会员个人决定是否投资；天使投资组织不限定会员数量。与国外截然相反，国内大部分的天使投资组织注册为有限责任公司，但是有受访者指出“大部分组织缺乏公司化运营”“盈利模式单一，活动难以持续”“缺乏政府或者其他机构的支持”，这种矛盾势必导致组织活力和可持续发展能力不充足的问题。

尽管学界在天使投资概念界定和运作模式上有争议，但学界、业界和政府一致认为天使投资人通过组建联盟、俱乐部等开展投资合作是未来趋势。针对我国天使投资组织发展和运营管理中存在的问题，笔者提出以下几点对策。

第一，提高运营管理能力。在模式定位上，对于会员制天使投资组织的运营，可考虑由几位核心人物引领，激励更多的人共同努力，共建社群，最终形成“去中心化的自治机制”。无论是社团组织还是公司制实体，最终还是需要通过规范化、市场化运作来实现可持续发展。在资金来源上，考虑不同的收费模式，尤其是缺乏政府和外部机构支持的天使投资组织，需要考虑会费（基本服务费）以外的资金来源，为天使投资组织的正常运营提供基本保障。在投资流程上，天使投资组织内部需要建立一套标准的程序来帮助会员完成投资交易。这不仅包括项目投资过程，还涉及投资前的项目挖掘、尽职调查、项目评估、项目选择、资金管理等阶段，在这套标准中明确天使投资组织以及会员所扮演的角色。从差异化发展模式来看，应鼓励成立更多特色组织，推动天使投资组织专业化发展。

第二，提升会员服务品质。天使投资组织的创办者和领导者需要深入研究天使投资人会员加入的原因和动机，只有根据会员的需要设计相关的活动和打磨服务，才能真正达到效果，还要加强对潜在天使投资人、天使投资新手群体的教育与培训，提升认知和专业技能。此外，一些收费的高品质增值服务可以成为天使投资组织的收入来源。比如，项目数量和质量双提升；促进天使投资新手和资深天使投资人交流与学习；提供联合投资解决方案，提高投资效率，整合各种资源。在运营资金充足的情况下天使投资组织也可转型为经理制，或者在内部成立基金，聘用有专业能力的员工参与一部分投资事务等。

第三，加强资源对接合作。国际经验显示，天使投资组织活动并非局限于内部群体，不同的天使投资组织之间、天使投资组织与早期创业投资机构之间的联合投资越来越多。这种合作模式打破了地理、行业、资源和资金上的局限性。对于国内的一些天使投资组织而言，在条件成熟时，可以考虑一些创新模式，以便更好地加强资源对接与合作。比如，二、三线城市的天使投资组织可以与北京、上海、广州等地区的活跃天使投资组织进行资源对接，形成全国资源共享机制；天使投资组织可以与孵化器、加速器、创业类的组织和机构开展紧密合作，还可以与种子基金、创业投资基金及其他股权投资类的组织和机构开展合作，拓宽创业项目来源及网络资源；探索天使投资组织内部或与政府合作的边车基金模式等。

党的十九届四中全会强调，健全具有高度适应性、竞争力、普惠性的现代金融体系。作为解决创业的普惠金融服务之一，天使投资在中国具有很大的发展潜力。综上所述，中国天使投资组织的发展还处于初级阶段，表现为发展不平衡、不充分。各类天使投资组织之间的差异和差距也较为明显，成熟的、活跃的且系统化运营管理的天使投资组织还不多。笔者建议加强平台本身的运营管理和资源对接合作，为会员提供优质服务，提高会员活跃度，促进平台的可持续发展和影响力；加强对潜在天使投资人、天使投资新手群体的教育与培训，提升认知和专业技能；加强资源对接合作，探索差异化发展模式，鼓励成立更多特色组织，推动天使投资组织专业化发展。

第六章　天使投资政府干预和政策体系

根据不同对象，天使投资的政策可以分为两大层面：一是针对资金供给方——天使投资人的税收激励、风险补助和担保计划，政府引导基金（直接投资、合投基金/边车基金、母基金等），天使投资组织补贴、投资人培训等举措；二是针对资金需求方——创业企业的“投资准备”、促进创业生态发展、营造良好的外部市场环境等政策。2020年，新冠肺炎疫情给各国实体经济造成了不同程度的冲击，创业投资市场出现了阶段性低迷。各国纷纷出台政策，切实为企业解忧纾困，刺激经济复苏，其中一些政策也给天使投资市场带来了机遇。

从已经出台实施的天使投资政策来看，部分政策手段是有效的，能够鼓励更多天使投资人把资金投向中小企业，尤其是初创期企业，但是仍然有学者对一些政策的实施效果表示怀疑。因此，越来越多的专家和学者呼吁政府更为审慎地开展事前研究、事中监测以及事后评估，不断优化和改进干预手段，分类指导、精准施策。

第一节　天使投资政策体系的国际比较及经验借鉴

在天使投资概念还没有出现前，全球大部分国家和地区都十分重视创业和鼓励创新，中央和地方政府出台了很多针对创业企业和中小企业财务和非财务支持的相关政策。比如：美国设立SBA，推出了中小企业贷款担保、紧急救助贷款（Disaster Loans）、担保债券（Surety Bonds）、小企业投资公司计划（SBIC）、研发补贴等资金扶持政策。考虑到天使投资人对于促进创新创业、支持经济发展的重要性，很多国家和地区的政策制定者希望通过政策干预来促进本国天使投资市场的发展。每个国家的国情不一样，政府对天使投资支持的力度和效果也不尽相同。OECD在2012年调查了32个国家/地区关于早期投资相关的政策，数据显示各国都采取了一定的干预政策来促进早期投融资市场发展，其中，补贴/贷款/担保（94%）、母基金（66%）、联合投资（66%）是相对普遍的政策工作（Wilson，2015）。

一、天使投资专项立法

不同国家和地区的天使投资政策体系存在差异，具体表现在政策制定主体、政策工具、政策支持的力度和广度等方面。大部分国家和地区出台了一些专项支持政策或是计划，从最高层面进行立法监管、制定系统性扶持政策的例子并不多见，相对于天使投资行业的发展，法律法规、公共政策的出台比较滞后。

以色列被誉为“创新的国度”，政府在促进创新创业以及创业投资方面给予了巨大的支持，早期极有影响力的两项政策是科技孵化器项目（1991）和政府引导基金“Yozma基金”（1993）。然而，以色列政府对于天使投资行业的关注和支持相对比较晚，其于2011年颁布了一项新的法案——《天使法》（*Angel Law*），旨在通过一些公共政策鼓励面向高科技公司的早期投资行为。根据规定，符合条件的天使投资人如果投资本土的高科技公司，就能减免相应额度的税款；同时，针对符合要求的高科技公司，政府将资助一半的研发经费，如果创业公司处于种子期和初创期，政府将资助更大比例的研发经费。

2013年，针对在资金上有困难的、处于早期发展阶段的中小企业，土耳其财政部颁布了《土耳其天使投资人法案》（*Business Angels Law of Turkey*），以鼓励在土耳其的天使投资。该法案旨在提高天使投资人的专业精神和道德，使天使投资通过国家的支持更有吸引力，最终使天使投资成为一种制度化且可靠的融资手段。在这样的法律制度下，土耳其财政部对想要获得天使投资税收优惠的天使投资人进行“认证”（符合相关条件的天使投资组织也可以获得“许可证”）。天使投资人想要享受税收优惠，必须满足两个条件：天使投资人有高净值（年度总收入20万里拉以上或拥有净资产100万里拉以上）且投资经验丰富（拥有在营业额超过25万里拉的公司或者金融机构担任两年高管的经历，并且在当地天使投资组织有一年以上的会员资格并投资了至少三个中小企业；或通过孵化器、创新中心等平台支持了至少3家企业并且给予2

万里拉以上的投资）。根据规定：天使投资人必须投资合格的土耳其民营股份公司并持有一定股权，其中有75%的股份可享受年度个人所得税的减免优惠；减免最大的年度可抵扣金额为100万里拉（如果被投项目是被土耳其、工业和技术部、土耳其科学和技术研究理事会和土耳其中小企业发展组织所支持的公司，抵扣比例是100 %）；若要获得其应纳税所得的扣除额，天使投资人必须持有股票两年以上，对最大的投资金额和投资数量也有限制，投资对象必须是中小企业（营业额少于500万里拉，员工少于50名）。

二、相关税收激励政策

国际经验显示：在天使投资或其他早期投资的政府税收优惠政策中，英国政府的政策首屈一指。1994年，英国政府发布一项税收激励政策——EIS，鼓励天使投资人投资创业企业，符合相关资格的天使投资人可以按照投资额的20%/30%获得税收减免。EIS涵盖所得税减免（Income Tax Relief）、资本利得税减免（CGT Deferral Relief）、资本利得税免税（CGT Freedom）、损失减免（Loss Relief）、遗产税免除（Inheritance Tax Exemption）等。该计划面向的企业员工不超过250人，资产总值不超过1500万英镑，要求天使投资人年度投资总额不超过100万英镑，持股时间三年以上。

2012年，英国政府再次启动一项新政策——“种子企业投资计划”（Seed Enterprise Investment Scheme，SEIS），旨在激励天使投资人投资那些小微企业。这一计划使天使投资人每年在种子企业累计投资达到10万英镑，同时提供同样的资本利得税延缓。在满足其他条件的情况下，如果一位天使投资人通过出售企业或不动产获得任何收益，而后用来购买种子期企业的股权，他就有资格享受股份认购金额（投资额）50%的税收减免。然而，一位天使投资人不能持有公司已发行股本的30%以上，这是公司控制权保护的机制设计。就SEIS总额而言，公司不能获得15万英镑以上投资，并且经营时间必须少于两年，员工不超过25人，资产总值不超过20万英镑。在EIS和SEIS的规范下，如果一家公司失败，预先减税后剩下的损失可以用其他收入抵扣，直至天使投资人所付减税额的最高比率，这意味着总投资的70%左右由政府通过这些税收优惠来承担。相比EIS，SEIS更倾向于投资一些小型的初创公司，更加匹配天使投资人。

相对于其他国家而言，美国政策制定者从国家整体层面制定了较少的政策来直接支持天使投资，大量的政策由州政府来出台和实施，且存在一定的区域差异。2000年之前仅有少量的地区出台了政策，如《种子资本税收抵免计划》（*Seed Capital Tax Credit Program*）（缅因州，1989）、《俄亥俄州技术投资税收抵免》（*Ohio Technology Investment Tax Credit*）（俄亥俄州，1996）等。2000年之后，为了促进创新经济的发展，越来越多的地区开始推出税收激励，鼓励面向创业企业，尤其是科技型企业的投资活动，如纽约（2000）、威斯康星州（2005）、马里兰州（2007）、明尼苏达州（2010）、密歇根州（2011）等。新泽西州、肯塔基州、田纳西州分别于2013年、2015年和2017年推出了《天使投资人税收抵免计划》（*Angel Investor Tax Credit Program*）、《天使投资法税收抵免》（*Angel Investment Act Tax Credit*）、《天使税收抵免》（*Angel Tax Credit*）等激励政策。截至2020年，美国过半数的州都向辖区内的天使投资人提供了各种税收优惠。Boxer等（2014）对27个州进行调研，发现绝大多数州都对投资人、被投资企业、投资规模、税收种类、税收减免规模等进行了规定，符合条件者才能享受政策福利。研究发现：一是各州对每人税收抵扣占总投资比例要求的差异很大，从10%（新泽西州）到100%（夏威夷州）不等，平均值为25%；抵扣规模也不一样，如威斯康星州（50%，最多抵扣3000万美元）与新墨西哥州（25%，最多抵扣20万美元）。二是对单笔投资有要求，对单个企业的投资额在2.5万~200万美元，持股至少3年且股份比例少于50%。三是被投资企业必须是中小企业，成立时长小于7年，员工少于25人，企业收入低于500万美元。

三、天使投资合投基金

根据EBAN（2015）的描述：合投基金是公共部门与天使投资人开展联合投资的一种机制。政府型天使投资合投基金，也称政府边车基金，是一种被动地跟进投资的方式。政府创立这种投资基金，旨在引导更多社会资本支持初创企业。

这类基金在欧洲地区十分普遍，大部分是借鉴了英国苏格兰地区的成功经验。2003年，苏格兰政府和欧洲区域发展基金（European Regional Development Fund，ERDF）共同出资设立SCF，总投资额为7200万英镑，由苏格兰企业局（Scottish Enterprise，SE）管理。该基金旨在通过与私营部门合作来长期提高早期投资市场能力，并为苏格兰中小企业提供更多早期股权融资。合投基金按不高于1∶1的比例与私营部门资金进行匹配跟投，资助额在1万~1.5亿英镑。SCF自身不进行项目筛选和尽职调查，它与活跃的创业投资家、天使投资人形成了伙伴关系，并信任其伙伴的判断。SCF是世界上少数经过正式评估的联合投资基金之一①。Hayton等（2008）对该基金的绩效进行评估，发现该基金提高了交易能力，促进了天使投资组织的发展。

不同国家和地区在具体的运作模式上有所不同。比如，在SCF中，公共部门是被动的投资参与者，尽职调查、投资决策等核心投资活动由活跃的天使合伙人来执行；而英国企业投资基金（Enterprise Capital Fund，UK）是雇用专职人员对基金进行管理。总体来看，差异性体现在尽职调查执行者、合作天使投资人最低数量、联合投资方式、公共资金投向、是否独家合作、是否允许再投资、管理费、公私投资比例、投资决策方等（见表6-1）。

表6-1　不同的联合投资模式

指标	苏格兰合投基金（SCF）	葡萄牙天使合投新基金（New Platform Business Angels Co-Investment Fund）	英国企业投资基金
尽职调查执行者	SCF合作天使	天使投资人	基金管理人
合作天使投资人最低数量（名）	1	3	1
联合投资方式	每笔交易	特殊目的载体（SPV）	基金

① Keith Hayton（Hayton Consulting），Graham Thom，Vincent Percy，Chris Boyd and Kathleen Latimer.（GEN）.Evaluation of the Scottish Co-Investment Fund：a report to Scottish enterprise，2008.

续表

指标	苏格兰合投基金（SCF）	葡萄牙天使合投新基金（New Platform Business Angels Co-Investment Fund）	英国企业投资基金
公共资金投向	创业企业	SPV	基金
是否独家合作	否	是	否
是否允许再投资	否	否	是
管理费	每笔交易提取公共资本的2.5%	无	每年1.5%～2.5%
公私投资比例	1∶1	1.85∶1	2∶1
投资决策方	SCF合作天使	天使投资人	基金经理
附带利益	—	—	20%（最低回报率8.5%）
投资回报分配比例（公共资本vs私人资本）	1∶1	不同阶段（公私比例）如下 A.20/80 B.80/20 C.50/50	利息4.5%+12.5%超额收益率
每个基金政府最多联合投资基金	—	100万欧元	2000万英镑

资料来源：根据EBAN专题报告*2015 Compendium of Co-investment Funds with Business Angels*相关内容整理而得。

此外，新西兰天使投资引导基金历史也比较悠久，基金发展得比较成功。2005年，新西兰政府成立了SCIF。SCIF由新西兰政府委托NZVIF管理。SCIF的关键目标是促进天使投资人和天使投资组织发展，刺激创新创业型公司领域投资，并扩大市场规模，对接经验丰富的天使投资人和创新型初创企业。SCIF向选定的天使投资组织（SCIF伙伴）提供配套的种子资金，共同投资创业公司。SCIF主要面向种子期和早期公司，要求最初投资时大部分的企业资产和员工在新西兰。SCIF的原则：①每个联合投资的合作伙伴最高获得400万新西兰元的跟投。②最高投资25万新西兰元，或者SCIF认为后续投资最高为75万新西兰元。③1∶1配套进行联合投资，SCIF作为直接投资者，与合投伙伴在同等条件下进行联合投资。

为了营造更好的生态环境，NZVIF于2017年8月修订了相关管理办法，推出了SCIF2.0（2020年被重新命名为“Aspire Fund”）。主要修订内容为：①取消单笔投资额25万新西兰元上限的规定，将每家公司累计投资额上限由75万新西兰元增加到150万新西兰元。② 提升NZVIF的主动性，其能够自主决定是否与合作伙伴开展联合投资。③ 拓宽合作伙伴范围，不再局限于熟悉的天使投资组织和天使投资人，可以与任何“合格投资者”开展合作。④ 取消单个合作伙伴联合投资额上限。⑤ 如果当年累计投资额高于800万新西兰元，要求至少有25%的投资额投向新的对象（不是被投资企业的追加投资）。自SCIF成立以来，投资规模稳步扩大。2017年6月—2020年6月，SCIF累计投资150多个企业，总投资额超过2500万英镑，即便是在受到新冠肺炎疫情冲击的2020年，其投资力度也没有大幅下降（见表6-2）。

表6-2　　SCIF投资数据（2006—2020年）

年份	天使投资合作方数量（个）	被投资企业数量（个）	投资总额（百万新西兰元，当年）
2006	2	1	0.2
2010	11	41	3.26
2013	14	96	5.20
2018	10	53	7.4
2019	8	44	9.6
2020	8	47	8.8

四、天使投资组织的发展

天使投资组织既能够培育天使投资人，又能起到中介平台作用，有效降低企业和天使投资人的寻找成本，促进投资交易达成。传统的天使投资组织通过定期出版小册子为天使投资人提供各种投资机会的情况介绍，或者通过交易洽谈会让创业者直接向天使投资人进行路演。美国、加拿大和英国等风险资本市场较发达的国家都存在着大量的天使投资组织，其中一部分由政府部门或非营利机构经营，也有一些是出于商业目的而设立的。政府主要采用三种手段支持天使投资组织。一是直接出资设立和运营官方的组织，这些组织一般是国家级和地方性行业协会形式。二是运用政府引导基金与一些组织开展联合投资，降低投资风险。三是直接向一些民营组织发放补贴。大部分非营利平台组织创建和运营都需要外部资助，比如，美国考夫曼基金会资助设立和发展了ACA，之后又资助创建了ARI。

英国在20世纪90年代早期建立了最早的天使投资联盟，随后荷兰、芬兰、比利时分别在1995年、1996年和1999年建立了各自的天使投资联盟。至1999年，欧洲地区已设立了66个天使投资组织，并形成了欧洲地区联盟组织——EBAN。EBAN（2020）统计数据显示：截至2019年，欧洲地区活跃的天使投资组织有400余个，其中拥有天使投资组织数量较多的国家分别是英国（74个）、法国（64个）、西班牙（48个）、德国（40个）、俄罗斯（24个）。

欧洲的天使投资组织发展迅猛，这在一定程度上归功于公共部门的支持。比如，2001年以来，法国经济、财政和工业部每年主办和资助一场天使投资行业峰会，并给一些天使投资组织提供了补贴。这些经费最初由政府与法国大众银行联合出资，之后由法国国家投资银行（BPI France）提供专项资助（1.5万欧元）。过去几年里，BPI France已经向数十个天使投资组织发放了数十万欧元的补贴来帮助它们发展。与此同时，还有很多补贴由地方政府发给了区域天使投资组织——首批资助的区域是巴黎，并根据天使投资组织中的有效投资规模发放补贴（每项投资享受1000欧元补贴，上限3万欧元），这些补贴能够激励天使投资组织发展，提升其天使投资市场意识并提高天使投资人的数量。又如，西班牙工业和中小企业总局资助项目：从2010年开始，西班牙经济部负责管理了一个针对构建和发展天使投资组织的支持项目，吸引了47个天使投资组织，其中的30个接受了最大限额为3万欧元的津贴；2012年，吸引的天使投资组织已经增加到71个，但是只有16个接受了津贴，而项目的总体预算为35万欧元。2013年，西班牙经济部将吸引的天使投资组织划分为新创组织和已建组织，并且重点加大对前者的支持力度，促进区域内天使投资组织的新建和发展，对已建组织的资助减少到15万欧元，对新组织的资助增加到45万欧元。

五、天使投资培训与教育

在天使投资项目的建立和发展过程中，一个非常重要的问题就是很多天使投资人（特别是潜在天使投资人）对天使投资理念和实操缺乏足够了解，他们不能很好地发现和识别投资机会。建立专门的天使投资培训机构是促进天使投资发展的一个有力措施，可以作为天使投资联盟的一个有效补充。Aernoudt等（2005）指出：天使投资交易过程比较复杂，天使投资人需要一些业务技能，确保自己有能力评估投资机会和风险控制。事实上，很多“处女投资人”处于观望状态，最主要的原因在于无法评估项目。因此，为了促进天使投资交易活动，有必要对那些“天使投资新手”进行培训。

事实上，天使投资组织开展的一项重要业务（活动）就是培育天使投资人，通过系统学习、对话交流、联合投资等方式让“天使投资新手”变得更加老练。尤其是系统性培训项目能够帮助一些新入行的天使投资人拓展天使投资知识面，还能持续提升其专业技能。比如，美国ARI在2005年推出了一套培训课程——Power of Angel Investing，从早期的一天综合培训项目，到后来推出的若干半天专题培训项目。ACA推出了面向新天使的培训项目Rising Tide Education Program，在2020年新冠肺炎疫情期间推出了线上项目——ACA Angel University（见表6-3）。

表6-3　　美国天使投资人培训项目案例

项目名称	内容（系列课程）	组织方
Power of Angel Investing （“线上+线下”，收费）	① 一天综合培训项目：天使投资综合知识（基础知识、投资适配性、投资组合、尽职调查、交易结构、估值方法、投后管理、退出策略） ② 半天专题培训项目：尽职调查、交易机构、估值、投资条款清单、投后管理、退出策略、运营天使投资组织	ARI

续表

项目名称	内容（系列课程）	组织方
Rising Tide Education Program（“线上+线下”，部分免费，主要面向新手天使投资人）	① 一小时网课：投资组合、早期企业估值、投资条款清单、尽职调查、交易结构 ② 文档学习：基础知识、决策因素、尽职调查、估值方法、项目挖掘等 ③ 20分钟微课：入门、尽职调查、创业融资渠道、商业模式、企业估值、财务报表、投资条款清单、后续投资、交易结构、股权分配与稀释	ACA
ACA Angel University（线上，收费，2020年新冠肺炎疫情下推出的项目）	① 基础培训：基础知识、尽职调查、投资条款清单、估值、风险控制、投资组合与收益 ② 进阶培训：交易结构、被投资企业董事会（公司治理）、退出策略	ACA

六、其他公共政策和措施

1.风险补贴和担保计划

2013年起，德国联邦经济与科技部给天使投资人和创业企业提供一个新的资助项目，叫作创业投资补助（Investitionszuschuss Wagniskapital）。政府计划在2013—2016年出资1.5亿欧元，支持投资过创新型中小企业（成立时间不超过10年）的天使投资人，用来增强他们的投资能力和抗风险能力。天使投资人每年收到20%的津贴，最多可达5万欧元，要求持股三年以上。

2.优化资本退出环境

考虑到要为不同企业推出有针对性的金融服务，很多国家开始发展多层次资本市场。在原有主板市场的基础上设立创业板，专门面向高成长中小企业，为它们提供融资和交易服务，让高速发展中的中小企业可以在最关键的时候有充足的资金保障业务正常进行，同时为天使投资人和创业投资机构提供资金退出机会。比如，新西兰证券交易所在2015年6月推出了一个具有更少信息披露义务的新市场——新西兰创业板市场（NXT）。NXT面向有融资需求的中小企业，市场规模在1000万～1亿新西兰元，通过IPO在NXT上市的企业最低募集500万新西兰元，至少有50名股东。NXT采用了简化的上市规则和不那么烦琐的披露要求，降低了操作复杂性。

IPO面向的对象基本上是成熟的准上市公司，即便是创业板，也仍然对企业有相关要求。很多天使投资人和创业投资机构的交易对象是早期创业企业，很难通过IPO进行股权交易。因此，有必要推出一些非IPO的交易市场。在美国，私募股权二级市场是一个新兴的股权交易市场，也是重要的资金退出渠道。纳斯达克在2013年与SharesPost公司成立了纳斯达克私募市场，向未上市公司提供股权交易等资本服务。SharesPost成立于2009年，从一个论坛演变成全美第二大的非上市股票交易平台，双方合作时SharesPost的总交易额已经突破10亿美元。纳斯达克私募市场于2014年正式启动服务，具体服务由其全资控股的一家券商NPM来进行，未上市公司可以利用平台进行融资、股权交易以及管理员工期权等股权相关的活动，注册的“会员公司”可以利用纳斯达克的全球经纪商网络，获得国际机构投资人、家族办公室以及高净值个人的关注。这样一种过渡性的流动性解决方案，可以缓解天使投资人的退出压力；对公司未来上市也有利，这些公司能够在早期就接触到基石投资者并建立联系。并不是所有公司都可以在纳斯达克私募市场交易，为了保证公司质量，其规定注册公司至少满足其中一条标准：融资额和上轮估值为3000万（过去两年）美元和5000万美元；总资产和年收入均达到5000万美元；净利润达到75万美元；所有者权益达到500万美元并且至少经营两年；拥有成功创业投资机构的信用背书。

2014年，土耳其伊斯坦布尔证券交易所和其他各方签署了《欧洲早期阶段投融资支持合作网络协议》(*European Early Stage Investments Financing Support Cooperation Protocol*)，目的是通过交流合作来促进创新创业。私募市场在2014 年开始接受成员，它是一个在伊斯坦布尔证券交易所内部推出的汇集创业者和投资者，从而解决融资和流动性问题的新市场。这个新市场提供公平的融资和流动性工具，使创业企业和新兴公司都能获得合格天使投资人的支持，不需要上市，也不需要受到政府部门的监管，股东可以卖掉他们现有的股份，以此获得流动性。私募市场还可以为投资者提供二级交易，通过管理和控制信息流，然后匿名找到交易对手。此外，私募市场会员伙伴为企业提供专业服务，包括法律和财务顾问、资产估价和经纪业务等。

3.为创业企业提供投资准备培训项目

投资准备培训项目的目标在于通过培训和教育创业企业来更有效促成天使投资人和创业企业之间的投资交易。主要有股权投资知识教育的信息研讨会、判断早期项目的投资准备审查、解决创业核心问题的投资准备发展计划、提高路演技巧的投资准备演示审查等活动，这些活动主要由大学、孵化器、创业服务机构、天使投资组织等主办，公共部门对此有一定的财务支持（OECD，2011；李姚矿，2013）。比如，ERDF在英国兰开夏郡资助了一项投资准备培训项目，向该区域内一些符合条件的中小企业免费开放。该项目推出一系列研讨、交流及培训服务，主要包括：①综合研讨培训（半天），涉及创业渠道、投资者类型、投融资交易过程、融资路演等基础知识；②面向有融资计划的创业者的专项培训（邀请制，一天），涉及商业模式、知识产权、路演策略、税收政策等内容；③路演技巧培训；④更深入细致的创业融资辅导，涉及商业计划书撰写、投资人逻辑了解、知识产权创造、财务报表、撰写等内容。

4.促进创业文化和生态的发展

除了创业方、投资方，大企业、孵化器、创业投资机构、会计师、律师、大学、政府等也是整个生态系统的重要成员。政府可以助推投资者与其他关联方之间交流合作，共同支持创新创业，还可以通过各种政策来营造良好的创业环境，可以为天使投资市场发展提供基础保障。

根据《GEM2019/2020全球报告》对中国国家创业环境指数的评价，从综合得分来看，中国排在第四位，前三名分别为瑞士、荷兰和卡塔尔。其中，“学校创业教育”“准入：市场负担与监管”“商业与专业基础服务”三个子项得分最低。相比之下，这三项排名靠前的为荷兰、德国、瑞士、美国、英国等国家。世界银行发布的《全球营商环境报告2019》设立了12项业务监管指标，分别从开办企业、办理施工许可证、获得电力、登记资产、获得信贷、保护少数投资者、纳税、跨境贸易、合同执行、办理破产、雇用工人、与政府交流方面综合评估了国家整体的营商环境。在190个经济体中，我国位列全球第31，而排名前三的是新西兰、新加坡和中国香港。

通过梳理创业环境和营商环境较优的几个国家和地区的资料，笔者得知它们有一些先进的创业政策措施，值得我国学习与借鉴。一是建立优质的创业教育体系。比如，荷兰将创业教育列为与本科教育、研究生教育平行的人才培养目标；瑞士的创业教育从娃娃抓起，创业培训导师系统非常完善；美国将创业教育设为大学专业。二是制订多样的政府创业支持计划。比如，荷兰着重吸引外来创业者；德国通过全过程多阶段支持创业者；英国调动社会力量鼓励创业。三是健全和完善创业法律法规保障体系。比如，荷兰制定了严谨的知识产权法律；瑞士打造了“法律—制度—平台”立体保障体系。四是设立促进创业的专业组织和机构。比如，瑞士有联邦技术和创新委员会和联邦政府创新支持机构，英国政府先后成立英国科学创业中心（UKSEC）和全国大学生创业委员会（NCGE）等机构。五是创造有利于创业的良好营商环境。比如，在新西兰，企业能够便捷地获取营商相关法律政策信息；政府政策对企业并无规模歧视，对大小企业一视同仁；对于创业人士有一定的财政优惠；面向企业免费公开市场数据；企业可直接与政府各级主管部门进行交流对话。

第二节　中国天使投资政策体系

改革开放四十多年来，随着中国经济的快速发展，社会财富得到了极大丰富和发展，以民营企业主、大型企业高管为代表的高净值人群快速发展。同时，在国家“双创”战略的驱动下，全社会创新创业的氛围得到了极大提高，创业已不再是人们谋生或改善生活的被动选择，人们已经进入了追逐梦想、实现人生价值的新境界，已经从草根创业进入精英创业阶段。很多企业家等成功人士在实现财富自由后，又投身火热的天使投资领域，为怀揣梦想的年轻创业者们添砖加瓦、加油打气，同时自身获得财富的进一步增值，从而更好投入发掘优秀年轻创业者和优秀创业项目的进程，这在无形中实现了良好的相互促进和补充的整体效果。创新创业与天使投资的互动并不是孤立的，而是共存于一个生态环境中。国家经济水平以及居民收入整体提升是创业和投资活动的源泉，各类天使投资平台、创业服务机构能够有效促进创业和投资活动，天使投资人和创业者通过外部关系网络的作用形成有创新活力的企业、人才、技术、资金等市场要素。总体而言，中国天使投资发展的经济、金融、商业等外部环境正趋于良好，大量的创业活动、多元化的创业和投资服务以及公共政策也为创业者、天使投资人以及天使投资平台提供了较好的基础条件。

20世纪90年代以来，中央和地方政府一直很重视创新创业，制定了大量政策来支持创业投资机构、中小企业、创新型创业企业以及科技企业孵化器等的发展，这些政策在一定程度上为天使投资平台的发展创造了良好的外部环境。最近几年，中央政府及部分省市政府专门针对天使投资出台了相关政策。比如，2016年9月，《国务院关于促进创业投资持续健康发展的若干意见》（国发〔2016〕53号）发布，再次强调“积极鼓励包括天使投资人在内的各类个人从事创业投资活动”；2017年、2018年《财政部　税务总局关于创业投资企业和天使投资个人有关税收试点政策的通知》（财税〔2017〕38号）以及《财政部　税务总局关于创业投资企业和天使投资个人有关税收政策的通知》（财税〔2018〕55号）发布，明确提出了关于天使投资个人的税收激励政策。

此外，地方政府积极出台扶持和鼓励天使投资的政策，尤其是各地纷纷设立政府引导基金来增加早期投资资本供给，支持成长型中小企业。比如，2012年8月《江苏省科技厅、省财政厅关于鼓励和引导天使投资支持科技型中小企业发展的意见》发布，2013年7月《广东省关于发展创业投资促进产业转型升级的意见》发布，2014年5月《合肥市天使投资基金管理办法（试行）》发布，2014年7月《关于加快上海创业投资发展的若干意见》发布，2014年9月《中关村国家自主创新示范区天使投资和创业投资支持资金管理办法》发布，2015年12月《上海市天使投资风险补偿管理暂行办法》发布，2017年12月河北省天使投资引导基金首批天使投资子基金揭牌设立，2018年3月深圳市政府正式设立天使投资引导基金。

一、门槛准入

美国证券法有专门的“合格投资者”认证规定，但中国的天使投资认证还没有上升到法律层面。2016年9月，《国务院关于促进创业投资持续健康发展的若干意见》（国发〔2016〕53号）发布，首次给出了“天使投资”的概念，并且强调投资者的“个人”特征，以及天使投资是创业投资活动的一部分。

合格的天使投资具体怎么识别？根据2018年发布的《财政部　税务总局关于创业投资企业和天使投资个人有关税收政策的通知》（财税〔2018〕55号），需要从两个方面进行认定。一是投资对象层面，被投资企业应该是在中国境内（不包括港、澳、台地区）注册成立、实行查账征收的居民企业；接受投资时，从业人数不超过200人，其中具有大学本科以上学历的从业人数不低于30%；资产总额和年销售收入均不超过3000万元；接受投资时设立时间不超过5年（60个月）；接受投资时以及接受投资后2年内未在境内外证券交易所上市；接受投资当年及下一纳税年度，研发费用总额占成本费用支出的比例不低于20%。二是投资者层面，受政策补贴的天使投资人不属于被投资初创科技型企业的发起人、雇员或其亲属（包括配偶、父母、子女等），且与被投资初创科技型企业不存在劳务派遣等关系；投资后2年内，本人及其亲属持有被投资初创科技型企业股权比例合计应低于50%；投资交易是通过向被投资初创科技型企业直接支付现金方式取得的股权投资，不包括受让其他股东的存量股权。

事实上，在此之前，有一些地方政府为了配合天使投资扶持政策的需要而制定了专门的天使投资门槛准入制度。比如，原深圳市科技和信息局（2009）出台了天使投资人的备案登记制度：天使投资人个人的资产超500万元，具有天使投资的实际案例或项目来源渠道和社会资源，并且出具行业协会的推荐意见；天使投资机构的注册资金不低于3000万元，具有天使投资的实际案例或项目来源渠道和社会资源，具有较高的知名度、较强的经济实力和风险承受能力，由2年以上投资或相关业务经营的高级管理人员负责，并且出具行业协会的推荐意见。又如，宁波市（2013）制定了天使投资备案管理的办法：天使投资人具有100万元以上的投资资本（银行存款），有意向或者已经有过天使投资行为；而对于天使投资机构则要求单笔投资不低于100万元，由至少3名具备2年以上投资或相关业务经营的高级管理人员负责，有意向或者已经有过天使投资行为。

二、引导基金

引导基金的好处在于发挥创新资金的杠杆效应，吸引更多的社会资本参与支持初创企业发展。很多地方政府最近几年十分重视创新创业，出资设立了一些种子基金、创新基金、天使基金、天使母基金等，资金额从几千万元到上亿元不等。2012年，重庆市设立了首期资金规模为1亿元的重庆市青年创新创业天使基金，四川省成都高新区设立了8000万元的天使基金。2013年，北京软件和信息服务交易所天使投资基金宣布成立，首期规模达8000万元，武汉市首只1亿元政府天使投资基金设立。

近几年，也有一些地方政府设立了资金规模庞大的天使投资母基金，主要投向科创型的早期创业企业。如2018年，深圳市人民政府投资发起设立了一只战略性、政策性母基金——深圳市天使投资引导基金[①]，这是深圳市对标国际一流，补齐创业投资短板，助力种子期、初创期企业发展的政策举措，由深圳市引导基金出资成立，目前规模100亿元，是国内规模最大的天使投资类政府引导基金，专注于投资培育战略性新兴产业和未来产业，致力于引领天使投资行业，培育优秀初创企业，完善“基础研究+技术攻关+成果产业化+科技金融+人才支撑”的全过程创新生态链，成为全球领先的天使母基金，为深圳打造国际风险投资和创业投资中心与国际科技、产业创新中心提供有力支撑。又如，2021年，苏州市政府成立新的母基金——苏州市天使投资引导基金，主要采用“母基金+子基金”运作模式，首期规模60亿元，旨在引导各类社会资本投向苏州，助推苏州初创期中小企业和项目快速成长，使创新创业与经济社会发展深度融合，为“十四五”时期高质量发展提供有力保障。

在运作方式上，中关村（2011）主要采用参股（不高于基金总额的30%）和契约（与合伙伙伴进行联合投资）两种方式；成都高新区（2012）委托成都高投创业投资有限公司开展直接投资；宁波市天使投资则采取跟进投资的模式；青岛市（2013）则将天使投资引导资金按企业规模、企业发展阶段等对企

① 有关深圳市天使投资引导基金子基金遴选、跟投合作机构筛选的要求见附录2-4和附录2-5。

业实施差别化投资，引导方式为阶段出资、跟进投资、风险补助等，不参与被投资企业的日常经营管理；深圳（2018）按市场化方式运营，通过投资各类天使投资基金（子基金），发挥市场资源配置作用和财政资金引导放大作用。

引导基金在投资领域方面，一般是根据符合一定的标准和当地产业发展的需要进行选择。比如，成都高新区（2012）的基金重点支持“天府之星”计划中的优秀企业，武汉天使投资基金（2014）主要投向光电子与新一代信息技术、新材料、先进装备制造、高新技术服务、生物医药、新能源与新能源汽车、节能环保、现代农业及应用高新技术提升传统产业领域等，南京文创天使投资基金项目重点投资领军型文化创业人才和初创型文化科技企业。总体来看，这些基金在引进人才、鼓励创新创业及促进区域产业发展等方面发挥了积极作用。

三、风险补贴

除了天使投资引导基金，风险补贴是政府扶持天使投资的一项政策。2012年，江苏省设立天使投资引导基金作为弥补天使投资损失的风险补偿资金，主要向已投资种子期或初创期科技型小微企业的天使投资机构提供不超过首轮投资额30%的风险准备金，并要求地方按照20%给予配套，若三年内实际发生损失，天使投资机构可按首轮投资实际发生损失额的50%从准备金中获得补偿。2012年，成都高新区出台了天使投资风险补助专项资金的实施规则，即投资机构对高新区创业型企业投资50万元以上的，按投资额20%同期对被投资企业进行扶持，单个企业获得扶持金额上限为40万元。2013年，扬州市设立的天使引导资金按照最高不超过天使投资机构首轮投资种子期或初创期科技型小微企业实际投资额的20%给予风险准备金。2016年，上海市发布了《上海市天使投资风险补偿管理暂行办法》，提出对投资机构投资种子期科技型企业项目所发生的投资损失，可按不超过实际投资损失的60%给予补偿。对投资机构投资初创期科技型企业项目所发生的投资损失，可按不超过实际投资损失的30%给予补偿。每个投资项目的投资损失补偿金额不超过300万元，单个投资机构每年度获得的投资损失补偿金额不超过600万元。

四、组织平台

天使投资行业中存在信息沟通不畅、制度规范不够完善的问题，因此通过构建天使投资网络形成行业自律组织，也是政府大力支持的一项内容。在2012年发布的《江苏省政府办公厅转发省科技厅、省财政厅关于鼓励和引导天使投资支持科技型中小企业发展意见的通知》中，明确强调了发挥天使投资行业组织的作用，建立天使投资协会、天使投资联盟等社会组织。《宁波市人民政府关于加快天使投资发展的若干意见（暂行）》也提出了搭建天使投资对接平台。建立天使投资俱乐部，开展项目对接和信息交流。

近几年，中国大部分城市纷纷成立天使投资俱乐部、天使投资联盟、天使投资协会等天使投资网络，如广东天使会、中关村天使投资协会、天津市天使投资协会、宁波市天使投资俱乐部、重庆天使会、南京大学商学院校友天使投资俱乐部等，这些社会团体都是在政府和民间的共同支持下发起设立的。

五、税收激励政策

为进一步落实创新驱动发展战略，促进创业投资持续健康发展，国务院在最近几年出台了一些有利于天使投资人和创业投资机构的税收政策。2017年4月，《财政部　税务总局关于创业投资企业和天使投资个人有关税收试点政策的通知》（财税〔2017〕38号）发布，“天使投资个人采取股权投资方式直接投资于初创科技型企业满2年的，可以按照投资额的70%抵扣转让该初创科技型企业股权取得的应纳税所得额；当期不足抵扣的，可以在以后取得转让该初创科技型企业股权的应纳税所得额时结转抵扣”。该文件试点地区包括京津冀、上海、广东、安徽、四川、武汉、西安、沈阳全面创新改革试验区域和苏州工业园区。2018年5月，《财政部　税务总局关于创业投资企业和天使投资个人有关税收政策的通知》（财税〔2018〕55号）发布，将税收激励政策推向全国，广大天使投资人因此受益。①

① 《财政部　税务总局关于创业投资企业和天使投资个人有关税收政策的通知》（财税〔2018〕55号）全文见附录2-2。

综上所述，创新驱动发展战略的落实离不开创业投资持续健康发展。相应地，天使投资市场的发展需要政府提供良好的政策环境，尤其是我国正处于经济转型期，很多配套的法律法规、激励政策还不够健全。政府应该在天使投资市场中发挥更为积极的引导作用，出台激励政策，激活各类天使投资活力。调查结果显示：绝大多数的天使投资人关注公共政策（95.97%），其中天使投资人认为较重要的三项政策为完善天使投资退出渠道机制、建立天使投资行业平台组织以及制定天使投资税收优惠政策（见图6-1）。

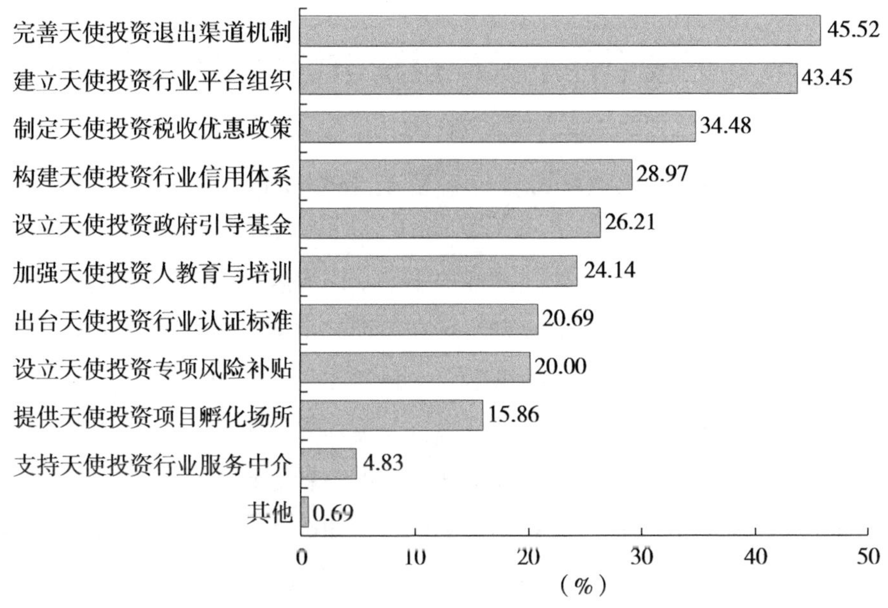

图6-1　天使投资人认为重要的政策（多选）

最近几年，我国天使投资的政策环境得到了明显改善。证据显示：税收优惠对区域天使投资活动有显著的激励效应，确实有部分创业投资机构申请了税收优惠，并获批收到了退税款（曹方琪，2020；丁元欣，2018）。尽管没有直接的补贴政策，还是有越来越多的组织平台涌现出来，尤其是中国天使投资人联盟的成立，标志着平台发展进入新的阶段，全国各地的天使投资人、天使投资组织以及其他机构投资人能够通过这个新平台开展紧密合作与跨区域交流。

在引导基金上，部分地方政府加大了早期扶持力度。比如，深圳天使母基金总规模庞大，不仅对子基金加大了出资比例（40%），而且不要求超额收益，这些创新举措吸引了很多社会机构合作。数据显示：截至2021年4月底，参股子基金已投项目308个，投资金额33亿元，全部为战略性新兴产业和硬科技领域的早期项目，其中有29%的项目已取得后续融资（刘阿祺、马旭飞，2021）。

在退出渠道上，注册制改革、上海证券交易所科创板的推出、北京证券交易所的设立给整个创业投资行业带来了利好，这不仅拓宽了天使投资人的退出渠道，还增强了天使投资人投小、投早、投科创的信心和动力。

第三节　突发事件下天使投资市场变化及政策安排

一、新冠肺炎疫情对国际天使投资市场的影响

新冠肺炎疫情对各国实体经济都造成了不同程度的冲击，一部分企业本身就是被投资对象，这对创业投资市场在短期和中期产生了负向影响。国际调研证据显示：受到新冠肺炎疫情影响，大多数国家在2020年第一和第二季度的投资交易规模同比下滑，大部分投资者更加专注于支持他们现有的投资组合公司，对于新投资采取谨慎和保守的态度；新冠肺炎疫情给很多行业带来负面冲击，但同时给一些领域带来了机遇，如医疗、线上学习和远程办公工具等，这给天使投资人带来了投资机会。值得注意的是，不同于其他投资，天使投资本身具有“耐心资本”的特征，这种投资活动具有长期战略属性。在资本退出前，精明的天使投资人可以根据内外部环境变化来相应调整投资计划，实施灵活的风险控制和投资策略。

（1）美国天使投资市场情况。

新冠肺炎疫情暴发之后，天使投资市场在短期内受到了负面冲击，交易额与交易数量明显下降。数据显示：相比2018年第一季度，2019年第一季度交易数量轻微下降（–6.8%），但是受新冠肺炎疫情影响，2020年第一季度交易数量同比下降达25.1%，交易总额明显萎缩，增长趋势由之前的增长21.9%转为下降36.2%（见图6–2）。从行业分布来看，B2B领域交易数量下降速度翻

了3倍，2019年1—2月相较于2018年同期交易数量仅下降8.6%，而2020年1—2月相较于2019年同期下降率达到了26.6%；医疗行业受到的负面冲击最小，2020年1—2月相较于2019年同期下降了8.2%，这一比率已经远远低于2019年1—2月相较于2018年同期交易数量的下降率15.1%（Sohl等，2020）。

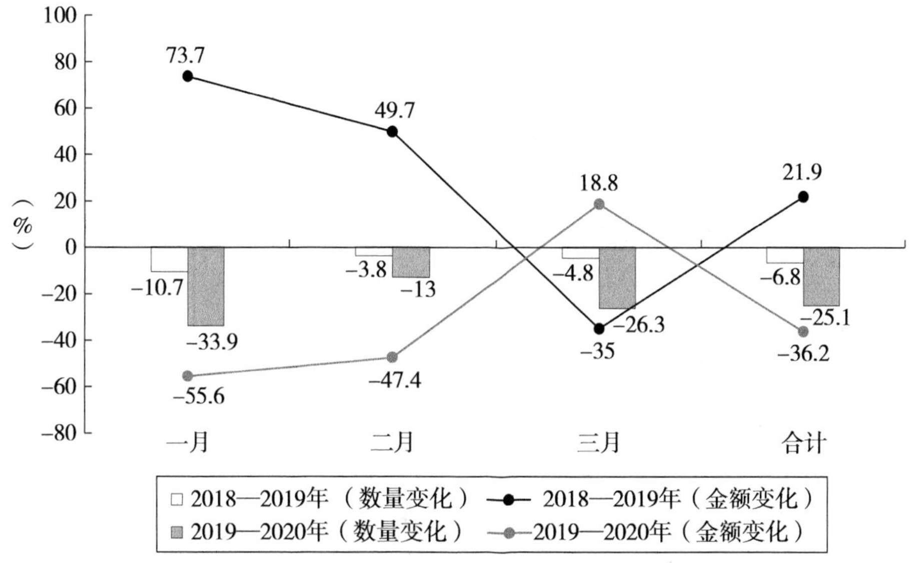

图6-2 天使投资市场规模变化（新冠肺炎疫情前后）

2020年5月，ACA发布了一项研究报告《新冠肺炎疫情对天使投资组织及其被投资企业的影响》（*Impacts of the COVID-19 Pandemic on Angel Groups and Portfolio Companies*），样本涉及50多个顶级天使投资组织，覆盖数千名活跃的天使投资人以及数百笔投资交易。调研结果显示：尽管市场低迷，投资数量下降，但大多数天使投资组织（71%）仍有投资计划；大多数天使投资组织仍然有兴趣投资新的创业项目，仅仅有三成组织表示投资兴趣减弱；绝大多数投资组织（81%）表示要全力支持已投企业。大部分被投资企业（86%）申请了《新冠病毒援助、救济和经济安全法案》（*Coronavirus Aid, Relief, and Economic Security Act*）的资助，并更多地向其投资人寻求指导和支持；大部分被投资企业（88%）表示在危机中看到了一些潜在的发展机会。近几年，新冠肺炎疫情在全球蔓延，世界各国都积极抗疫以及探索创造就业、提振经济的策略。

那么，天使投资组织在应对新冠肺炎疫情冲击方面能够发挥什么作用？天使投资人敢于冒险，他们热衷于通过投资来培养创业人才，那些能够紧密连接天使投资人和创业生态的社群将在危机中积极回应、快速复苏。

2020年12月3日，ACA发布了《天使投资疫情影响专题报告》（*Pandemic Investor Impact Report*）。事实上，ACA于2020年4月开展的调研是一次初步的新冠肺炎疫情影响摸排，新报告的结论则是基于2020年9月开展的新一轮调研数据以及两次调研的比较。新一轮的调研中，有117个天使投资组织给予相关的反馈信息，这些组织的会员规模平均为90人，大多数（超过70%）天使投资组织采用会员独立决策的投资模式，有26%的天使投资组织利用基金工具开展投资交易。研究发现：早期天使投资人的投资兴趣依然强劲，天使投资人和创业公司也正在适应新冠肺炎疫情下的新形势。该报告主要结论如下。

第一，天使投资人正在适应并接受"云端投资模式"，尝试采用新的尽职调查模式和交易执行流程，以及加强天使投资组织成员凝聚力的新策略。第二，相比2019年，2020年早期投资市场规模有所下滑，但是有一些领域的投资开始回暖。新冠肺炎疫情给远程医疗、在线学习和办公工具等领域带来了发展机遇，这为创业投资机构和天使投资人创造了投资机会。第三，天使投资人信心回升，天使投资规模开始恢复稳定，只有34%的天使投资组织表示投资收紧，42%的天使投资组织表示持平，还有24%的天使投资组织表示投资额较上一年增加。第四，天使投资人对于被投资企业的生存与发展发挥了重要作用，他们不仅提供资金，还在企业困难时提供关键的帮助和指导。在艰难时期，无论是创业投资机构还是天使投资人的后续注资都非常重要。第五，新冠肺炎疫情对于早期投资估值的影响是复杂的。天使投资人表示，有一些项目的估值在之前一段时间有所下降，但目前价格都基本保持稳定状态。创业投资机构表示，2020年有轻微增长，在经历估值慢速上升后，其趋势正在回归到疫情之前的水平。

（2）欧洲天使投资市场情况。

2020年7月，欧洲投资基金（European Investment Fund，EIF）发布了一项专题报告——《欧洲私募股权与创业投资市场情绪：新冠肺炎疫情的影响》

（*The market sentiment in European Private Equity and Venture Capital*：*Impact of COVID-19*），样本包括301位私募基金经理、608位创投合伙人以及139位天使投资人，调研时间为2020年2月至3月中旬，旨在初步摸排了解疫情对私募股权和创业投资行业的影响。调研结果显示：相比机构投资者，天使投资人的市场情绪更为悲观，仅有一半的天使投资人对商业环境感到满意，他们最关注创业企业的融资难和寻找联合投资伙伴难两大问题，在新冠肺炎疫情下，他们面临的最大挑战在于市场波动和资本退出环境问题。

2021年5月，EIF发布了新的报告——《天使投资调查2020》（*EIF Business Angels Survey 2020*），研究结论主要基于第二轮调研信息（2020年9—11月），样本涉及212位天使投资人，他们都是欧洲天使投资协会（Business Angels Europe，BAE）的会员，主要结论如下。

第一，新冠肺炎疫情改变了很多人的投资策略，有15%的人的可用资金变少、有12%的人出资额变少、有11%的人更关注已投企业，70%的人放慢投资节奏。他们当前最忧心被投资企业的融资问题，有31%的人预计未来12个月融资更难。投资者信心不断增强，有80%的人认为当前环境还可以，未来12个月情况会有所改善。第二，对于已投企业，四成天使投资人认为新冠肺炎疫情带来负面影响，企业业绩变差；但31%的人认为未来估值会提升。企业面临的前三大挑战为难以获取融资来应对流动性风险（33%）、客户流失（21%）、新冠肺炎疫情导致的停业或者转型发展（15%）。新冠肺炎疫情也给部分行业带来机遇，如数字化、健康医疗、电子商务等。第三，在联合投资伙伴上，找到其他“天使”或是众筹“天使”很容易，难的是找到创业投资人和企业投资人。在退出方面，有将近一半的企业面临破产清算，仅有4%的人认为当前退出环境是好的，但25%的人预计未来情况会改善。对于天使投资人而言，面临的前三大挑战为资金退出（15%）、机会识别（15%）以及拥有足够的投资金（13%）。第四，在政策方面，部分人认为政府及时出台了相关政策，但有效性不足，尤其是政策实施落实速度有待提升。将近六成的天使投资人反映，部分已投企业申请了优惠政策，主要是缓解资金压力，但也有一些企业因为没有合适的政策而没有申请政策支持项目。因此，天使投资人希望政府提供更多的联合投资机会以及更大力度的税收激励。

二、国际上应对新冠肺炎疫情冲击的相关政策

1.企业纾困和经济刺激计划

本次新冠肺炎疫情已经不是简单的流行病，而是演变成全球大流行病。2020年上半年，新冠肺炎疫情在全球不断蔓延，这也致使各国经济下行压力剧增。为了应对新冠肺炎疫情冲击，提振经济，特别是纾困受影响的家庭和企业，各国几乎都在同一时期制定了一系列的救助和复苏政策。总体来看，这些政策包括早期应对企业流动性风险的紧急援助计划（2020年第一季度）、结构性的扶持政策（2020年第一和第二季度）和中长期的宏观经济复苏和刺激政策（2020年第二季度之后），各国中央和地方政府都给予了很大的支持。OECD调研了55个国家在2020年2月—2021年2月的有关扶持中小微企业的政策。数据显示：不同经济发展水平的国家在政策工具使用上存在异质性，但总体上以财政手段为主，以信贷和股权支持为辅，其中，薪资补贴、延期缴税是相对普遍的举措。在金融支持方面，信贷支持普惠度高于股权工具（见表6–4）。

表6–4 新冠肺炎疫情下各国扶持中小企业的政策使用率（2020年2月—2021年2月）

政策措施 适用领域		低收入国家（N=4）	中收入国家（N=12）	高收入国家（N=39）	总样本数（N=55）（个）
劳动力	自由职业群体		25%	77%	33
	薪资补贴	75%	92%	95%	51
	裁员		33%	56%	26
延期付款	债务延期偿付	25%	75%	62%	34
	房租/水电费	50%	58%	69%	36
	社保和年金	25%	58%	38%	23
	增值税	50%	50%	49%	27
	所得税	100%	92%	90%	50
金融	股权	25%	17%	44%	20
	拨款/补贴	25%	33%	82%	37
	直接贷款	75%	100%	85%	48
	贷款担保	25%	67%	95%	46

续表

政策措施 适用领域		低收入 国家 （N=4）	中收入 国家 （N=12）	高收入 国家 （N=39）	总样本数 （N=55） （个）
其他	可持续性发展			38%	15
	扶持初创企业	50%	25%	44%	22
	培训和重新就业分配	50%	50%	49%	27
	创新	25%	58%	56%	30
	在线办公/数字化经营	50%	50%	64%	33
	开辟新市场	25%	42%	49%	25

资料来源：OECD. *One Year of SME and entrepreneurship policy responses to COVID-19: Lessons learned to "build back better"*.2021,4.

笔者重点梳理了25个国家在新冠肺炎疫情早期（2020年2月—4月）出台的企业纾困与金融政策①。

（1）中国以外的亚洲十三国。

韩国：当地时间2020年2月13日，时任韩国总统文在寅在会议上承诺，政府将支持旅游业等直接受新冠肺炎疫情影响的行业，他还承诺为中小微企业提供援助。同一天，韩国金融服务委员会表示，在政府宣布企业支持计划后的三天之内，受新冠肺炎疫情影响的中小企业和小商户将获得超过300亿韩元（2500万美元）的支持。这些支持包括国有金融机构提供的18亿韩元贷款，以及25亿韩元的贷款延期和36亿韩元的贷款担保。此外，118亿韩元现有贷款的担保也延期了。私营金融机构也提供了106亿韩元的新贷款和贷款延期。信用卡发行商们提供了25亿韩元的支持，包括佣金和滞纳金折扣。2020年3月24日，时任韩国总统文在寅主持召开第二次紧急经济会议，为帮助企业应对新冠肺炎疫情冲击，缓解企业资金流动性压力，韩国政府决定把前一次会议公布的50万亿韩元金融支援资金翻倍至100万亿韩元（约800亿美元），适用范围也从之前的中小企业、微型企业及个体户扩大至有必要帮助的大型企业及企业集团。按照计划，韩国政府将向中小企业提供29.1万亿韩元补助

① 笔者根据公开渠道发布的新闻或者文章整理而得。

金，扩大融资担保规模至7.9万亿韩元，同时向贷款领域注入21.2万亿韩元。

新加坡：当地时间2020年2月18日，新加坡公布一项8亿新加坡元的医疗方案，以对抗新冠肺炎疫情，另外提出56亿新加坡元的两项计划，借以应对新冠肺炎疫情对就业及生活成本的影响。2020年3月26日，时任新加坡副总理兼财政部部长王瑞杰在国会发表2020年追加预算案声明，宣布推出超过480亿新加坡元（约合2400亿元）的第二轮援助措施，帮助企业和家庭在新冠肺炎疫情时期渡过难关。措施包括：为企业员工提供25%的薪资补贴；自谋职业者在9个月内每月可领取1000新加坡元（约合5000元）补助，低收入者获得3000新加坡元（约合15000元）现金补贴；所有年满21岁公民根据情况可获得900新加坡元、600新加坡元或300新加坡元补贴；公共部门将在下一年创造约1万个新工作岗位；符合条件的商业房地产业主当年无须缴纳房地产税等。此外，淡马锡将出手挽救受到新冠肺炎疫情严重冲击的新加坡航空公司。所有航空、旅游业从业人员将获得最高达75%的薪资补贴。2020年4月6日下午，新加坡时任副总理兼财政部部长王瑞杰在国会发表部长声明，宣布名为"同舟共济预算案"的额外经济援助措施，进一步救济受新冠肺炎疫情影响的企业、员工与家庭。这一预算计划总额为51亿新加坡元（约合35.5亿美元），其中40亿新加坡元将支持企业与员工，11亿新加坡元将用于向每一位新加坡人发放现金补贴。这是新加坡政府在两个月内推出的第三轮经济援助措施。《联合早报》报道，加上之前两轮的措施，总拨款近600亿新加坡元，约合417.7亿美元，占国内生产总值的12%。

马来西亚：当地时间2020年2月27日，马来西亚政府推出一项200亿林吉特（约合47.3亿美元）的经济刺激计划，旨在应对新冠肺炎疫情和全球经济增长放缓可能带来的经济影响。计划措施包括减轻受新冠肺炎疫情影响的酒店、航空公司和其他依赖旅游业的企业的现金流压力。同时，政府将提供至多1亿林吉特的等额津贴，为另外4万名旅游业和其他受影响行业的从业人员纾困。2020年3月27日，时任马来西亚总理的穆希丁·亚希宣布了总额为2500亿林吉特（约合575亿美元）的经济振兴措施，以对抗新冠肺炎疫情给马来西亚经济、民生带来的影响。由于新冠肺炎疫情进一步蔓延，政府推出了"加强版"措施：拨出1280亿林吉特（约合294.4亿美元）用于民生福利；

拨出1000亿林吉特（约合230亿美元）用于支持马来西亚中小企业；拨出20亿林吉特（约合4.6亿美元）用于巩固马来西亚经济。振兴措施中包括安排资金为马来西亚医务、警务等一线人员增发津贴及为卫生部门增购服务与设备。

阿联酋：当地时间2020年3月15日，阿联酋中央银行宣布推出一项价值1000亿迪拉姆（约合274亿美元）的经济刺激计划，以应对新冠肺炎疫情给阿联酋经济带来的影响。该经济刺激计划包括从中央银行资金中向阿联酋所有商业银行划拨500亿迪拉姆（约合137亿美元）抵押贷款以及从银行缓冲资本中释放500亿迪拉姆（约合137亿美元），向受新冠肺炎疫情影响的私营企业以及零售商户提供必要的支持与便利，暂时免除支付未偿还贷款的本金和利息。2020年3月22日，时任阿联酋副总统兼总理、迪拜酋长谢赫·穆罕默德·本·拉希德·阿勒马克图姆当天主持阿联酋内阁会议，批准一项价值160亿迪拉姆的额外经济刺激计划，使经济刺激计划的总额达到1260亿迪拉姆，约合2400亿元。会议同时批准了包括推动基础设施建设、降低小微企业运营成本等多项新的措施，为阿联酋经济发展予以更多的支持。2020年4月12日，阿联酋经济部宣布根据阿联酋内阁决议，降低94项针对商业部门、企业以及个人的政府服务性收费。此次政府降费项目涉及科创、投资、生产、贸易、进出口等多个行业，具体包括注册服务、商标注册、知识产权等。据阿联酋经济部介绍，调整后的项目收费最大降幅达到98%，预计全年将为阿联酋的商业部门及企业带来约1.13亿迪拉姆（约合3100万美元）的实惠。

沙特阿拉伯：当地时间2020年3月20日，时任沙特财政大臣穆罕默德·贾丹在一份声明中宣布，政府将实施总计1200亿里亚尔（320亿美元）的刺激措施，以应对新冠肺炎疫情对国民经济可能带来的不利影响。这笔款项包括：500亿里亚尔一揽子计划，以支持中小企业；700亿里亚尔的推迟缴税和免除各种政府税费等援助计划。2020年4月8日，沙特阿拉伯通讯社报道，沙特阿拉伯王储批准增加70亿里亚尔以抗击新冠肺炎疫情。

菲律宾：当地时间2020年3月17日，菲律宾政府宣布推出一项271亿比索（约合5.27亿美元）的财政刺激计划，以缓解新冠肺炎疫情对经济造成的影响。政府的支出计划包括140亿比索用于支持菲律宾的旅游业，31亿比索用于采购检测试剂盒及采取措施控制新冠肺炎疫情扩散，20亿比索用于向受影响的工人和企业提供财政支持，其余用于为失业工人提供贷款和技能培训等。

土耳其：当地时间2020年3月18日，土耳其总统雷杰普·塔伊普·埃尔多安宣布一揽子经济刺激计划，总额达1000亿里拉（约合154亿美元），以应对新冠肺炎疫情对经济的冲击。该经济刺激计划主要涉及减税和推迟债务偿还：一是土耳其政府将推迟6个月征收汽车、零售、交通、纺织和娱乐行业增值税和社保，降低国内航班增值税税率，从18%降至1%；二是扩充面向中小企业的信用担保基金，扩至两倍；三是允许受新冠肺炎疫情影响的企业迟交至少3个月的商业贷款。另外，为挽救旅游业和服务业，土耳其政府将在2020年11月前免征酒店住宿税。旅游业是土耳其的支柱行业之一，每年贡献12%的GDP。土耳其政府还承诺扶持遭受重创的土耳其航空公司。

巴基斯坦：当地时间2020年3月24日，为抗击新冠肺炎疫情，保护人民健康和经济发展免受新冠肺炎疫情影响，巴基斯坦总理伊姆兰·汗宣布一项总额为1.13万亿卢比（约合70亿美元）的经济救助计划。其中，支持出口和中小企业的计划为政府立即向出口企业发放1000亿卢比的出口退税，出口企业的贷款利息可以延期支付。政府为农业领域企业和中小企业提供1000亿卢比财政支持，中小企业可以享受低利率贷款，并可延长已有贷款的还本付息日期。在托底就业民生方面：政府为最困难人群提供1500亿卢比救济金，在四个月内为低收入家庭每月提供3000卢比现金。每月用电不超300度、消费天然气不超2000卢比的消费者，可分期支付电费和天然气费。政府为普通工作者提供2000亿卢比资金援助，避免潜在的失业危机。政府将每升汽油价格下调15卢比，以降低群众生活成本，由此带来的750亿卢比税收损失由经济救助计划承担。

印度：当地时间2020年3月26日，印度财政部部长尼尔马拉·西塔拉曼宣布，为有效应对新冠肺炎疫情对印度经济社会的冲击，印度实施总额为1.7万亿印度卢比（约合1700亿元）的经济救助计划。这一计划主要包括两个方面：一是现金转移支付，印度将向0.87亿农民人均转移2000印度卢比，向3000万老年人、残疾人等一次性发放人均1000印度卢比；二是粮食供应，向8亿人提供人均5公斤大米/小麦，为期3个月。2020年4月9日，为减缓新冠肺炎疫情对经济社会的冲击，印度推出第二轮经济刺激计划，总额为1万亿印度卢比，主要面向中小微企业。由于新冠肺炎疫情进一步扩散，印度众多中小微企业面临经营困难，导致印度失业率大幅上升。因此，新的经济刺激计划主要是为中小企业纾困，以此维护稳定的就业水平。

伊朗：当地时间2020年3月29日，伊朗IFP News报道，政府发言人阿里·拉比埃宣布，政府已批准了一项1000万亿伊朗里亚尔（公开市场汇率约65亿美元）的财政刺激计划，为受新冠肺炎疫情影响的企业和民众纾困，其中80万亿伊朗里亚尔作为生计救济发放给遭受损失或失业的社会弱势群体，750万亿伊朗里亚尔用于维持就业和保护受损行业企业，120万亿伊朗里亚尔用于改善卫生系统和支持失业人员，50万亿伊朗里亚尔为失业保险基金，以多种形式发放给失业的人，并帮助再就业。

以色列：当地时间2020年3月30日，以色列政府宣布推出一项800亿新谢克尔（约合224亿美元）的财政救助计划，以应对新冠肺炎疫情对经济的冲击。时任以色列总理本雅明·内塔尼亚胡当天在电视讲话中表示，这一财政救助计划规模相当于以色列GDP的6%。时任以色列财政部部长摩西·卡隆表示，这一救助计划是以色列史上规模最大、范围最广的计划。在这一救助计划中，约400亿新谢克尔以设立贷款基金、减免市政税收等方式救助企业；约200亿新谢克尔用于失业救济等社会保障领域；约100亿新谢克尔用于医疗卫生系统。

日本：当地时间2020年4月7日，针对新冠肺炎疫情冲击，日本内阁会议决定推出史上最大规模经济刺激计划，总额达108万亿日元（约合9980亿美元，占GDP的20%）。其中，用于对抗新冠肺炎疫情的直接财政支出刺激计划达到39万亿日元（约合3570亿美元）。这个经济刺激计划的现金补贴主要有两种：中小企业主补贴和家庭补贴。营业额同比下降一半以上的中小企业主最高可获得200万日元的现金补贴；包括自由职业者在内的个体经营者最高可获得100万日元现金补贴。此外，符合条件的低收入家庭和收入大幅下降的家庭每户可获得30万日元现金补贴。

泰国：当地时间2020年4月7日，泰国总理巴育·占奥差宣布，内阁已经批准规模1.9万亿泰铢（约合580亿美元）的一揽子经济纾困计划，用于更好地应对新冠肺炎疫情影响，确保国民健康和经济复苏。其中，6000亿泰铢用于公共卫生工作和救济措施；4000亿泰铢用于重建经济和创造就业机会；9000亿泰铢为央行举措，包括贷款和企业债券支持。这是泰国政府2020年推出的第三个疫情纾困计划，此前两个计划的规模分别为4000亿泰铢和2070亿泰铢，具体举措包括贷款、减税、给员工发放现金补贴等。为了帮助受新冠肺炎疫情影响的小企业，泰国中央银行宣布将提供5000亿泰铢的软贷款，同时延迟贷款还款。此外，泰国设立一个4000亿泰铢的公司债券稳定基金，为那些在2020—2021年债券到期的高质量公司提供过渡性融资。

（2）大洋洲和美洲六个疫情重创国。

哥伦比亚：当地时间2020年3月11日，哥伦比亚总统宣布了一项经济措施，以减轻对旅游业和航空部门的影响。特别是，政府允许旅游业和航空部门推迟缴纳增值税和所得税，暂时降低与卫生和航空部门相关投入的进口关税。政府还为农业、旅游业和航空部门制订了一条新的信贷额度计划，主要针对中小企业的抵押贷款和贷款支付的宽限期。2020年5月27日，哥伦比亚政府正式批准一项“白板”法案，给予债务人一年的宽限期来延期还款。

澳大利亚：当地时间2020年3月12日，澳大利亚政府公布了总额为176亿澳元（约合113亿美元）的财政刺激计划，以帮助抵御新冠肺炎疫情蔓延带来的冲击。其中，13亿澳元（约合8.3亿美元）为共计约12万名学徒或见习人员提供工资补贴，符合标准的小企业雇主可在2020年1月1日至9月30日申请补贴款项，用于支付学徒或见习人员工资的50%；67亿澳元（约合43亿美元）为符合标准的中小企业增加现金流动。具体措施是，在2020年1月1日至6月30日，澳大利亚政府将对约69万家营业额少于5000万澳元（约合3208万美元）并且雇用了员工的企业提供最低2000澳元（约合1283美元）、最高2.5万澳元（约合1.6万美元）的现金流支持。2022年3月22日，澳大利亚总理斯科特·莫里森又公布了第二轮经济补助，这一次的经济提振计划价值660亿澳元。具体措施包括：提供工资补贴，失业救济金加倍；为其他福利金领取者提供补助；增加对小型企业的补助；启动大规模贷款计划；允许部分财务压力较大的人群在本财年和下财年两次提前领取个人名下的养老金；设立基金用于帮助受经济衰退影响的旅游企业，允许受影响的企业将纳税义务延迟四个月；为承受债务压力的中小企业和董事减压。2020年3月30日，澳大利亚政府宣布一项总额为1300亿澳元（约合806亿美元）的工资补贴措施，以应对新冠肺炎疫情对经济的冲击。

巴西：当地时间2020年3月16日，巴西政府宣布采取紧急措施，向本国经济注入近1500亿雷亚尔（约合300亿美元），以缓解新冠肺炎疫情的冲击。财政刺激措施代表着时任巴西经济部部长保罗·格德斯的立场迅速转变。巴西政府计划采取一系列措施，主要包括提前发放社会救助金、推迟缴纳公司所得税，以及让人们更容易获得员工遣散费。根据巴西经济部的数据，有834亿雷亚尔（约合165亿美元）将用于帮助社会上最弱势的人群，594亿雷亚尔（约合117亿美元）将帮助企业填补职位空缺，45亿雷亚尔（约合9亿美元）将用于直接抗击新冠肺炎疫情。政府还宣布增加31亿雷亚尔的“家庭津贴”（Bolsa Familia），以帮助巴西最贫困的一些家庭，该计划将覆盖100多万新成员。

加拿大：当地时间2020年3月18日，加拿大总理贾斯廷·特鲁多宣布一系列应对新冠肺炎疫情的经济纾困措施，总计820亿加元的援助额度超过加拿大国内生产总值的3%。其中，联邦政府将为工作人士与企业提供270亿加元的直接援助。同时，550亿加元将会通过税务延迟的方式，用于保障企业与家庭的现金流，并稳定经济。部分措施包括暂时提高儿童福利金，为需要留在家中且无带薪病假的工作人士、无法申领就业保险及面临失业的人士提供补助，推迟个人年度纳税截止时间，向符合条件的小企业提供工资补贴，增加对企业的信贷等。2020年3月25日，其又在新闻发布会上表示，联邦援助资金增加至1070亿加元。联邦政府重新调整先前承诺的两项福利（紧急照顾福利和紧急支援福利），提出最新的加拿大紧急救援补助金（The Canada Emergency Response Benefit，CERB），帮助所有受到新冠肺炎疫情影响的工作者尽快获得补助金。具体措施是给因新冠肺炎疫情零收入的工人提供每月2000加元的补贴，为期4个月，最多8000加元，包括有条件领取失业保险的工人、没有资格获得失业保险福利的人，例如，自雇人士以及被暂时解雇的工人。申请人会在提出要求后的十天内收到第一笔钱。CERB系统从2020年4月6日正式启动，每4周发放一次，可申领时间段为2020年3月15日至10月3日。

阿根廷：当地时间2020年3月24日，阿根廷财经部宣布一揽子应对新冠肺炎疫情措施，主要包括：实施“家庭紧急收入”（Family Emergency Income）计划，对年龄在18至65岁且没有正常收入的未注册工人以及孤儿，在4月可以获得1万比索的财政补助，如果因新冠肺炎疫情而采取的封锁措施继续实施，5月继续发放该项补助。实施“生产恢复计划”，保障受新冠肺炎疫情影响部门职员的收入，同时政府将给予部分工薪补助。对受新冠肺炎疫情影响严重的地区，计划对雇主暂时减免部分社会保障税，增加基础设施、教育、旅游和住宅方面的财政投入，计划安排100亿比索，这方面的支出约增长40%等。2020年3—11月，阿根廷政府为缓解新冠肺炎疫情对企业及家庭造成的影响，共耗费7234亿比索（约合2800万美元）用于实施各项计划。其中，在薪资补助方面，政府发放了2041亿比索用于扶持私营部门，为非正规劳动者提供2041亿比索的“家庭紧急收入”。

美国：当地时间2020年3月27日，为应对企业和家庭面临的困境，美国政府推出了总额约为2万亿美元的财政救助法案。这一法案名为《新冠病毒援助、救济和经济安全法案》，由参议院和众议院投票通过，并由时任总统唐纳德·特朗普签署。该法案包含多项针对企业和居民的纾困措施：一是为企业提供贷款。3500亿美元用于援助中小企业，5000亿美元用于救助公司企业，包括对航空公司和邮轮公司的援助。二是一次性发放现金。年收入低于7.5万美元的公民将获得1200美元的支票；年收入低于15万美元的夫妇将获得2400美元，每名儿童再增加500美元。年收入高于7.5万美元的公民获得的金额将有所减少，年收入高于9.9万美元的公民将不会获得支票，该项目预计支出3000亿美元。三是增加失业救助金支出。每个失业者获得的救济金每周增加600美元，持续四个月，该项目预计支出2500亿美元。四是增加医疗开支，支持地方政府。向医疗体系提供1200亿美元，向州和地方政府提供1500亿美元用于抗击新冠肺炎疫情。延后缴纳的税收总额约2200亿美元，其他开支2000亿美元。

（3）欧洲地区六个疫情重创国。

意大利：当地时间2020年3月16日下午，意大利内阁召开会议并通过了总额为250亿欧元（约合300亿美元）的经济纾困措施，以应对新冠肺炎疫情带来的冲击。措施的具体内容包括拨款12亿欧元给有未成年子女的家庭提供半薪休假或领取补贴雇用保姆照看子女；年营业额200万欧元以下的企业暂停缴税；向失业人员提供9个星期的保障性收入；紧急拨款雇用医务专业人员加强港口、机场等场所的防疫检验。

英国：当地时间2020年3月17日，时任英国首相鲍里斯·约翰逊在新冠肺炎疫情例行记者会上强调，英国政府将竭尽全力帮助企业渡过难关。时任英国财政大臣里希·苏纳克宣布政府将提供3300亿英镑贷款援助。对于没有保险覆盖的小型企业，政府将向其提供2.5万英镑的补助。此外，为了降低破产风险并减少特殊时期的经济压力，受影响的个人和企业可被允许推迟或减少贷款还款3个月。当地时间3月26日，英国政府宣布采取紧急措施帮助个体经营者。英国政府面临着越来越大的压力，被要求向其他工人提供同样的经济援助。苏纳克表示，政府将向个体经营者支付一笔应纳税的补贴，金额为他们过去三年月平均利润的80%。这笔款项将对交易利润高达5万英镑（约合60800美元）的人开放。

西班牙：当地时间2020年3月17日，西班牙首相佩德罗·桑切斯宣布了一项2000亿欧元（约合2200亿美元）的经济刺激计划，以减轻新冠肺炎疫情对经济的影响。这大约相当于西班牙国内生产总值的1/5，其中1170亿欧元来自公共部门，其余是私人资金。该计划是西班牙历史上规模最大的一个一揽子财政援助计划，也是对西班牙之前宣布的140亿欧元纾困计划的一个补充。在新的一揽子经济刺激计划之下，西班牙政府将拿出1000亿欧元，以公共担保的形式向受新冠肺炎疫情影响的企业提供所需的流动资金，剩余部分用于向深受新冠肺炎疫情影响的脆弱群体提供贷款和援助，大部分都面向中小企业。为了帮助本国超过300万的自雇人士，政府允许他们以“不可抗力”为由暂停业务，同时给予他们与失业者相似的福利。此前只有极少数自雇人士能获得这些福利。与此同时，即使员工没有缴纳足够的社会保障金，他们也能够获得失业救济，公司也不必为暂时被裁员的员工缴税。失业或失去正常收入的人可以延迟支付抵押贷款月供和水电费。公司也不能够对因照顾孩子或老人而无法正常上班的员工采取措施。

法国：当地时间2020年3月17日，法国经济与财政部部长布鲁诺·勒梅尔宣布了一项450亿欧元的一揽子援助计划，以帮助小企业和受新冠肺炎疫情影响严重的领域。该援助计划将主要以减少社保缴费的形式实施，少缴金额总计350亿欧元，法国可能在之后的时间收回部分资金。另外，法国政府将拿出85亿欧元，用于发放与强迫性非全日制工作相关的失业救济，以及至少拿出20亿欧元成立一个针对自雇人士和店主的团结基金。此外，法国政府承诺在疫情期间提供高达3000亿欧元的银行贷款担保。

德国：当地时间2020年3月19日，为缓解新冠肺炎疫情对经济界的冲击，德国政府决定推出500亿欧元的一揽子援助计划，支持个体经营者以及小企业。3月23日，德国联邦财政部又提出一揽子经济纾困计划，包括追加总额为1560亿欧元的补充预算，拨付1000亿欧元用于设立可直接参股企业的经济稳定基金，投入1000亿欧元用作德国国有复兴信贷银行扶助企业的特殊贷款，经济稳定基金可提供4000亿欧元贷款担保，可为债务违约企业担保。因此，一揽子计划总额可能超过7500亿欧元。4月1日，德国联邦经济和能源部宣布：为应对新冠肺炎疫情，德国政府将为德国初创企业提供20亿欧元的支持。德国联邦经济和能源部部长彼得·阿尔特迈尔当天表示，20亿欧元的政府支持将成为初创企业、年轻的技术公司和中小企业的助推器。他认为，传统信贷工具通常不适合这些年轻的创新型公司，因此政府为它们提供了量身定制的支持项目。

俄罗斯：当地时间2020年4月15日，俄罗斯总统普京在政府工作会议上宣布了一系列新措施，用来支持受到新冠肺炎疫情影响的企业。措施包括向地方财政拨款2000亿卢布（约合28亿美元）稳定地方经济，保证俄支柱性企业获得金融支持；资助俄中小企业，保证这些企业的员工工资正常发放；拨款支持受新冠肺炎疫情影响严重的航空领域企业等。

2.应对新冠肺炎疫情冲击的天使投资支持

紧急信贷政策对于解决企业短期的流动性风险有一定作用，但是过度负债会给企业带来中长期的偿付压力。信贷类政策不一定适用于高成长的科技型企业，它们本身也是股权投资的主要对象。因此，有必要探索和推行一些可替代性工具。OECD（2021）研究表明，对面临现金流问题的中小企业，使用股权或准股权工具替代债务工具有一定优势。①企业走出“低潮”，为受益人投资和增长提供了更好的前景。②使用股权能够降低杠杆率，从而降低违约的可能性；并且较低的杠杆率能提高其受益人的信用评级，有助于降低借贷成本和增加信贷可获性。③股权工具有利于私营部门的共同投资，从而使更多资金能够用于中小企业，尤其是高潜力的初创企业和中型企业。

针对天使投资的政策主要包括：联合投资计划、面向天使投资人的税收激励、开发可转换债务工具等形式多样的投资工具。在新冠肺炎疫情背景下，可能出现创业投资机构撤资、天使投资人资产缩水等现象，投资者进一步投资的能力可能受到限制；而创业企业可能因为资金短缺而倒闭，即便是一些有成长潜力的企业也有可能因为融资难问题而举步维艰（Mason，2020）。由此可见，如果政府不采用一定的干预措施，市场将形成恶性循环。那么，政府部门是否会适时修订效率低下的老政策？是否会出台一些针对性更强的新政策？

一些国家制订了经济复苏计划，这里面就包括支持创新创业的措施，其中，在一些特殊领域，公共部门会以股权投资的方式给予直接或者配套支持。比如，法国政府在2020年9月宣布推出“法国复兴”（France Relance）计划，该计划以环境、竞争力和就业为三大支柱，并将持续到2024年，总投资规模为1000亿欧元，其中有300亿欧元用于绿色经济、350亿欧元用于提高企业竞争力（32%用于中小企业）、350亿欧元用于增强社会和地区凝聚力（促进青年就业和培训计划等）。这项计划里面，至少有30亿欧元以股权投资方式支持中小企业。BPI France在2020年3月设立了企业纾困基金，募集规模达1亿欧元，计划采用混合投资工具支持企业。主要包括通过可分离债券的形式投向营业额为500万欧元以上的中小企业，也向那些由于新冠肺炎疫情危机而无法筹集创业资本的企业提供可转换债券形式的投资，还通过联合投资计划，让更多天使投资人、创业投资机构资助科技型中小企业。10月1日，BPI France又设立了一个新基金，鼓励更多非专业的草根投资者加入市场，也为中小企业和初创企业开辟了新的股权融资渠道。

2020年4月，英国政府公布了一项全新的“未来基金”（Future Fund）计划，向合格的初创公司提供12.5万英镑至500万英镑的资金支持，旨在缓解这些公司在新冠肺炎疫情期间现金压力。初始阶段，英国政府承诺拨款2.5亿英镑到“未来基金”，通过英国商业银行提供，形式是可转换债券。英国初创公司想要获得这笔投资，先要保证自己能从私人投资者处获得同等或者更多的配对资金，该公司还必须是英国注册的私人公司，且过去五年时间里，至少已经完成了25万英镑的私人投资。截至2021年7月，已经有一千多家企业获得资金支持，总投资额超过10亿英镑。

为了应对新冠肺炎疫情，新西兰政府出台了政府引导基金的临时修订方案，以更大的力度支持中小企业。新西兰政府引导基金“新西兰成长资本”年报显示：2020年5月，经过政府批准，新西兰Aspire Fund将每年投资总额由1200万新西兰元增加到2000万新西兰元，单个企业投资上限从150万新西兰元提到250万新西兰元，与私人部门的匹配比例从1∶1增加到2∶1，新方案有效期截止到2021年6月30日。

此外，一些政府通过税收激励方式促进新冠肺炎疫情期间的早期投资市场。在比利时，直接出售股份或出售资产的私人资本利得一般是免税的，但是个人所得税相当高（最高为50%）。无论是房产收益、工作/经商收益，还是金融投资收益，都需要缴纳所得税。在新冠肺炎疫情期间，政府为了吸引私人投资者支持有困难的初创企业和中小企业，给予了优惠的税收减免政策。2020年3—4月，比利时佛兰德斯地区的中小企业受到了新冠肺炎疫情冲击，很多企业经营收入下降了30%以上，如果投资人购买这些企业的股权，可以获得20%的个人所得税减免。如果是投资初创企业或是参与股权众筹，可以减免30%～45%的所得税。

三、新冠肺炎疫情对中国创投行业的影响及应对政策

1.新冠肺炎疫情对创投行业的影响

中国投资协会创业投资专业委员会在2020年2月就发布了针对新冠肺炎疫情对创投行业影响的调研报告，有168家机构代表和29位天使投资人参与调查。总体来看，国内的投资者不悲观，但新冠肺炎疫情下的投资策略和计划相对谨慎，调研结果如下。

第一，新冠肺炎疫情对创投行业造成了较大的冲击，投资人普遍认为此次新冠肺炎疫情对创投行业影响很大（26.4%）或有一定影响（63.45%）。对投资活动的最大影响表现为：影响日常出差、项目考察和尽职调查等需要与企业直接接触的工作，无法开展新的投资（42.16%）；部分已投项目受新冠肺炎疫情影响，增长速度放慢，退出时间会延长（21.24%）。

第二，多数投资者并不会因为新冠肺炎疫情改变本年度投资策略（58.38%），

也不会因为新冠肺炎疫情减少投资计划（58.67%），但仍有约四成投资者会改变投资策略以及减少投资。

第三，在被投资企业方面，大部分投资者（85.28%）认为新冠肺炎疫情对已投项目有一定或是很大的影响，财务风险主要表现为企业自身现金流可能不足，对外融资又有可能因为投资者避险策略而加大难度。

第四，新冠肺炎疫情给很多行业都造成了负面影响，其中比较严重的领域是线下消费零售餐饮和服务行业、物流与交通运输、影视行业、劳动密集型工业制造行业等。值得注意的是，新冠肺炎疫情催生了一些新的投资机会，主要集中在医疗健康领域（如生物制药、医疗设备、疫苗研发等），线上项目（如在线办公、在线教育、在线娱乐等），核心技术及应用（尤其是生命科学、人工智能、大数据、云计算、5G 等）等领域。

对比中国、美国与欧洲地区，笔者发现，新冠肺炎疫情给天使投资市场带来了较大的负面影响。相比中国、美国，欧洲天使投资人对未来的市场预期更为悲观，这可能与本国疫情态势及防控管理程度有关；但是在新冠肺炎疫情背景下，中国与欧美的投资风口较为一致，尤其是天使投资人普遍看好医疗保健、生命科学等大健康产业（见表6–5）。

表6–5 新冠肺炎疫情对天使投资市场的影响：中国、美国、欧洲的对比

调研主体及区域	中国投资协会创业投资专业委员会/中国	ACA/美国		EIF/欧洲	
调研时间	2020年2月	2020年4月	2020年9月	2020年2—3月中旬	2020年9—11月
调研样本	168个天使投资组织，天使投资人29人	超50个天使投资组织	超110个天使投资组织	天使投资人139人	天使投资人212人
市场影响/投资总金额	影响很大 26.40% 有一定影响 63.45% 影响不大 8.12% 没有影响 2.03%	相比2019年，2020年的投资总金额： 增加15% 不变26% 减少59%	相比2019年，2020年的投资总金额： 增加24% 不变42% 减少34%	—	—

续表

调研主体及区域	中国投资协会创业投资专业委员会/中国	ACA/美国		EIF/欧洲	
投资策略	改变41.62% 不改变58.38%	投资新项目68%	投资新项目：13%	—	改变88% 不改变12%
投资计划/未来新投资	投资计划： 不减少投资29.59% 减少投资70.41%	投资计划： 增加2% 不变71% 减少27%	投资计划：增加11% 不变68% 减少21%	未来新投资： 增加41% 不变51% 减少8%	未来新投资： 增加34% 不变44% 减少22%
被投资企业情况	已投企业： 没有影响4.06% 影响不大10.66% 有一定影响61.93% 影响很大23.35%	—	企业估值： 增加9% 持平46% 减少45%	企业发展： 高预期42% 持平41% 低预期17%	企业发展： 高预期21% 持平27% 低预期52%
投资风口	医疗健康； 线上项目； 核心技术	—	生命科学； 移动； 机器人； 自动化	—	医疗健康； 核心技术； 数字化

2.应对新冠肺炎疫情冲击的重要政策

2020年年初，一场突如其来的疫情给中国经济造成冲击，小微企业生存、高校毕业生和农民工就业创业等面临严峻的考验，党中央、国务院对此高度重视。2020年1月7日，习近平总书记在主持召开中共中央政治局常务委员会会议时对做好新冠肺炎疫情防控提出要求，自此之后，如何应对新冠肺炎疫情带来的政治、经济等各方面影响逐步成为国家、政府、人民关注的焦点。

在前文提到的调研报告中，投资人呼吁政府及时制定和实施政策，不仅是为了支持中小企业共渡疫情难关，也是为了提升创业投资机构和天使投资人的信心。从资金供给方的角度，投资人的政策建议有：基于投贷联动，由银行给予投资机构贷款资金，用于给予创业企业贷款；建立科创类企业贷款转贷基金，让科创类企业能更好进行科技研发和投入；通过发挥政府引导基金作用、拓宽创投行业募资渠道、激活股权投资基金二手份额交易市场、加大对创投企业的税收优惠、优化登记备案与工商注册手续等多种方式激励创业投资市场。

2020年1月28日，中共中央印发了《关于加强党的领导、为打赢疫情防控阻击战提供坚强政治保证的通知》。2020年2月23日，习近平总书记出席统筹推进新冠肺炎疫情防控和经济社会发展工作部署会议并发表重要讲话，强调毫不放松、抓紧、抓实、抓细防控工作，统筹做好经济社会发展各项工作。2020年3月以来，中共中央政治局召开十余次常务会议，分析国内外新冠肺炎疫情防控形势，统筹疫情防控和经济社会发展重点工作……疫情期间企业纾困也都是围绕习近平总书记的重要指示展开的。对比以往政策，疫情期间的关注点主要有以下三个特征。一是更加积极有为的财政政策。已经出台的财政贴息、大规模降费、缓缴税款等政策要尽快落实到企业；继续研究出台阶段性、有针对性的减税降费政策，加大对一些行业复工复产的支持力度，帮助中小微企业渡过难关。二是新冠肺炎疫情对产业发展既是挑战，也是机遇。一些传统行业受冲击较大，而智能制造、无人配送、在线消费、医疗健康等新兴产业展现出强大成长潜力。要以此为契机，改造提升传统产业，培育壮大新兴产业，这本身也为股权投资者带来了投资机会。三是全面强化稳就业举措。实施好就业优先政策，鼓励低风险地区的农民工尽快返岗复工，支持多渠道灵活就业，帮助个体工商户尽快恢复营业，注重高校毕业生就业工作。

针对支持中小企业、促进大学生与“三农”领域创业就业，中央及地方政府出台了多项具体政策措施，仅2020年1月8日至8月6日，出台的政策文本数就达到了42份，其中更有16项为多部门联合下发，约占总数的40%，政策联动性也大大提升。

值得注意的是，针对企业纾困的金融支持政策是出台比较早的政策。2020年1月，中国人民银行等五部门最早印发《关于进一步强化金融支持防控新型冠状病毒感染肺炎疫情的通知》（银发〔2020〕29号），从“保持流动性合理充裕，加大货币信贷支持力度”“合理调度金融资源，保障人民群众日常金融服务”“保障金融基础设施安全，维护金融市场平稳有序运行”“建立‘绿色通道’，切实提高外汇及跨境人民币业务办理效率”“加强金融系统党的领导，对打赢疫情防控阻击战提供坚强政治保证”几个方面支持疫情防控。2020年2月，《工业和信息化部关于应对新型冠状病毒肺炎疫情帮助中小企业复工复产共渡难关有关工作的通知》（工信明电〔2020〕14号）发布，指出要进一步加强对中小企业的金融扶持。2020年5月，国家发展和改革委员会联合八部门印发了《关于应对新冠肺炎疫情进一步帮扶服务业小微企业和个体工商户缓解房屋租金压力的指导意见》（发改投资规〔2020〕734号），强调了要加大金融支持力度。2020年7月，工业和信息化部联合国家发展和改革委员会、科学技术部、财政部共17个部门共同印发《十七部门关于健全支持中小企业发展制度的若干意见》（工信部联企业〔2020〕108号），提出财税支持制度、融资促进制度等七大方面25条具体措施，将支持中小企业发展变成一种常态化、长效化机制，全面促进中小企业高质量发展。从资金支持的层面来看，典型的举措如表6-6所示。

表6-6　新冠肺炎疫情下民营企业纾困的金融政策（不完全统计）

时间	政策文件及重要讲话	主要做法
2020年1月	《关于进一步强化金融支持防控新型冠状病毒感染肺炎疫情的通知》（银发〔2020〕29号）	①保持流动性合理充裕，加大货币信贷支持力度 ②合理调度金融资源，保障人民群众日常金融服务 ③保障金融基础设施安全，维护金融市场平稳有序运行 （证券市场自律组织对拟投资于防疫相关医疗设备、疫苗药品生产研发企业的私募股权投资基金，建立登记备案“绿色通道”，切实提高服务效率） （对疫情严重地区的证券基金期货经营机构，适当放宽相关风控指标监管标准） ④建立“绿色通道”，切实提高外汇及跨境人民币业务办理效率 ⑤加强金融系统党的领导，为打赢疫情防控阻击战提供坚强政治保证
2020年2月	习近平在统筹推进新冠肺炎疫情防控和经济社会发展工作部署会议的重要讲话	①积极的财政政策要更加积极有为，继续研究出台阶段性、有针对性的减税降费政策，帮助中小微企业渡过难关 ②稳健的货币政策要更加注重灵活适度，用好已有金融支持政策，适时出台新的政策措施

续表

时间	政策文件及重要讲话	主要做法
2020年2月	《工业和信息化部关于应对新型冠状病毒肺炎疫情帮助中小企业复工复产共渡难关有关工作的通知》（工信明电〔2020〕14号）	①加大信贷支持力度。各地要主动加强与金融机构的对接，推动金融机构对有发展前景但受疫情影响暂遇困难的中小微企业，适当下调贷款利率，增加信用贷款和中长期贷款，不得盲目抽贷、断贷、压贷，对到期还款困难的，可予以展期或续贷。推广基于多维度大数据分析的新型征信模式，解决银企信息不对称问题，提高优质中小企业的信用评分和贷款可得性。发挥应急转贷资金作用，降低应急转贷费率，为受疫情影响较大的企业提供应急转贷资金支持。鼓励有条件的地方建立贷款风险补偿资金，对疫情期间金融机构向小微企业发放的贷款不良部分给予适当补偿 ②强化融资担保服务。引导各级政府性融资担保、再担保机构提高业务办理效率，取消反担保要求，降低担保和再担保费率。对于确无还款能力的小微企业，为其提供融资担保服务的各级政府性融资担保机构应及时履行代偿义务，视疫情影响情况适当延长追偿时限，符合核销条件的，按规定核销代偿损失 ③创新融资产品和服务。积极推动运用供应链金融、商业保理、应收账款抵质押、知识产权质押等融资方式扩大对中小企业的融资供给。充分发挥互联网金融便利快捷的优势，尽快开发疫情期间适合中小微企业的融资产品，满足中小企业需要。发挥各地中小企业融资服务平台作用，积极开展线上政银企对接。协调银行、保险机构开放信贷、保险理赔绿色通道，加快放贷速度和理赔进度 ④加快推进股权投资及服务。积极发挥国家和地方中小企业发展基金协同联动效应，带动社会资本扩大对中小企业的股权融资规模，鼓励加大对受疫情影响暂时出现困难的创新型、成长型中小企业投资力度，加快投资进度。引导各类基金发挥自身平台和资源优势，加大对受疫情影响较大的被投企业投后服务力度，协调融资、人才、管理、技术等各类资源，帮助企业渡过难关
2020年3月	《国务院办公厅关于应对新冠肺炎疫情影响 强化稳就业举措的实施意见》（国办发〔2020〕6号）	充分发挥创业投资促进“双创”和增加就业的独特作用，对带动就业能力强的创业投资企业予以引导基金扶持、政府项目对接等政策支持。加大创业担保贷款支持力度，扩大政策覆盖范围，优先支持受疫情影响的重点群体，对优质创业项目免除反担保要求

续表

时间	政策文件及重要讲话	主要做法
2020年3月	《工业和信息化部办公厅关于印发〈中小企业数字化赋能专项行动方案〉的通知》（工信厅企业〔2020〕10号）	①提高产融对接平台服务水平。促进中小企业、数字化服务商和金融机构等的合作，构建企业信用监测、智能供需匹配、大数据风控等服务体系，提供基于生产运营实时数据的信用评估、信用贷款、融资租赁、质押担保等金融服务，为企业获得低成本融资增信，提升中小企业融资能力和效率。打造促进中小企业融资增信的公共服务平台，应用新一代信息技术，提供合同多方在线签署、存证服务，传递供应链上下游信用价值，激发中小企业数据资产活力 ②完善激励机制。将中小企业数字化改造升级纳入“专精特新”中小企业培育体系和小型微型企业创业创新示范基地建设，予以重点支持。按照“企业出一点、服务商让一点、政府补一点”的思路，鼓励各地将中小企业数字化列入中小企业发展专项资金等资金重点支持范围。对流动性遇到暂时困难、发展前景良好的中小企业，通过数字化改造升级推进复工复产和转型发展的，金融机构在优惠利率贷款中给予优先支持
2020年5月	《关于应对新冠肺炎疫情进一步帮扶服务业小微企业和个体工商户缓解房屋租金压力的指导意见》（发改投资规〔2020〕734号）	①引导国有银行业金融机构对服务业小微企业和个体工商户，年内增加优惠利率小额贷款投放，专门用于支付房屋租金。银行业金融机构要加大对服务业小微企业和个体工商户的信贷投放力度，用好普惠金融定向降准、再贷款等政策，以优惠利率给予资金支持 ②对实际减免服务业小微企业和个体工商户房屋租金的出租人，引导国有银行业金融机构视需要年内给予基于房屋租金收入的优惠利率质押贷款支持。鼓励银行业金融机构开发推广基于房屋租金收入的质押贷款产品 ③对服务业小微企业和个体工商户以及实际减免房屋租金的出租人的生产经营性贷款，受疫情影响严重、年内到期还款困难的，银行业金融机构与客户协商，视需要通过展期、续贷等方式，给予临时性还本付息安排
2020年7月	《保障中小企业款项支付条例》	中小企业以应收账款担保融资的，机关、事业单位和大型企业应当自中小企业提出确权请求之日起30日内确认债权债务关系，支持中小企业融资

续表

时间	政策文件及重要讲话	主要做法
2020年7月	《十七部门关于健全支持中小企业发展制度的若干意见》（工信部联企业〔2020〕108号）	①健全精准有效的财政支持制度。中央财政设立中小企业科目，县级以上财政根据实际情况安排中小企业发展专项资金。建立国家中小企业发展基金公司制母基金，健全基金管理制度，完善基金市场化运作机制，引导有条件的地方政府设立中小企业发展基金。完善专项资金管理办法，加强资金绩效评价 ②坚持和完善中小企业融资促进制度：优化货币信贷传导机制；健全多层次小微企业金融服务体系；强化小微企业金融差异化监管激励机制；完善中小企业直接融资支持制度；完善中小企业融资担保体系

我国高度重视中小企业发展，面对新冠肺炎疫情考验，系列政策组合拳取得积极成效。工业和信息化部统计数据显示：2020年减税降费为中小企业的发展提供了巨大支持；金融机构、金融企业也非常支持中小企业发展，2020年发放的中小企业特别是小微企业贷款平均利率5.08%，比2020年年初下降0.8个百分点。但是，融资问题始终是我国中小企业面临的突出难题。

2021年3月，《中华人民共和国国民经济和社会发展第十四个五年规划和2035年远景目标纲要》正式发布，“十四五”时期的战略导向就是推动高质量发展，必须立足新发展阶段、贯彻新发展理念、构建新发展格局。在此背景下，中小企业和金融服务（尤其是股权投资）的战略定位和发展目标也要服务这一大局，相关的政策举措将从以下几个方面着手。

一是完善激励科技型中小企业创新的税收优惠政策……推动产业链上中下游、大中小企业融通创新……推动中小企业提升专业化优势，培育专精特新“小巨人”企业和制造业单项冠军企业……支持建设中小企业信息、技术、进出口和数字化转型综合性服务平台。

二是完善金融支持创新体系，鼓励金融机构发展知识产权质押融资、科技保险等科技金融产品，开展科技成果转化贷款风险补偿试点。畅通科技型企业国内上市融资渠道，增强科创板“硬科技”特色，提升创业板服务成长型创新创业企业功能，鼓励发展天使投资、创业投资，更好发挥创业投资引导基金和私募股权基金作用。

三是创新金融支持民营企业政策工具，健全融资增信支持体系，对民营企业信用评级、发债一视同仁，降低综合融资成本。完善促进中小微企业和个体工商户发展的政策体系，加大税费优惠和信贷支持力度。

四是提高金融服务实体经济能力，健全实体经济中长期资金供给制度安排，创新直达实体经济的金融产品和服务，增强多层次资本市场融资功能……完善资本市场基础制度，健全多层次资本市场体系，大力发展机构投资者，提高直接融资特别是股权融资比重。

五是建立健全跨境服务贸易负面清单管理制度，健全技术贸易促进体系。稳妥推进银行、证券、保险、基金、期货等金融领域开放，深化境内外资本市场互联互通，健全合格境外投资者制度……建立健全“一带一路”金融合作网络，推动金融基础设施互联互通，支持多边和各国金融机构共同参与投融资……支持港澳参与、助力国家全面开放和现代化经济体系建设，打造共建“一带一路”功能平台。深化内地与港澳经贸、科创合作关系，深化并扩大内地与港澳金融市场互联互通。

疫情纾困考虑更多的是短期、应急特性，施策对象更多是企业端。但是，从中长期来看，政府要从资金需求、资金供给以及第三方三个层面给出更为立体、更为多元的政策安排。在天使投资方面，通过财税工具和金融支持手段，进一步促进天使投资市场的发展和壮大；公共部门可以与市场化的机构进行直接或者间接合作，培育一批专业化的天使投资人，增强他们的投资意识和投资能力；对现有政策进行系统性梳理，摸清天使投资人的政策诉求，不仅是测度政策体系的完备性，更要评估政策实施的有效性，为天使投资人营造良好的政策环境。

第七章　研究结论与对策建议

第一节 研究结论

笔者通过梳理文献、理论探讨、实证检验及案例分析的方法，系统性研究创新驱动背景下中国天使投资市场机制与政策体系，主要得到以下几点结论。

第一，天使投资是一类特殊的创业投资活动，是指除被投资企业职员及其家庭成员和直系亲属以外的个人以自有资金进行直接投资，主要投向早期阶段的成长型创业企业；从事天使投资活动的人也被称为天使投资人。天使投资人与创业投资家在投资运作过程上有明显的区别。天使投资人大多有着不同的态度、动机及特征，在投资风格和行为绩效上也会存在异质性特征。

第二，国内外调研数据显示，天使投资人都有自己的投资逻辑和投资策略，不同天使投资人之间也有明显的差异。有些人基于自己的职业经验而专注于投资某些熟悉的领域；有些人偏好投资熟人；有些人很积极地参与投后管理活动，还有些人投资绩效相比其他人更好。与国际天使投资人一样，中国天使投资人基本上也都是高学历背景，有一定的职业经验，尤其是创业经验很丰富，他们普遍关注健康医疗、信息技术类项目，投资决策时着重对“人”进行评估。然而，相比之下，中国天使投资人更年轻、投资经验更少、投资领域更广，整个天使投资市场的发展潜力还有待挖掘。

第三，中国大多数天使投资人偏好TMT行业，除了受到行业本身的高成长特征驱使，还与天使投资人主观层面的因素有关，如学历、专业背景、常住城市、职业背景等，其中区域特征对行业偏好影响最大。职业背景不仅影响投资行为，还会影响投资绩效。

第四，以创业板上市公司为研究样本，在对样本股东进行识别的基础上，探讨了天使投资人与企业创新的关系，研究发现：与其他类型的样本相比，仅有天使投资人持股的企业创新能力更强，主要体现在实用新型专利和外观专利数量的增加上；天使投资人持股比例与联合投资特征对企业创新没有显著影响；创业投资机构的进入会抑制天使投资人的创新激励作用。

第五，最近十年左右，全球天使投资市场不断发展和演变，开始朝着专业化、群体化及机构化方向发展。天使投资人之间进行交流合作，开展联合投资，能够分散风险，还可以进行更大规模的交易。各类天使投资组织涌现出来，为天使投资人带来了信息沟通、投资合作等方面的便利。截至2021年9月，中国共有74家天使投资平台组织，公开披露信息的有58家。其中57%的天使投资组织分布在一线城市，70%以上的天使投资组织是近几年成立的新机构，有一些平台背靠政府引导基金的支持。实践证明："基金+平台"的模式能够更好地整合资源，打造更为完善的创投生态体系。

第六，从宏观视角来看，天使投资人对实体经济有着重要的支持作用。为了调节市场失灵、促进天使投资市场的发展，中国及其他国家政府都制定了一些激励政策，比如，天使投资人的税收优惠政策、风险补助和担保计划、政府引导基金（直接投资、合投基金/边车基金、母基金等）、天使投资组织发展、投资人教育与培训项目等。2020年，新冠肺炎疫情对各国实体经济造成了不同程度的冲击，创投市场出现了阶段性低迷。在此背景下，各国纷纷出台政策，切实为企业解忧纾困，刺激经济复苏，其中一些政策也给天使投资市场带来了直接的实惠和机遇。从现行天使投资政策来看，有证据显示：部分政策手段是有效的，能够鼓励更多私人投资人把资金投向中小企业，尤其是初创期企业；但仍然有学者对一些政策的实施效果表示怀疑。因此，有必要开展更为审慎的事前研究、事中监测以及事后评估，不断优化和改进干预手段，提升政策实施效率，确保政策落地效果。

第二节　对策建议

一、创业者与天使投资人

天使资本不仅是“双创”升级的重要资本力量，也是科技创新、产业升级的关键推手。过去20多年，我国天使投资先后经历了以个人驱动为主的1.0阶段和以机构驱动为主的2.0阶段，天使投资人数量和交易规模大幅增长（刘阿祺、马旭飞，2021）。为深入实施创新驱动发展战略，创业企业需要进一步提升创新能力和效率，而天使投资人也应该服务于企业创新和高质量发展，基于此，笔者提出以下几点建议。

面向创业者的几点建议。一是创业者要深入了解天使投资人对于不同产业的偏好，并且清楚造成这种偏好的投资人主观方面因素，这样一来，就可以使得融资过程更具针对性，完善融资策略，更加便捷、有效地找到适合自己项目的天使投资人，降低创业团队寻找融资的盲目性和各种风险，提高融资成功率。二是创业者要根据自身需求在适当的时机引入适当的天使投资人，利用天使投资人的资源和经验，实现企业规模扩张、技术创新等方面的增值，提高企业的财务绩效和创新绩效。三是对于同时引入天使投资人和创业投资机构的情况，创业者要关注股东之间的制衡关系，保证企业治理效率，充分发挥股权投资者对企业创新的协同支持作用。

面向天使投资人的几点建议。一是重视建立金融关联，通过持续的投资实践来积累投资经验，还可以通过联合投资来实现知识和经验学习、资源共享及风险分散，这不仅有助于扩大项目来源，还能够增加资本退出机会，提升投资绩效。与此同时，天使投资人要充分认识到天使投资的“智慧资本”特征，充分发挥自身的积极作用，帮助提升科技型企业的创新能力，最终实现资本增值。二是一些新入行的天使投资人可以加入天使投资组织，借组织之力拓宽项目源、丰富社交资源、增强投资能力；要识别出高质量的平台和组织，尤其是关注领导者素养、合投项目质效（创业企业生存率和成功率）、组织会员的理念和投资经验、组织运作的规范性和高效性等相关因素。三是积极关注政策变化，无论是面向天使投资人的供给侧政策，还是面向创业企业的需求端政策，都有可能对投资决策行为和绩效造成影响；充分了解政策，在条件允许的情况下，主动或间接获取相关的有利政策，降低投资风险，提升投资成功率。

二、天使投资组织

尽管有些学者对天使投资概念界定和运作模式有所争议，但学界、业界和政府一致认为天使投资人通过组建联盟、俱乐部等平台组织开展投资合作是未来趋势。针对我国天使投资组织发展和运营管理中存在的问题，笔者提出以下几点对策。

第一，提高运营管理能力。在模式定位上，对于会员制运营组织，可考虑由几位核心人物引领，激励更多的人共同努力，共建社群，最终形成去中心化的自治机制。无论是社团组织还是公司制实体，最终还是需要通过规范化、市场化运作来实现可持续发展。在资金来源上，考虑不同的收费模式，尤其是缺乏政府和外部机构支持的天使投资组织，需要考虑会费（基本服务费）以外的资金来源，为组织的正常运营提供基本保障。在投资流程上，天使投资组织内部需要建立一套标准的程序来帮助会员完成投资交易。这不仅包括项目投资过程，还涉及投资前的项目挖掘、尽职调查、评估项目、选择项目、资金管理等阶段，在这套标准程序中明确天使投资组织以及会员所扮演的角色。从差异化发展模式来看，鼓励成立更多特色组织，推动天使投资组织专业化发展。

第二，提升会员服务品质。天使投资组织的创办者和领导者需要深入研究天使投资人加入组织的原因和动机，只有根据会员的需要来设计相关的活动和打磨服务，才能真正达到效果；还要加强对潜在天使投资人、天使投资新手等群体的教育与培训，提升其认知和专业技能。此外，一些收费的高品质增值服务可以成为组织的收入来源。比如，项目数量和质量的双提升；促进天使投资新手和资深天使投资人之间的交流与学习；提供联合投资解决方案，提高投资效率和整合各种资源；在运营资金充足的情况下，天使投资组织也可转型为经理制或在内部成立基金，聘用有专业能力的员工参与一部分投资事务等。

第三，加强资源对接合作。国际经验显示，天使投资组织活动并非局限于内部群体，不同的天使投资组织之间、天使投资组织与早期创业投资机构之间的联合投资也越来越多。这种合作模式打破了地理、行业、资源上的局限性。国内的一些天使投资组织，在条件成熟时，可以考虑一些创新模式，以便更好地加强资源对接与合作。比如，二、三线城市的天使投资组织可以与北京、上海、广州的活跃天使投资组织开展资源对接，形成全国资源共享机制；天使投资组织可以与孵化器、加速器、创业类的组织和机构开展紧密的合作，还可以与种子基金、创业投资基金及其他股权投资类的组织和机构开展合作，拓宽创业项目来源及网络资源；探索组织内部或与政府合作的边车基金模式等。

三、政策制定者

当前，我国经济正处于由高速增长阶段转向高质量发展阶段的重要战略机遇期，同时，我国已经进入了常态化疫情防控阶段，政策安排不仅要解决短期问题，而且要契合长期发展目标。针对进一步促进中国天使投资市场的发展，提出以下几点建议。

第一，加强分类指导、确保精准施策。针对不同群体、不同领域进行政策设计和实施。比如，推动更多专业天使投资人支持创业企业，而不是盲目鼓励业余的私人投资者开展天使投资；鼓励发展天使投资平台和组织、加强天使投资人教育和培训，提升天使投资人的专业素养，以便更有效地发挥天使投资人在赋能我国创新创业、引领经济高质量发展方面的作用；建立专业天使投资人的登记备案系统，完善天使投资行业信用体系；鼓励“投专精特新”与“投小投早投科技”，通过母基金、跟投基金、二手基金等多种方式，与天使投资人建立密切的投资合作关系。

第二，科学制定政策、动态运行政策。建议政府开展更为审慎的事前研究、事中监测以及事后评估；对现有政策进行系统性梳理，摸清天使投资人的政策诉求和施策感受，不仅是测度政策体系的完备性，更要分阶段、分步骤地评估政策实施的有效性，包括政策发布、宣传、实施等过程以及政策落地产生的实际效果，不断优化和改进干预手段，增强天使投资人的政策获得感。

第三，优化生态环境、促进高质量发展。天使投资行业本身的存在和发展并不是孤立的，它根植于一个大的生态系统中。良好的生态系统有助于降低投资交易成本、充分发挥天使投资市场资源配置功能。这个生态是影响天使投资市场运行的外部环境和基础条件。因此，建议加强天使投资相关的法律体系和行政管理体制；完善天使投资相关的中介服务体系，加强公共部门与服务机构、大企业、科研院所之间合作交流，培育一批专业化的天使投资人，增强他们的风险意识和投资能力。

参考文献

［1］AMATUCCI F M，SOHL J E. Women entrepreneurs securing business angel financing：tales from the field［J］. Venture capital，2004，6（2-3）：181-196.

［2］AERNOUDT R. Business angels：the smartest money for starters? Plea for a renewed policy focus on business angels［J］. International journal of business，2005，10（3）.

［3］ANDREW B，ANDRÉ V S，CHANTAL H，et al. What determines the level of informal Venture finance investment? Market clearing forces and gender effects［J］. Small business economics，2014，42（3）：467-484.

［4］ANDREW B，CHANTAL H，ANDRÉ V S，et al. How does entrepreneurial activity affect the supply of informal investors?［J］. Venture capital，2010，12（1）：21-47.

［5］ARGERICH J，CRUZ-CÁZARES C. Definition，sampling and results in business angels' research：toward a consensus［J］. Management decision，2017.

［6］AU Y F K，DOWEJKO M K，SHIU K W B，et al. Angel investment in Asia Pacific：policies looking forward［A］. LO Y J. Angel Financing in Asia Pacific［C］. Bradford：Emerald Group Publishing Limited，2016.

［7］AVDEITCHIKOVA S，LANDSTRÖM H，MÄNSSON N. What do we mean when we talk about business angels? Some reflections on definitions and sampling［J］. Venture capital，2008，10（4）：371-394.

［8］BAKSHI G S，CHEN Z. Baby boom，population aging，and capital markets［J］. Journal of business，1994，67：165-202.

［9］BLOCK J H，FISCH C O，OBSCHONKA M，et al. A personality perspective on business angel syndication［J］. Journal of banking and finance，

2019，100：306-327.

［10］BODEN R J，NUCCI A R. On the survival prospects of men' s and women' s new business ventures［J］. Journal of business venturing，2000，15（4）：347-362.

［11］BONINI S，CAPIZZI V，VALLETTA M，et al. Angel network affiliation and business angels' investment practices［J］. Journal of corporate finance，2018，50：592-608.

［12］BONINI S，CAPIZZI V，ZOCCHI P. The performance of angel-backed companies［J］. Journal of banking and finance，2019，100：328-345.

［13］BONNET C，CAPIZZI V，COHEN L，et al. What drives the active involvement in business angel groups? The role of angels' decision-making style，investment-specific human capital and motivations［J］. Journal of corporate finance，2021：101944.

［14］BOTELHO T，HARRISON R，MASON C. Business angel exits：a theory of planned behaviour perspective［J］. Small business economics，2021，57（1）：583-602.

［15］BOULTON T J，SHOHFI T D，ZHU P. Angels or sharks? The role of personal characteristics in angel investment decisions［J］. Journal of small business management，2019，57（4）：1280-1303.

［16］WHITE B A，DUMAY J D. Business angels：a research review and new agenda［J］. Venture capital，2017，19（3）：183-216.

［17］BRETTEL M. Business angels in Germany：a research note［J］. Venture capital，2003（5）：251-268.

［18］BRUSH C，GREENE P，BALACHANDRA L，et al. Women entrepreneurs 2014：bridging the gender gap in venture capital［J］. Arthur M. Blank Center for Entrepreneurship Babson College，2014，28.

［19］BUTTICÈ V，CROCE A，UGHETTO E. Network dynamics in business angel group investment decisions［J］. Journal of corporate finance，2021，66.

［20］British Venture Capital Association. Report on investment activity 1995

[R] . London: British Venture Capital Association, 1996.

[21] BYGRAVE W D, REYNOLDS P D. Who finances startups in the USA? A comprehensive study of informal investors 1999-2003 [C] . Wellesley: Babson College, 2006.

[22] ZAHRA S A, et al. Frontiers of Entrepreneurship Research [C] . Wellesley: Babson College, 2004.

[23] BRUSH C, CARTER N, GATEWOOD E, et al. Women business owners and equity capital: The myths dispelled [R] . The Diana Project, Kauffman Center for Entrepreneurial Leadership, 2003.

[24] CAPIZZI V. What drives the returns of business angels' investments? An empirical analysis of the Italian informal venture capital market [J] . GSTF global business review , 2011, 1 (2): 54-60.

[25] CARPENTIER C, SURET J M. Angel group members' decision process and rejection criteria: a longitudinal analysis [J] . Journal of business venturing, 2015 (30): 808-821.

[26] CARPENTIER C, SURET J M. On the usefulness of tax incentives for informal investors [J] . Venture capital, 2007, 9 (1): 1-22.

[27] CHEMMANUR T J, LOUTSKINA E, TIAN X. Corporate venture capital, value creation, and innovation [J] . Review of financial studies, 2014, 27 (8): 2434-2473.

[28] COLLEWAERT V, MANIGART S, AERNOUDT R. An assessment of government funding of business angel networks: a regional study [C] . Ghent: Ghent University, 2007.

[29] The World Bank. Creating your own angel investor group: a guide for emerging and frontier markets [R] . Washington, DC: The World Bank, 2014. https://openknowledge. worldbank. org/handle/10986/21081.

[30] CROCE A, GUERINI M, UGHETTO E. Angel financing and the performance of high-tech start-ups [J] . Journal of small business management, 2018, 56 (2): 208-228.

［31］CROCE A，MARTÍ J，MURTINU S. The impact of venture capital on the productivity growth of European entrepreneurial firms：'Screening' or 'value added' effect?［J］. Journal of business venturing，2013，28（4）：489-510.

［32］CUMMING D，ZHANG M. Angel investors around the world［J］. Journal of international business studies，2019，50（5）：692-719.

［33］DING Z，SUN S L，AU K. Angel investors' selection criteria：a comparative institutional perspective［J］. Asia Pacific journal of management，2014，31（3）：705-731.

［34］DING Z，AU K，CHIANG F. Social trust and angel investors' decisions：a multilevel analysis across nations［J］. Journal of business venturing，2015，30（2）：307-321.

［35］DROVER W，BUSENITZ L，MATUSIK S，et al. A review and road map of entrepreneurial equity financing research：venture capital，corporate venture capital，angel investment，crowdfunding，and accelerators［J］. Journal of management，2017，43（6）：1820-1853.

［36］DUTTA S，FOLTA T B. A comparison of the effect of angels and venture capitalists on innovation and value creation［J］. Journal of business venturing，2016，31（1）：39-54.

［37］Secretariat of European Business Angel Network. EBAN statistics compendium：European early stage market statistics［R］. European Business Angel Network，2018.

［38］EDELMAN L F，DONNELLY R，MANOLOVA T，et al. Gender stereotypes in the angel investment process［J］. International journal of gender and entrepreneurship，2018，10（2）：134-157.

［39］Enterprise Research Centre. Nation of angels：the unsung heroes of Britain's economy［R］. Centre for Entrepreneurs & UK Business Angels Association，2015.

［40］ERIKSON T，SÖRHEIM R. "Technology angels" and other informal investors［J］. Technology，2005，25：489-496.

［41］European Business Angel Network . Women & European early stage investing：strengthening European entrepreneurship by enrolling more women in early stage investing［R］. EBAN White paper，2010.

［42］European Venture Capital Association.Venture capital in Europe：its role and development［R］. European Venture Capital Association，1993.

［43］FEENEY L，HAINES G H，RIDING A L. Private investors' investment criteria：insights from qualitative data［J］. Venture capital，1999，1（2）：121-145.

［44］FORRESTER R C，WILLIAMS R I，MSNLEY S C，et al. Behavioral finance：factors influencing angel investor due diligence［J］. American journal of entrepreneurship，2019，12（1）：6-30.

［45］AMATUCCI F M. Women business angels: theory and practice［A］. LANDSTRÖM H, MASON C. Handbook of business Angels［C］. London: Edward Elgar Publishing, 2016.

［46］LANDSTRÖM H. Informal risk capital in Sweden and some international comparisons［J］. Journal of business venturing, 1993, 8（6）：525-540.

［47］GRUBER M，KIM S M，BRINCKMANN J. How experience shapes subjective evaluation of business opportunities［J］. Frontiers of entrepreneurship research，2010，30（6）：1-15.

［48］GVETADZE S，PAL K，TORFS W. The business angel portfolio under the European Angels Fund：an empirical analysis［R］. EIF Working Paper，2020.

［49］HARRISON R T，BOCK A J，GREGSON G. Stairway to heaven? Rethinking angel investment policy and practice［J］. Journal of business venturing insights，2020，14.

［50］HARRISON R T，BOTELHO T，MASON C M. Patient capital in entrepreneurial finance：a reassessment of the role of business angel investors［J］. Socio-economic review，2016，14（4）：669-689.

［51］HARRISON R T，MASON C M. An overview of informal venture capital research［J］. Venture capital，1999，1：95-100.

[52] HARRISON R T, MASON C M. Does gender matter? Women business angels and the supply of entrepreneurial finance [J] . Entrepreneurship theory and practice, 2007, 31 (3): 445-472.

[53] HARRISON R T, MASON C M. International perspectives on the supply of informal venture capital [J] . Journal of business venturing, 1992, 7 (6): 459-475.

[54] HARRISON R T, BOTELHO T, MASON C M. Women on the edge of a breakthrough: towards a theory of women angel investing [C] //Babson College Entrepreneurship Research Conference, 2016.

[55] HARRISON R, SCHEELA W, LAI P C, et al. Beyond institutional voids and the middle-income trap: the emerging business angel market in Malaysia [J] . Asia Pacific journal of management, 2018, 35 (4): 965-991.

[56] HARTOG J, ADA F, JONKER N. Linking measured risk aversion to individual characteristics [J] . Kyklos, 2002, 55 (1): 3-26.

[57] HELLMANN T, SCHURE P, VO D H. Angels and venture capitalists: complements or substitutes? [J] . Journal of financial economics, 2021, 141 (2): 454-478.

[58] HELLMANN T, THIELE V. Friends or foes? The interrelationship between angel and venture capital markets [J] . Journal of financial economics, 2015, 115 (3): 639-653.

[59] HOWELL S T, MEZZANOTTI F. Financing entrepreneurship through the tax code: angel investor tax credits [R] . National Bureau of Economic Research, 2019.

[60] HUANG L, WU A, LEE M J, et al. The American angel [R] . Wharton Entrepreneurship &Angel Capital Association, 2017.

[61] HUDSON M, KENEFAKE M, GRINSTEAD M J. Women and angel investing: an untapped pool of equity for entrepreneurs [J] . Ewing Marion Kauffman Foundation, 2006.

[62] JEFFREY S, LAURA H. Women business angels: insights from angel

groups [J] . Venture capital, 2007, 9 (3): 207-222

[63] JEFFREY S. The angel market in 2017: angels remain bullish for seed and start-up investing [R] . Center for Venture Research, 2018.

[64] JEFFREY S. The angel market in 2018: more angels investing in more deals at lower valuations [R] . Center for Venture Research, 2019.

[65] JOHN R B, JEFFREY E S. Confidence and angel investors: does gender matter? [Z] . Working Paper (SSRN ID 1345983), 2009.

[66] JOHN R B, JEFFREY E S. Do women-owned businesses have equal access to angel capital [J] . Journal of business venturing, 2007, 22 (4): 503-521.

[67] JOHN R B, JEFFREY E S. The effect of gender diversity on angel group investment [J] . Entrepreneurship theory and practice, 2011, 35 (4): 709-733.

[68] JOHNSON W, SOHL J. Initial public offerings angel Pre-IPO shareholders: angel versus venture capitalists [J] . Journal of developmental entrepreneurship, 2012, 17 (4): 1-23.

[69] KELLEY, et al. Global entrepreneurship monitor 2016/2017 report on women' s entrepreneurship [R] . The Fenway Group, 2017.

[70] KERR W R, LERNER J, SCHOAR A. The consequences of entrepreneurial finance: a regression discontinuity analysis [R] . NBER Working Paper No.w15831, 2014.

[71] KRÄMER E H, BOTASRI A, BRAULT J, et al. EIF business angels survey 2019: market sentiment, public intervention and EIF' s value added [R] . EIF Working Paper, 2019.

[72] KRÄMER E H, BOTASRI A, LANG F, et al. The market sentiment in European private equity and venture capital markets: impact of COVID-19 [R] . EIF Working Paper 2020/064, 2020.

[73] KRÄMER E H, BOTASRI A, KIEFER K, et al. EIF venture capital, private equity mid-market & business angels surveys 2020: market sentiment-

COVID-19 impact-policy measures［R］. EIF Working Paper，2021.

［74］LANDSTRÖM H. Informal investors as entrepreneurs：decision-making criteria used by informal investors in their assessment of new investment proposals［J］. Technovation，1998，18（5）：321-333.

［75］LANDSTRÖM H. Informal risk capital in Sweden and some international comparisons［J］. Journal of business venturing，1993，8（6）：525-540.

［76］LANGE J，LELEUX B，SURLEMONT B. Angel networks for the 21st century：an examination of practices of leading networks in Europe and the US［J］. The journal of private equity，2003，6（2）：18-28.

［77］LAURA H，ANGY W，MIN J L，et al. The American angel［R］. Wharton Entrepreneurship &Angel Capital Association，2017.

［78］LEFEBVRE V，CERTHOUX G，RADU-LEFEBVRE M. Sustaining trust to cross the valley of death：a retrospective study of business angels' investment and reinvestment decisions［J］. Technovation，2022，109：102159.

［79］LEONIDOU L C，CHRISTODOULIDES P，THWAITES D. External determinants and financial outcomes of an eco-friendly orientation in smaller manufacturing firms［J］. Journal of small business management，2016，54（1）：5-25.

［80］LERNER J，SCHOAR A，SOKOLINSKI S，et al. The globalization of angel investments：evidence across countries［J］. Journal of financial economics，2018，127（1）：1-20.

［81］LERNER J. "Angel" financing and public policy：an overview［J］. Journal of banking and finance，1998，22（6-8）：773-783.

［82］LEVRATTO N，TESSIER L，FONROUGE C. Business performance and angels presence：a fresh look from France 2008–2011［J］. Small business economics，2018，50（2）：339-356.

［83］LI C，SHI Y，WU C，et al. Policies of promoting entrepreneurship and angel investment：evidence from China［J］. Emerging market review，2016，

55：154-167.

［84］LI Y，JIANG S，LONG D，et al. An exploratory study of business angels in China：a research note［J］. Venture capital，2014，16（1）：69-83.

［85］LIU M T，CHANG，CHEN B P. Business angel investment in the China market［J］. Singapore management review，2007（7）：89-101.

［86］LIU M M，WANG J，CHEN S. Angel investing in China［M］. Singapore: World Scientific Publishing, 2016.

［87］LIU M M. Growing the venture dragon: China［J］. Coller venture review, 2015（2）：112-123.

［88］LOSSO J，CHIKHLADZE K，CHATZIVASILEIOU N T. EBAN 2019 statistics compendium［R］. European Business Angel Network，2020.

［89］LUMME A，MASON C，SUOMI M. The returns from informal venture capital investments：an exploratory study［J］. The journal of entrepreneurial finance，1996，5（2）：139-158.

［90］MANSO G. Motivating innovation［J］. The journal of finance，2011，66（5）：1823-1860.

［91］MARTIN R. The growth and geographical anatomy of venture capitalism in the United Kingdom［J］. Regional studies，1996（23）：389-403.

［92］MASON C M，HARRIOSN R T. Business angel networks and the development of the informal venture capital market in the UK：is there still a role for the public sector［J］. Small business economics，1997，9（2）：111-123.

［93］MASON C M，HARRISON R T. Is it Worth it? The rates of return from informal venture capital investments［J］. Journal of business venturing，2002（17）：211-236.

［94］MASON C M，HARRINSON R T. The informal venture capital market in the UK［A］. HUGHESA, STOREY D. Financing small firms［C］. London: Routledge, 1994.

［95］MASON C M, HARRISON R T. The UK clearing banks and the informal venture capital market［J］. International journal of bank marketing,

1996, 14（1）: 5-14.

［96］MASON C M. Public policy support for the informal venture capital market in Europe: a critical review［J］. International small business Journal, 2009, 27（5）: 536-556.

［97］MASON C, BOTELHO T, HARRISON R. The changing nature of angel investing: some research Implications［J］. Venture capital, 2019, 21（2-3）: 177-194.

［98］MASON C M, HARRISON R T. Business angel networks and the development of the informal venture capital market in the UK: is there still a role for the public sector?［J］. Small business economics, 1997（9）: 111-123.

［99］MASON C M, STARK M. What do investors look for in a business plan? A comparison of the investment criteria of bankers, venture capitalists and business angels［J］. International small business journal, 2004, 22（3）: 227-248.

［100］MASON C M, HARRISON R T. Closing the regional equity gap: the role of informal venture capital［J］. Small business economics, 1995（7）: 153-172.

［101］MASON C M, HARRISON R T. Venture capital, the equity gap and the north-south divide in the UK［A］. GREEN M, Venture capital: international comparisons［M］. London: Rout ledge, 1991: 202-247.

［102］MASON C, ROGERS A. The business angel' s investment decision: an exploratory analysis［A］. DEAKINS D, JENNINGS P, MASON C. Entrepreneurship in the 1990s［M］. London: Paul Chapman Publishing, 1997: 29-46.

［103］MASON C M, HARRISON R T. Stimulating investments by business angels in technology based ventures: the potential of an independent technology appraisal service［A］. OAKEY R. New technology-based firms in the 1990s［M］. London: Paul Chapman Publishing, 1998: 81-96.

［104］MATT A, LEATH A O, BRONWYN M. The UK business angel

market [R] . British Business Bank & UK Business Angels Association, 2018.

[105] MAULA M, AUTIO E, ARENIUS P. What drives micro-angel investments? [J] . Small business economics, 2005 (25): 459-475.

[106] MAXWELL A L, JEFFREY S A, LÉVESQUE M. Business angel early stage decision making [J] . Journal of business venturing, 2011, 26 (2): 212-225.

[107] MCDONALD M B, DEGENNARO R P. A review of angel investing research: analysis of data and returns in the US and abroad [J] . Studies in economics and finance, 2016, 33 (4): 716-734.

[108] MITTENESS C R, BAUCUS M S, SUDEK R. Horse vs jockey? How stage of funding process and industry experience affect the evaluations of angel investors [J] . Venture capital, 2012, 14 (4): 241-267.

[109] MITTENESS C, SUDEK R, CARDON M S. Angel investor characteristics that determine whether perceived passion leads to higher evaluations of funding potential [J] . Journal of business venturing, 2012, 27 (5): 592-606.

[110] MORRISSETTE S G. A profile of angel investors [J] . The journal of private equity, 2007, 10 (3): 52-66.

[111] MURRAY G C, LOTT J. Have venture capital firms a bias against investment in high technology companies [J] . Research policy, 1995, 24 (1): 283-299.

[112] MURRAY G. Evolution and change: an analysis of the first decade of the U.K. venture capital industry [J] . Journal of business finance and accounting, 1995 (22): 1077-1106.

[113] NGUYEN T K A, DANG T D. Policies to promote angel investment in startups in some countries in Southeast Asia [J] . VNU journal of science: policy and management studies, 2021, 37 (1) .

[114] OECD. One year of SME and entrepreneurship policy responses to COVID-19: Lessons learned to "build back better" [R]. OECD, 2021.

[115] OWEN R, MASON C. The role of government co-investment funds

in the supply of entrepreneurial finance：an assessment of the early operation of the UK Angel Co-investment Fund［J］. Environment and planning，2017，35（3）：434-456.

［116］PAUL S，WHITTAM G，JOHNSTON J B. The operation of the informal venture capital market in Scotland［J］. Venture capital，2003（5）：313-335.

［117］PAUL S，WHITTAM G. Business angel syndicates：an exploratory study of gatekeepers［J］. Venture capital，2010，12（3）：241-256.

［118］WALLACE P, CONTI R. Women angel investors［A］.MAY J, LIU M M. Angels without borders［C］. Singapore: World Scientific Publishing，2015.

［119］PEREIRO L E. Tango and cash：entrepreneurial Finance and venture capital in Argentina［J］. Venture capital，2001，3（4）：291-308.

［120］PISANO P，PIRONTI M，BERTOLDI B. Business angel and risk capital：the impact on innovation［J］. Journal of US-China Public Administration，2010，7（8）：58-72.

［121］POCZTER S，SHAPSIS M. Gender disparity in angel financing［J］. Small business economics，2018，51（1）：31-55.

［122］POLITIS D. Business angels and value added：what do we know and where do we go?［J］. Venture capital，2008，10（2）：127-147.

［123］RICHANRD S. Angel investment criteria［J］. Journal of small business strategy，2006，17（2）：89-103.

［124］RODRIGUEZ K E. Angel groups：developing a regional economic development strategy for robust seed capital ecosystems for entrepreneurs［D］. Durham: University of New Hampshire, 2016..

［125］ROMANÍ G，ATIENZA M，CAMPOS F，et al. Who wants to be an angel investor? The characteristics of the high net worth individuals in the Chilean resource periphery［J］. Academia revista latinoamericana de administración，2018, 31（1）：136-155.

［126］SAHIL R. The gender gap in startup success disappears when women fund women [J] . Harvard business review, 2016, 19.

[127] SANA A, et al. Understanding the nature and impact of the business angels in funding research and innovation: final report [R] . ZEW Expertises, ZEW-Zentrum für Europäische Wirtschaftsforschung / Center for European Economic Research, 2017.

[128] SCHEELA W, ISIDRO E S. Private equity investing in the Philippines: business angels vs venture capitalists [J] . The journal of private equity, 2008, 11 (2): 90-99.

[129] SCHEELA W, TRANG N T T, ANH N T K. Business angel investing in Vietnam: an exploratory study [J] . The journal of private equity, 2018, 21 (2): 96-106.

[130] SCHULTE K A. Efficacy of business angel tax credits, and targeted supply-side economic policy [D] . Saint Louis: Saint Louis University, 2016.

[131] SHANE S. Fool' s gold? The truth behind angel investing in America [M] . New York: Oxford University Press, 2008.

[132] SMITH D J, HARRISON R T, MASON C M. Experience, heuristics and learning: the angel investment process [J] . Frontiers of entrepreneurship research, 2010, 30 (2): 3.

[133] SOHL J. Angel investors: the impact of regret from missed opportunities [J] . Small business economics, 2022, 58 (4): 2281-2296.

[134] SOHL J. The angel market in 2020: return of the seed and start-up stage market for angels [R] . Center for Venture Research, 2021.

[135] SÖRHEIM R. Business angels as facilitators for further finance: an exploratory study [J] . Journal of small business and enterprise development, 2005, 12 (2): 178-191.

[136] SUH J W, SOHN S Y. Adaptive conjoint analysis for the vitalisation of angel investments by entrepreneurs [J] . Technology analysis and strategic management, 2016, 28 (6): 677-690.

[137] SZERB L, TERJESEN S, RAPPAI G. Seeding new ventures—

green thumbs and fertile fields：individual and environmental drivers of informal investment［J］. Venture capital，2007，9（4）：257-284.

［138］TASHIRO Y. Business angels in Japan［J］. Venture capital，1999，1（3）：259-273.

［139］MIT Entrepreneurship Center. The venture support systems project：angel investors［R］. MIT Entrepreneurship Center，2000.

［140］TRUONG Y，NAGY B G. Nascent ventures' green initiatives and angel investor judgments of legitimacy and funding［J］. Small business economics，2021，57（4）：1801-1818.

［141］TYMES E R，KRASNER O J. Informal risk capital in California［A］. HORNADAY J，TIMMONS J，VESPER K. Frontiers of entrepreneurship research［C］. Babson Park，MA：Babson College，1983.

［142］OSNABRUGGE V M，ROBINSON R J. Angel investing：matching startup funds with startup companies—the guide for entrepreneurs and individual investors［M］. New York：Jossey-Bass，2000.

［143］OSNABRUGGE V M. A comparison of business angel and venture capitalist investment procedures：an agency theory-based analysis［J］. Venture capital，2000，2（2）：91-109.

［144］DAN H V. Patents and early-stage financing：matching versus signaling［J］. Journal of small business management，2019，57（4）：1252-1279.

［145］WALKER D A. Financing the small firm［J］. Small business economics，1989（1）：285-296.

［146］WANG J，SCHEELA W. Business angels' investment strategies and organizational change in China.（2020-10-12）［2022-07-21］. https://www.chinacenter. net/2020/china_currents/19-3/business-angels-investment-strategies-and-organizational-change-in-china/.

［147］WANG J，SCHEELA W. Profiles of Chinese business angels［A］. KLONOWSKI D. Entrepreneurial finance in emerging markets: exploring tools, techniques, and innovative technologies ［C］. London: Palgrave Macmillan, 2020:213-231.

［148］WARNICK B J, MURNIEKS C Y, MCMULLEN J S, et al. Passion for entrepreneurship or passion for the product? a conjoint analysis of angel and VC decision-making［J］. Journal of business venturing, 2018, 33（3）: 315-332.

［149］WETZEL W E. Angels and informal risk capital［J］. Sloan management review, 1983, 24（4）: 23-34.

［150］WETZEL W E. Venture capital［A］. BYGRAVE W D. The portable MBA in entrepreneurship［M］. New York: Wiley, 1994: 172-194.

［151］WILSON K E. Financing high-growth firms: the role of angel investors［R］. OECD, 2011.

［152］WILSON K E. Policy lessons from financing innovative firms［R］. Paris: OECD Publishing, 2015.

［153］WILTBANK R, BOEKER W. Returns to angel investors in groups［R］. Kansas City, KS: Kauffman Foundation, 2007.

［154］WILTBANK R, READ S, DEW N, et al. Prediction and control under uncertainty: outcomes in angel investing［J］. Journal of business venturing, 2009, 24（2）: 116-133

［155］WILTBANK R. Investment practices and outcomes of informal venture investors［J］. Venture capital, 2005, 7（4）: 343-357.

［156］EBAN. Women &European early stage investing［R］. EBAN White Paper, 2010.

［157］Women in Business. A report on statistical information about women-owned businesses［R］. US Small Business Administration' s Office of Advocacy, 1998.

［158］WOOD M S, LONG A, ARTZ K. Angel investor network pitch meetings: the pull and push of peer opinion［J］. Business horizons, 2020, 63（4）: 507-518.

［159］XIAO L. Financing high-tech SMEs in China［D］. London: Middlesex

University, 2007.

［160］XIAO L，NORTH D. Institutional transition and the financing of high-tech SMEs in China：a longitudinal perspective［J］. Venture capital，2012，14：269-287.

［161］XIAO L，RITCHIE B. Informal investor investing and networks in China：an exploratory study［J］. Journal of private equity，2011，14（3）：72-85.

［162］XIAO L，ANDERSON A. The evolution of Chinese angels：social ties and institutional development［J］. British journal of management，2022，33：69-87.

［163］ZEILBECK S. An investment initiative for fiscally constrained EU member states: the role of synergetic financial instruments［J］. Journal of economics bibliography，2016，3（3）：380-408.

［164］OECD. OECD SME and entrepreneurship outlook 2021［R］. Paris: OECD Publishing, 2021.

［165］ZHOU L J，ZHANG X Y，SHA Y Z. The role of angel investment for technology-based SMEs：evidence from China［J］. Pacific-Basin finance journal，2021，67.

［166］KNYPHAUSEN-AUFSESS D Z，WESTPHAL R. Do business angel networks deliver value to business angels?［J］. Venture capital，2008，10（2）：149-169.

［167］有过创业经历的天使投资人更懂创业者［J］. 中国战略新兴产业，2017（19）：58-59.

［168］曾铮，梁俊. 谨防全球疫情及其政策应对的尾部效应对我国市场的外溢冲击［J］. 中国发展观察，2021（8）：65-69.

［169］陈见丽. 风险投资能促进高新技术企业的技术创新吗？——基于中国创业板上市公司的经验证据［J］. 经济管理，2011，33（2）：71-77.

［170］陈思，何文龙，张然. 风险投资与企业创新：影响和潜在机制［J］. 管理世界，2017（1）：158-169.

［171］陈燕娟．天使投资领域税收优惠政策初探［J］．时代金融，2016（9）：167，169．

［172］陈远燕，李雨乔，张剀．英国天使投资税收激励政策及对我国的启示［J］．税务与经济，2017（5）：100-105．

［173］程其健．美国天使投资的组织化［J］．中国经贸，2009（18）：140．

［174］邓超，郑元婷，王昌东．政府促进天使投资发展的国际比较及启示［J］．经济问题探索，2010（1）：129-133．

［175］邓宁．天使投资对创业企业成长影响研究［D］．合肥：合肥工业大学，2019．

［176］丁元欣．国家创业风险投资和天使投资税收政策落实情况及对策建议——基于合芜蚌国家自主创新示范区调查研究［J］．安徽科技，2018（9）：25-26．

［177］范大良，戴文静．天使投资组织化的动因分析及其表现形态［J］．科技创业月刊，2010，23（2）：34-36．

［178］范大良，廖蔚．加快我国天使投资组织化发展的对策［J］．中国财政，2009（22）：64-65．

［179］苟燕楠，董静．风险投资背景对企业技术创新的影响研究［J］．科研管理，2014，35（2）：35-42．

［180］苟燕楠，董静．风险投资进入时机对企业技术创新的影响研究［J］．中国软科学，2013（3）：132-140．

［181］金永红，蒋宇思，奚玉芹．风险投资参与、创新投入与企业价值增值［J］．科研管理，2016，37（9）：59-67．

［182］李华，王鹏．"天使投资"在OECD国家的运作——兼论"天使投资"在我国的发展前景［J］．世界经济研究，2003（4）：51-56．

［183］李胜楠，杨安琪，牛建波．战略风险投资能促进企业上市后的创新吗？［J］．财经问题研究，2021（3）：49-59．

［184］李严，罗国锋，马世美．风险投资机构人力资本与投资策略的实证研究［J］．管理科学，2012，25（3）：45-55．

［185］李洋．疫情下俄罗斯的纾困政策及潜在政治风险［J］．和平与发

展，2021（2）：34-50，135.

［186］李姚矿，张慧玲，凌丽. 天使众筹联合投资网络结构及动态演变的探索性研究［J］. 科技进步与对策，2021，38（16）：21-28.

［187］李姚矿，汤汇道，龙丹. 天使投资研究述评［J］. 学术界，2011（7）：221-233，291.

［188］李曜，张子炜. 私募股权、天使资本对创业板市场IPO抑价的不同影响［J］. 财经研究，2011，37（8）：113-124，134.

［189］刘阿祺，马旭飞. 天使投资3.0：创新驱动与生态构建［J］. 清华管理评论，2021（6）：6-13.

［190］刘博，司惠婷，王宏昌.天使投资视角下科技型小微企业融资机制构建——以安徽省初创期小微企业为例［J］. 佛山科学技术学院学报（社会科学版），2017，35（1）：52-57.

［191］刘督，万迪昉，庄梦周，等. 天使投资改善了中小企业创新活动吗？［J］.科学学与科学技术管理，2016，37（5）：96-104.

［192］刘健钧. 发展天使投资需澄清的八个问题［J］. 证券市场导报，2017（4）：4-11.

［193］刘军，黄解宇，曹利军.金融集聚影响实体经济机制研究［J］. 管理世界，2007（4）：152-153.

［194］刘曼红，王佳妮，陈苏.天使投资学［M］北京：对外经济贸易大学出版社，2018.

［195］刘曼红，王佳妮. 中国天使投资：理论、方法与实践［M］. 北京：中国发展出版社，2015.

［196］刘曼红. 创业投资圣经：天使投资理论与实践［M］. 北京：经济管理出版社，2009.

［197］刘倩倩. 创业投资特征对农业初创企业创新产出的影响研究［D］. 咸阳：西北农林科技大学，2020.

［198］陆瑶，张叶青，贾睿，等. “辛迪加”风险投资与企业创新［J］. 金融研究，2017（6）：159-175.

［199］黎精明，曹方琪.湖北省天使投资供求状况分析［J］. 财会月刊，

2018（10）：162-168.

［200］买忆媛，李江涛，熊婵．风险投资与天使投资对创业企业创新活动的影响［J］．研究与发展管理，2012，24（2）：79-84.

［201］支持女性创业根本方法就是培养更多女性投资人［EB/OL］．（2017-09-26）［2022-07-07］．https：//www.womenvoice.cn/html/report/17091699-1.htm.

［202］倪宁，魏峰．创业项目阐释与天使投资意向研究［J］．中国软科学，2015（12）：164-175.

［203］牛华伟，顾铭．基于道德风险的天使投资最优融资合约研究［J］．科研管理，2020，41（3）：110-118.

［204］裴秋亚，王峥．欧洲发展天使投资网络的经验与启示［J］．科技管理研究，2019，39（12）：96-102.

［205］沙恩．傻瓜的金子：美国天使投资背后的真相［M］．胥国红，滕雄，祝捷，译．上海：东方出版中心，2009.

［206］申珏．国内外应对疫情的经济政策有何不同？［J］．中国外资，2021（15）：24-26.

［207］沈睿，郑玮，路江涌，等．创始团队职业背景对天使投资意向的影响［J］．管理评论，2020，32（8）：76-90.

［208］邵坤．探索中国天使投资模式［J］．资本市场，2012（3）：104-105.

［209］谈毅，杨晔，孙革．中国天使投资市场规模、特征与发展［J］．中国科技论坛，2015（9）：115-120.

［210］王佳妮，李阳，刘曼红．中国天使投资发展趋势与对策研究［J］．科研管理，2015，36（10）：161-168.

［211］王佳妮，刘曼红．天使投资的行为、组织与政策研究综述［J］．经济问题探索，2014（11）：168-177.

［212］王佳妮．中国天使投资组织调查研究［J］．科技创业月刊，2020，33（3）：56-61.

［213］王佳妮，陈晗．女性天使投资人发展及行为特征研究［J］．科技创

业月刊，2020，33（4）：1-7.

［214］温军，冯根福. 风险投资与企业创新："增值"与"攫取"的权衡视角［J］. 经济研究，2018，53（2）：185-199.

［215］肖明，李格，郭颖. 中国创业板市场泡沫的动态演化［J］. 管理科学，2020，33（5）：153-165.

［216］熊文，周莉. 中国天使投资的圈层结构与空间溢出分析［J］. 地理科学，2017，37（8）：1186-1193.

［217］徐昊.论中国天使投资发展的限制因素与策略［J］.商业文化（下半月），2011（11）：138.

［218］徐振浩，张化尧，倪云蕾."新商科"建设背景下MBA创新创业教育对创业意愿的影响机制研究——基于创业自我效能的中介作用［J］. 高等工程教育研究，2020（6）：123-128.

［219］杨德伟. 股权结构影响企业技术创新的实证研究——基于我国中小板上市公司的分析［J］. 财政研究，2011（8）：56-60.

［220］杨绪可，邬艳杰，熊文. 京津冀天使投资空间溢出动态演化［J］. 地域研究与开发，2018，37（5）：13-18.

［221］张学勇，张叶青. 风险投资、创新能力与公司 IPO 的市场表现［J］. 经济研究，2016，51（10）：112-125.

［222］赵柯，李刚. 新冠肺炎疫情冲击下西方国家经济救助政策新取向［J］. 当代世界与社会主义，2021（3）：135-142.

［223］郑尧丽，陈劲，周盈盈. 国外留学经历与大学工科生创造力的关系研究［J］. 高等工程教育研究，2013（1）：122-126，138.

附　录

附录1　中国天使投资组织名录（不完全统计）

笔者与中国投资协会股权和创业投资专业委员会中国天使投资人联合编写了《2018年中国天使投资平台组织发展报告》，通过公开信息和问卷调查收集天使投资平台组织信息，笔者在原始资料的基础上进行更新和汇总。截止时间为2021年9月，共收录58家平台信息（按成立时间排序）。

名称	成立时间	地区	简介
深圳天使投资人俱乐部	2007年10月	深圳	深圳天使投资人俱乐部是由深圳及周边城市从事天使投资的个人及机构自发组织的非营利性社会平台，隶属于深圳市私募基金会。其宗旨是发展天使投资事业，促进天使投资人的交流与合作，为天使投资人与初创项目搭建对接的桥梁，拓宽中小企业融资渠道，全方位整合资源，推动初创项目和中小企业的健康发展
上海天使投资俱乐部	2008年11月	上海	上海天使投资俱乐部于2008年11月成立，由科学技术部火炬高技术产业开发中心出任指导单位，中国技术创业协会、上海市创业投资行业协会和上海市大学生科技创业基金会共同发起，旨在聚集全国天使投资人，提升天使投资专业水平，进一步完善社会创业投融资环境。上海天使投资俱乐部诚邀热衷于天使投资事业的社会各界人士参与
香港天使投资脉络	2010年	香港	香港天使投资脉络成立于2010年，并注册为非营利团体。其宗旨是在香港建立一个充满活力的天使投资社群及协助面对融资困难的初创企业寻找天使投资人。其投资配对平台可让初创企业直接跟天使投资人会面并推介业务，以提高成功融资的机会
河南天使投资俱乐部	2010年6月	郑州	河南天使投资俱乐部是由河南省青年联合会、河南省青年创业就业基金会、河南省投资担保行业联盟、河南省豫商联合会和河南省青年创业就业协会共同发起成立的公益性平台，旨在改善河南乃至全国的天使投资氛围，丰富理财渠道，进一步完善社会创业投融资环境

续表

名称	成立时间	地区	简介
复旦大学管理学院校友创投俱乐部	2012年	上海	复旦大学管理学院校友创投俱乐部成立于2012年，是在复旦大学管理学院校友中心支持下、在创投俱乐部理事会指导下的以复旦大学管理学院创业者和投资人群体为主的校友平台。目前拥有一个服务平台，两类投资群体和三种品牌活动，会员有500多名。该俱乐部实行理事会指导下的工作组制度，工作组负责俱乐部实际运营
草根天使会	2012年6月	深圳	草根天使会成立于2012年6月，是由草根创业与早期投资领域的拓展者、知名新锐天使投资人陈维伟联合数十位天使投资人、企业家、行业精英等人士自发组成的天使投资公益平台。草根天使会旨在倡导多样化、规范化的天使投资，搭建一个高效率、高品质、与众不同的大众化投融资平台，并联合社会各界，致力于改善创业环境，努力打造“创业融资平易化、项目资本对等化、创投知识普及化”的良好生态氛围，以实现创业和资本的共赢
广东天使会	2012年6月	广州	广东天使会是由著名天使投资人孙政权、何巨、郑贵辉、赵春雷等人于2012年6月发起成立的民间非正式平台，其各类对外运作由下属的广东好天使文化传播有限公司负责实施。2015年正式进行公司化运营，旗下有孵化和基金投资体系
北京大学汇丰商学院天使投资委员会	2012年8月	深圳	北京大学汇丰商学院天使投资委员会是由北京大学汇丰商学院的企业家学员和对早期创业企业有投资兴趣的投资人发起成立并经过北京大学汇丰商学院同学会正式授牌的开放性平台。理事会及顾问委员会由国内外的天使投资人和企业家组成。该天使投资会的愿景是成为中国最有影响的天使投融资交流平台
中关村百人会天使投资联盟	2013年	北京	中关村百人会天使投资联盟是国内第一家经民政部门登记注册的天使投资联盟类机构。发起人主要为中关村第一代企业家或者中欧商学院、长江商学院、北大和清华EMBA精英，以1960—1975年出生的天使投资人为主体。现拥有300多位优秀天使投资人，会员跨越十多个热门行业。其实行合投模式，为创业者提供“创业导师团”式强大帮助

续表

名称	成立时间	地区	简介
中国天使联合会	2013年1月	北京	中国天使联合会（原中国青年天使会）于2013年1月5日在北京成立，是由真格基金创始人徐小平、连环成功创业者乐搏资本合伙人杨宁、《创业家》杂志社创始人牛文文、创业工场创始人麦刚、万嘉资本创始人张巍、浙商创投执行总裁刘冬秋联合业内数十名天使投资人发起成立的一个开放共赢的天使投资联盟，致力于打造中国最具影响力的天使平台
江苏省天使投资联盟	2013年2月	南京	江苏省天使投资联盟旨在建立有利于天使投资发展的互动平台，促进投资机构与科技创业者实现资本和技术有效对接，同时营造良好的氛围，在全社会推广天使投资理念，培育天使投资人群体，激发科技人员创业热情
中关村天使投资协会	2013年7月	北京	中关村天使投资协会是北京市民政局批准成立、以中关村为核心区域并覆盖全国的一个专注于天使投资的行业协会（批准文号：社证字第0011766号），于2013年7月14日在北京市民政局注册登记。该协会由清华科技园启迪天使、联想之星、银杏天使、华创盛景、富汇天使和北航科技园等机构共同发起设立，吸引了一批早期创业投资的创业投资机构、天使投资人、创业者和活跃在天使与早期项目投资领域的相关企业以及具备条件的专家、学者和相关从业精英
浙江省天使投资专业委员会	2014年6月	杭州	浙江省天使投资专业委员会是浙江省创业投资协会的分支机构。其是由杭州市创业投资服务中心、梦工场传媒有限公司、浙江天使湾创业投资有限公司、浙江蓝源投资管理有限公司、杭州乾盈投资管理有限公司等和部分天使投资人于2014年6月自愿发起设立的专业性自律型平台，是经浙江省民间平台管理局备案的地方性非营利社会团体，目前有团体会员68家，个人会员86人

续表

名称	成立时间	地区	简介
泰达“天使之翼”投资人俱乐部	2014年9月	天津	泰达“天使之翼”投资人俱乐部由泰达科技集团、天津泰达科技投资股份有限公司、滨海引导基金、联想之星共同发起成立，意在打造全链条、多维度的天使创业投融资服务平台，以滨海新区等为核心，辐射全国优质项目。其秉承“合作、共赢、开放”的理念与文化，赢得众多天使投资机构及天使投资人的欢迎及认同，自2014年9月正式挂牌以来，审核入会的创始会员已40余人。作为俱乐部的五大品牌活动，“天使训练营”“投融资对接”“投融资创业导师高端孵化”“微天使同盟会”及“创业大赛”得到了企业家及投资机构的热烈响应
蚂蚁天使股权众筹平台	2014年10月	上海	蚂蚁天使股权众筹平台是专注于创新项目种子轮的互联网股权融资平台，成立于2014年10月，截至2017年9月已完成52个项目5019万元的融资。平台注册认证投资人2200位，其中投资过项目的投资人500多位。其在互联网股权融资平台中独树一帜，在创新项目种子阶段融资中处于领先水平。平台多个项目获得青松基金、戈壁创投、丰厚资本、如山创投等机构投资
宁波市天使投资俱乐部	2015年1月	宁波	宁波市天使投资俱乐部是一家以打造“投资人和创业者集聚的港湾、天使资本常态化对接的舞台”为宗旨的非营利性机构。该俱乐部汇集了大量优质初创项目，以及活跃投资机构和投资人，开展“使乐汇”路演对接活动，搭建天使众投新平台，开展天使风暴、天使投资专业培训、经验分享会等各类培训辅导活动，助力创业企业，激活投资热情。截至2017年11月，该俱乐部已帮助126家企业成功对接社会资本超67217万元，促成了项目与资本的高效对接
天使茶馆	2015年1月	北京	天使茶馆由国内资深、活跃的早期投资机构和天使投资人发起成立，依托中关村政府资源和地理优势，联合中国青年天使会（现为中国天使联合会）、中关村天使投资协会、中关村百人会天使投资联盟、中关村创业投资和股权投资基金协会等资源，专注服务于创业投资领域前沿的天使投资人和有意参与天使投资的高净值人群，致力于打造中国最为领先的天使投资人综合服务平台

续表

名称	成立时间	地区	简介
云南天使投资会	2015年3月	昆明	云南天使投资会是由云南省科学技术院、云南实力控股集团、昆明大理商会企业家、昆明鹤庆商会企业家、长江商学院云南校友会企业家、云南创客科技投资有限公司发起的民间非正式平台，目标是聚集资源、机构化运作降低个人天使投资风险、以项目为纽带形成类同价值观的人脉圈，组建早期基金、新三板基金、面向科技型中小企业为主的政府引导基金
溪山天使会	2015年6月	北京	溪山天使会由溪山读书会多位资深同学联合发起和组建，宗旨是“合投众推，互助创业”，旨在聚合和调动溪山读书会资源，支持并推动溪山读书会同学中一切“让世界变得更加美好”的创业梦想启航
高校天使投资联盟	2015年6月	成都	该联盟旨在促使以四川为主的西部地区高校科研人员和青年大学生创业创办的项目能够更有效率与资金对接，促进高校科研人员和青年大学生的创业项目实现更好更快发展
创途天使会	2015年9月	西安	创途天使会致力于促进区域天使投资事业规范、健康发展，倡导合投共赢的理念，吸引更多的投资人参与天使投资事业，为区域天使投资人群体提供更好的交流、促进、互助平台
海天会	2015年10月	上海	海天会以“汇海内天使，聚天下精英”为宗旨，是一个汇聚天使投资人群和资源、联合社会创新创业人群的社群平台，也是一个集纳国际天使投资经验，充分提升长三角在全国乃至全球天使投资圈社会价值，推动中国天使投资事业发展的平台
长江天使汇	2015年10月	武汉	长江天使汇用企业化管理方式、互联网的思维模式并采用众筹等手段来运营，免费入会。其邀请全球及国内知名投资人来武汉，为武汉有兴趣进行创投的人士进行培训，普及前沿的投资资讯，提高投资人的水平。此外，其通过不同的路演形式，进行案例教育，为创投人士增强创投实战能力

续表

名称	成立时间	地区	简介
精一天使公社	2015年10月	北京	精一天使公社是由著名天使投资人李汉生发起设立的个人天使投资服务社群。其开发了一套以“精一十字诀”为核心的投资方法论，为新天使投资人量身打造天使投资课程，构建了以“新创业、新投资”为理念的11352陪跑方法论，努力培养更多的倍增天使，并长期开展一系列促进天使投资人不断成长，促进会员间项目交流、合作投资及资源互助的多层次社员活动。精一天使公社以“让个人天使更强大”为使命，以“诚信利他、共创共赢”为价值观，致力于唤醒和连接更多的“个人天使”，投资和孵化更多的早期（种子期）创业项目，助力完善中国创投新生态
中关村元和天使投资产业研究会	2015年11月2日	北京	中关村元和天使投资产业研究会由中关村民营科技企业家协会，国内专业天使投资人、天使投资机构，相关专业机构和行业专家共同发起，并于2015年11月2日由北京市民政局批准成立（统一社会信用代码：51110000358994708T）。该研究会在“大众创业、万众创新”的时代大潮中应运而生，依托于改革开放以来中关村地区集合的强大企业家群体，以全国最佳创业投资中心中关村为起点，研究、探索天使投资自身的行业诉求，以及天使投资人的专业化发展，建设并完善中国天使投资行业的生态，从而为“双创”事业贡献力量
中关村合众天使投资联盟	2015年11月6日	北京	中关村合众天使投资联盟由国内知名天使投资机构、创业投资机构、担保机构、创业服务机构等共同发起成立，并于2015年11月6日在北京市民政局注册登记。该联盟发起机构和个人会员超过200家。该联盟希望能推动天使投资行业自律，不断完善天使投资信用体系建设，沿天使投资产业链的各个环节进行资源整合，推动有影响力的机构为天使投资各环节服务，让合作更顺畅和高效。其将中关村天使投资的成功模式以及产业成果辐射京津冀地区，进而带动全国，形成联动。通过有实效的服务产品为行业服务，从多个维度真正推动天使投资行业生态健康蓬勃发展

续表

名称	成立时间	地区	简介
金陵天使会	2016年	南京	金陵天使会是由南京六翼投资管理股份有限公司、南京拉尔夫投资管理有限公司（现为南京拉夫尔创业投资有限公司）、南京昌麟资产管理有限公司、南京青葵投资中心（有限合伙）、南京南工劝业公社孵化器管理有限公司等南京地区一批早期投资机构发起成立的民间社团平台。该平台近几年立足于南京市，辐射华东地区，积极发现并扶持优秀的初创期企业和创业项目发展，提供多元化的融资渠道
麒麟会	2016年	杭州	麒麟会是由一批活跃在杭州、上海、北京等城市的天使投资人、创业投资人联合国内知名的企业家、优秀的创业者、中介机构等共同发起成立的，旨在进行专业化天使投资的非营利性合作平台
零点天使投资俱乐部	2016年3月	苏州	零点天使投资俱乐部是由苏州市众创空间协会牵头设立的天使投资俱乐部，团结知名投资机构，建立天使投资交流与合作平台，为天使投资人与创业者搭建对接桥梁，通过平台天使投资培训，行业论坛峰会、创业项目辅导、投融资对接等活动，加强投资人与创业者之间相互交流，实现项目和资本的共赢
重庆天使会	2016年3月	重庆	重庆天使会是由重庆科技金融集团有限公司指导，20多家专业投资机构联合打造的重庆首个专业天使投资人联盟。其使命是培养壮大重庆本地天使投资人队伍，并获得投资全国优秀项目的机会。其聚合了遍布全国的20多家专业投资机构的项目资源，每月邀约优秀的项目来重庆路演，分享给重庆本地投资人会员。其每月举办一次大咖讲坛，邀约全国顶级投资人来重庆分享投资经验，加速本地投资人成长
福建天使投资人联盟	2016年4月	福州	福建天使投资人联盟是福建省首家天使投资人专业服务社群机构，专注于投资人转型服务和创新金融产品的孵化，下设投资学院、赛道研究院、投资家俱乐部、汇创＆精一天使公社、共创基金等，汇聚资本力量，助力创新创业，打造创业与投资生态体系。自2016年4月成立以来，其通过积极开展各项工作和活动，在福建省区域内培养了108位天使投资人，分别来自世界500强企业高管、投资机构以及二代高净值人群

续表

名称	成立时间	地区	简介
浙商天使投资俱乐部	2016年5月	上海	2016年5月27日下午，股权投资新时代暨浙商天使投资俱乐部成立仪式在陆家嘴隆重举行。上海浦东国际金融学会作为学术指导单位参与本次活动
苏州天使投资人学院	2016年6月	苏州	苏州天使投资人学院在本地政府相关部门的指导下，由苏州各领域龙头企业共同发起成立，汇聚一批拥有丰富资源和经验的专业天使投资人，提供属于苏州早期投资市场相互交流、共同投资的平台
云彩天使会	2016年6月	苏州	云彩天使会由苏州工业园区云计算产业联盟协会与中国创新交易所筹备成立，是一个汇聚全国各地知名投资机构以及民间天使投资人的、专注推动天使投资事业发展的专业交流平台
中国天使投资联席会	2016年6月	北京	中国天使投资联席会由中国证券投资基金业协会发起设立，接受中国基金业协会天使投资专业委员会的业务指导。首批正式成员46名，倪正东担任首任秘书长，中国基金业协会委派贾红波担任首任荣誉秘书长。中国天使投资联席会汇聚中国知名天使投资人，搭建集沟通交流、合作共享和宣传引导于一体的平台，促进天使投资信息沟通、资金项目对接和政策衔接，推动中国天使投资发展
西安亚同天使投资俱乐部	2016年8月	西安	西安亚同天使投资俱乐部是陕西较大的天使俱乐部之一，主要的活动有项目路演、投资沙龙和企业游学，致力于帮助陕西高科技创新企业快速成长
微天使投资俱乐部	2016年9月	杭州	微天使乐投平台旗下微天使投资俱乐部是一个企投家社群、专业有限合伙人成长平台。微天使投资俱乐部主要面向有志于成为天使投资人的企业家、上市公司高管等高净值群体，将开展微天使成长营、合投等专业企投家服务业务
成都天使投资协会	2016年11月	成都	根据成都“创业天府2.0”行动计划中提出的“成立天使投资人协会，培育和壮大本土天使投资人规模”的要求，成都天使投资协会成立，该协会由成都生产力促进中心联合社会机构，包括高校院所、创新创业载体、投资机构等发起成立，致力于早期的创新创业投资。成立初期，该协会有54个机构会员，其中理事单位27个，常务理事单位9个，协会机构会员管理社会资本共计超过100亿元

续表

名称	成立时间	地区	简介
九盈天使汇	2016年12月	济南	九盈天使汇汇聚山东地区的天使投资人和企投家，致力于通过社群的方式对接各种资源，孵化创业项目，提高创业项目融资成功率
BAT天使投资学院	2017年	杭州	BAT天使投资学院依托强大的政府关系和BAT俱乐部丰富的投资和创业资源，联合浙江大学、海归以及传统企业家，专注于服务和培养优秀的专业天使投资人，致力于打造中国最领先的天使投资人综合服务平台
蜀山天使会	2017年3月	成都	蜀山天使会坐标成都，服务西南地区。蜀山天使会立志培养更多孵化型天使投资人，在帮助西南地区个人天使学习、成长、交流、融合、收获的同时，为创业者提供梳理打磨商业模式、融资等服务，共建良好创投生态。蜀山天使会拥有30多位天使投资人，直接服务100多个项目，拥有“三个帮投资人见面会”“精一TALK”“BP打磨营”“蜀山英雄会”“天使之声”“寻狼猎穴”等系列活动，通过不同方面、不同维度帮助投资人及创业者成长
云创帮天使会	2017年3月	大连	云创帮天使会是致力于精益创投，并通过“精一新天使集训营”训练，贯彻推行精益创投实战体系的个人天使投资人的圈子社群机构。云创帮天使会是一个创新的基于智慧云服务的O2O（线上到线下）模式的专业沙龙平台，由线上云平台及线下实体会所构成会员专享活动平台
3F天使投资人俱乐部	2017年3月	杭州	3F天使投资人俱乐部是3F创咖旗下投资俱乐部，由杭州知名天使投资人发起，旨在打造城市中产阶级私密社群。其以3F创咖为载体，秉承分享、合作、共赢的理念，与国内诸多创投机构、艺术品投资公司、银行、基金管理公司结成战略伙伴关系，汇聚各方资源，搭建投资交流平台
乐贝创投公社	2017年5月	昆明	乐贝创投公社是云南首家专业从事天使投资和创业指导的创投机构，致力于打造一个新创业者和新投资人的共建生态圈。乐贝创投公社以精益创业为方法论，以合弄制为平台模式，立志培育1000名本土天使投资人，帮助10000名创业者，打造云南创投新生态，共同受益万亿股权财富时代

续表

名称	成立时间	地区	简介
辽宁星火天使投资联盟	2017年5月	辽宁	辽宁星火天使投资联盟成立于2017年，致力于用科学的方法孵化项目，对接天使投资人和创业者。没有强大的个人，只有强大的平台，星星之火，可以燎原
台湾识富天使会	2017年9月	台湾	台湾识富天使会由台湾数十位不同领域天使投资人组成，于2017年9月成立，以投资两岸的种子期、天使期项目为主
草原天使VC俱乐部	2017年11月	包头	草原天使VC俱乐部是内蒙古天使投资人学习和成长的私密活动社群，通过开展天使投资学习交流、深度孵化和投融活动，汇聚有股权投资意愿的天使投资人，一起挖掘和孵化有成长性的企业和项目，共同发现价值、创造价值、共享价值
“金天使”科创投资人联盟	2017年11月	长沙	11月25日，湖南首个天使投资联盟——“金天使”科创投资人联盟在长沙启动。该联盟旨在汇聚省内外天使投资人，按照资源共享、风险共担、行业自律的投资原则，为省内创业投资种子期、初创期的科技创新型企业提供专业化、精准式投融资服务。“金天使”科创投资人联盟秉持“开放、包容”的理念，汇聚更多的天使投资机构和个人，联合各类专业服务机构，逐步打造天使投资服务生态圈，通过专业培训、双创训练营、项目路演等多种形式，扶持科技型中小微企业跨过“创业死亡谷”，加快科技成果落地转化和高科技产业发展，为“大众创业、万众创新”添砖加瓦
丝路天使投资人联盟	2017年12月	西安	丝路天使投资人联盟是陕西省内主要面向个人天使投资人的社群，致力于促进投资交流、投资培训、项目合投、项目孵化等，发挥个人天使投资人力量，通过社群让个人天使投资人更强大

续表

名称	成立时间	地区	简介
南京大学商学院校友天使投资俱乐部	2017年12月	南京	该俱乐部是由南京大学商学院从事天使投资和爱好天使投资的校友自愿发起成立的非营利性平台。宗旨是发现并扶持优秀的创业企业或创业项目，提高会员的投资能力，促进行业健康发展，带动地区经济发展。该俱乐部秘书处目前设有综合管理中心、项目管理中心、天使投资研究中心、宣传中心、外联合作中心5个部门，已设立南京、苏州2个城市活动中心，上海、常州等活动中心正在筹建之中。该俱乐部自成立以来，通过积极开展各项工作与活动，已发展了超过50名理事、300多位会员，服务于活跃在长三角的天使投资人，致力于打造长三角天使投资资源与服务共享的开放平台
中国天使投资人联盟	2018年1月	北京	中国天使投资人联盟是在中国投资协会创业投资专业委员会指导下，由全国部分地区天使投资组织联合发起成立的全国性行业公益组织。该联盟自成立以来，通过积极开展各项工作与活动，已经拥有26家天使投资协会（俱乐部）成员单位，覆盖全国60多个城市，近7000位天使投资人
齐鲁天使汇	2018年12月	青岛	齐鲁天使汇成立于2018年12月初，有34名天使投资人会员，由青岛致远方略创业服务有限公司运营。青岛致远方略创业服务有限公司由国内外知名天使投资人、企业家和创业领域专家联合发起成立，致力于在“大众创业、万众创新”国家战略下，为政府相关部门和企业提供创业园区规划设计、运营管理、创业赛事策划平台和创业训练营等创业服务，同时，公司拥有自己的天使基金，会对优秀的创业项目进行天使投资。公司作为3W集团旗下3W鹰学院山东地区的合作伙伴，率先引进3W鹰学院高端创业训练营
米库天使投资俱乐部	2019年7月	沈阳	米库天使投资俱乐部于2019年由米库创服联合国内知名天使投资机构、天使投资人正式发起成立，致力于发展天使投资事业，激活本土天使投资领域新动能，促进天使投资人的交流与合作，为天使投资人与初创项目搭建对接的桥梁，拓宽中小企业融资渠道，全方位整合资源，以推动初创项目和中小企业的健康发展为宗旨，致力于寻找最具发展潜力的投资人，打造国内最专业的天使投资人成长俱乐部

续表

名称	成立时间	地区	简介
深港澳天使投资人联盟	2019年12月	深圳	深港澳天使投资人联盟由深圳天使母基金联合32家子基金于2019年12月11日发起成立，有150家会员单位，包括深圳、香港、澳门三地的投资机构、科研院所、科技成果转化机构、产业龙头企业和投资服务企业。该联盟致力于建立“创业载体+赋能加速+创投加持”的立体孵化生态，集聚创投机构、中介服务机构、科研院所等资源，打造开放共赢的平台
南京市级科技创新基金天使投资联盟	2020年6月	南京	为进一步提升南京市科创基金影响力，集聚各类资源支持科技创新创业，引导科创基金子基金集群投资南京，推动各类金融机构形成联动机制支持南京创新名城建设，特发起成立南京市级科技创新基金天使投资联盟。该联盟由南京市科技创投基金管理委员会办公室牵头、南京市创新投资集团有限责任公司发起设立，联合合作天使子基金、金融机构、中介服务机构等自愿组成。该联盟围绕创新名城建设，加强上下联动和资源共享，组织开展专业论坛与培训、融资路演等活动，促进信息共享与会员合作
中部天使投资联盟	2021年6月	武汉	中部天使投资联盟由湖北省创业投资引导基金管理中心、湖北省证券投资基金业协会、湖北省创业投资同业公会、江西省投资基金业协会、湖南省股权投资协会等鄂、湘、赣三省相关创投机构、行业协会等共同发起成立。中部天使投资联盟以集成政府引导基金、市场化母基金与天使投资资源为主线，以建设并完善中部地区创业生态环境，调动社会资源服务创新创业企业为目的，采取政府引导、母基金参与、市场化运作的方式，通过政策研究、平台交流、顾问服务等手段，有效促进天使投资业内人士交流、研究。该联盟围绕资讯互享、项目对接、行业研究、论坛沙龙、培训活动、创业服务六个方面服务联盟成员单位，推动行业持续协调发展，促进科技成果转化与企业技术进步，促进科技、教育与经济协调发展，充分激活技术、人才和资本等科技创新要素的市场活力，为中部地区高质量发展做出积极贡献

续表

名称	成立时间	地区	简介
河南省暨郑州市天使投资协会（筹）	2021年7月	郑州	2021年7月，河南省暨郑州市天使投资协会筹备会启动，成立天使投资协会旨在共享全球天使投资行业创新的成果，优化我国的“双创”环境，让创业者创大业、创伟业，发展中国特色的天使投资事业，支持下一个独角兽企业

附录2　几个重要政策

附录2-1 《国务院关于促进创业投资持续健康发展的若干意见》（国发〔2016〕53号）

各省、自治区、直辖市人民政府，国务院各部委、各直属机构：

创业投资是实现技术、资本、人才、管理等创新要素与创业企业有效结合的投融资方式，是推动大众创业、万众创新的重要资本力量，是促进科技创新成果转化的助推器，是落实新发展理念、实施创新驱动发展战略、推进供给侧结构性改革、培育发展新动能和稳增长、扩就业的重要举措。近年来，我国创业投资快速发展，不仅拓宽了创业企业投融资渠道、促进了经济结构调整和产业转型升级，增强了经济发展新动能，也提高了直接融资比重、拉动了民间投资服务实体经济，激发了创业创新、促进了就业增长。但同时也面临着法律法规和政策环境不完善、监管体制和行业信用体系建设滞后等问题，存在一些投资“泡沫化”现象以及非法集资风险隐患。按照党中央、国务院的决策部署，为进一步促进创业投资持续健康发展，现提出以下意见。

一、总体要求

创业投资是指向处于创建或重建过程中的未上市成长性创业企业进行股权投资，以期所投资创业企业发育成熟或相对成熟后，主要通过股权转让获取资本增值收益的投资方式。天使投资是指除被投资企业职员及其家庭成员和直系亲属以外的个人以其自有资金直接开展的创业投资活动。发展包括天使投资在内的各类创业投资，应坚持以下总体要求：

（一）指导思想。

牢固树立和贯彻落实创新、协调、绿色、开放、共享的发展理念，着力推进供给侧结构性改革，深入实施创新驱动发展战略，大力推进大众创业、万众创新，使市场在资源配置中起决定性作用和更好发挥政府作用，进一步深化简政放权、放管结合、优化服务改革，不断完善体制机制，健全政策措施，加强统筹协调和事中事后监管，构建促进创业投资发展的制度环境、市场环境和生态环境，加快形成有利于创业投资发展的良好氛围和“创业、创新＋创投”的协同互动发展格局，进一步扩大创业投资规模，促进创业投资做大做强做优，培育一批具有国际影响力和竞争力的中国创业投资品牌，推动我国创业投资行业跻身世界先进行列。

（二）基本原则。

一是坚持服务实体。创业投资是改善投资结构、增加有效投资的重要手段。要进一步深化简政放权、放管结合、优化服务改革，创新监管方式，既要重视发挥大企业的骨干作用，也要通过创业投资激发广大中小企业的创造力和活力。以支持实体经济发展、助力创业企业发展为本，引导创业投资企业和创业投资管理企业秉承价值投资理念，鼓励长期投资和价值投资，防范和化解投资估值“泡沫化”可能引发的市场风险，积极应对新动能成长过程中对传统产业和行业可能造成的冲击，妥善处理好各种矛盾，加大对实体经济支持的力度，增强可持续性，构建“实体创投”投资环境。

二是坚持专业运作。以市场为导向，充分调动民间投资和市场主体的积极性，发挥市场规则作用，激发民间创新模式，防止同质化竞争。鼓励创业投资企业和创业投资管理企业从自身独特优势出发，强化专业化投资理念和投资策略，深化内部体制机制创新，加强对投资项目的投后管理和增值服务，不断提高创业投资行业专业化运作和管理水平，夯实“专业创投”运行基础。

三是坚持信用为本。以诚信为兴业之本、发展之基，加强创业投资行业信用体系建设，建立和完善守信联合激励和失信联合惩戒制度，促进创业投资企业和创业投资管理企业诚信守法，忠实履行对投资者的诚信义务，创建

“信用创投”发展环境。

四是坚持社会责任。围绕推进创新型国家建设、支持大众创业、万众创新、促进经济结构调整和产业转型升级的使命和社会责任，推动创业投资行业严格按照国家有关法律法规和相关产业政策开展投资运营活动，按照市场化、法治化原则，促进创业投资良性竞争和绿色发展，共同维护良好市场秩序，树立“责任创投”价值理念。

二、培育多元创业投资主体

（三）加快培育形成各具特色、充满活力的创业投资机构体系。鼓励各类机构投资者和个人依法设立公司型、合伙型创业投资企业。鼓励行业骨干企业、创业孵化器、产业（技术）创新中心、创业服务中心、保险资产管理机构等创业创新资源丰富的相关机构参与创业投资。鼓励具有资本实力和管理经验的个人通过依法设立一人公司从事创业投资活动。鼓励和规范发展市场化运作、专业化管理的创业投资母基金。（国家发展改革委、科技部、工业和信息化部、人力资源社会保障部、商务部、国务院国资委、工商总局、银监会、证监会、保监会按职责分工负责）

（四）积极鼓励包括天使投资人在内的各类个人从事创业投资活动。鼓励成立公益性天使投资人联盟等各类平台组织，培育和壮大天使投资人群体，促进天使投资人与创业企业及创业投资企业的信息交流与合作，营造良好的天使投资氛围，推动天使投资事业发展。规范发展互联网股权融资平台，为各类个人直接投资创业企业提供信息和技术服务。（国家发展改革委、科技部、证监会按职责分工负责）

三、多渠道拓宽创业投资资金来源

（五）大力培育和发展合格投资者。在风险可控、安全流动的前提下，支持中央企业、地方国有企业、保险公司、大学基金等各类机构投资者投资创业投资企业和创业投资母基金。鼓励信托公司遵循价值投资和长期投资理念，充分发挥既能进行创业投资又能发放贷款的优势，积极探索新产品、新模式，为创业企业提供综合化、个性化金融和投融资服务。培育合格个人投资者，支持具有风险识别和风险承受能力的个人参与投资创业投资企业。（国家发展改革委、财政部、国务院国资委、银监会、证监会、保监会按职责分工负责）

（六）建立股权债权等联动机制。按照依法合规、风险可控、商业可持续的原则，建立创业投资企业与各类金融机构长期性、市场化合作机制，进一步降低商业保险资金进入创业投资领域的门槛，推动发展投贷联动、投保联动、投债联动等新模式，不断加大对创业投资企业的投融资支持。加强“防火墙”相关制度建设，有效防范道德风险。支持银行业金融机构积极稳妥开展并购贷款业务，提高对创业企业兼并重组的金融服务水平。完善银行业金融机构投贷联动机制，稳妥有序推进投贷联动业务试点，推动投贷联动金融服务模式创新。支持创业投资企业及其股东依法依规发行企业债券和其他债务融资工具融资，增强投资能力。（国家发展改革委、科技部、人民银行、银监会、证监会、保监会按职责分工负责）

四、加强政府引导和政策扶持

（七）完善创业投资税收政策。按照税收中性、税收公平原则和税制改革方向与要求，统筹研究鼓励创业投资企业和天使投资人投资种子期、初创期等科技型企业的税收支持政策，进一步完善创业投资企业投资抵扣税收优惠政策，研究开展天使投资人个人所得税政策试点工作。（国家发展改革委、科技部、财政部、商务部、税务总局、证监会按职责分工负责）

（八）建立创业投资与政府项目对接机制。在全面创新改革试验区域、双创示范基地、国家高新区、国家自主创新示范区、产业（技术）创新中心、科技企业孵化器、众创空间等，开放项目（企业）资源，充分利用政府项目资源优势，搭建创业投资与企业信息共享平台，打通创业资本和项目之间的通道，引导创业投资企业投资于国家科技计划（专项、基金等）形成科技成果的转化。挖掘农业领域创业投资潜力，依托农村产业融合发展园区、农业产业化示范基地、农民工返乡创业园等，通过发展第二、三产业，改造提升第一产业。有关方面要配合做好项目对接和服务。（国家发展改革委、科技部、工业和信息化部、农业部、商务部按职责分工负责）

（九）研究鼓励长期投资的政策措施。倡导长期投资和价值投资理念，研究对专注于长期投资和价值投资的创业投资企业在企业债券发行、引导基金扶持、政府项目对接、市场化退出等方面给予必要的政策支持。研究建立所投资企业上市解禁期与上市前投资期限长短反向挂钩的制度安排。（国家发展

改革委、科技部、财政部、人民银行、证监会按职责分工负责）

（十）发挥政府资金的引导作用。充分发挥政府设立的创业投资引导基金作用，加强规范管理，加大力度培育新的经济增长点，促进就业增长。充分发挥国家新兴产业创业投资引导基金、国家中小企业发展基金、国家科技成果转化引导基金等已设立基金的作用。对于已设立基金未覆盖且需要政府引导支持的领域，鼓励有条件的地方按照“政府引导、市场化运作”原则推动设立创业投资引导基金，发挥财政资金的引导和聚集放大作用，引导民间投资等社会资本投入。进一步提高创业投资引导基金市场化运作效率，促进政策目标实现，维护出资人权益。鼓励创业投资引导基金注资市场化母基金，由专业化创业投资管理机构受托管理引导基金。综合运用参股基金、联合投资、融资担保、政府出资适当让利于社会出资等多种方式，进一步发挥政府资金在引导民间投资、扩大直接融资、弥补市场失灵等方面的作用。建立并完善创业投资引导基金中政府出资的绩效评价制度。（国家发展改革委、科技部、工业和信息化部、财政部按职责分工负责）

五、完善创业投资相关法律法规

（十一）构建符合创业投资行业特点的法制环境。进一步完善促进创业投资发展相关法律法规，研究推动相关立法工作，推动完善公司法和合伙企业法。完善创业投资相关管理制度，推动私募投资基金管理暂行条例尽快出台，对创业投资企业和创业投资管理企业实行差异化监管和行业自律。完善外商投资创业投资企业管理制度。（国家发展改革委、商务部、证监会按职责分工负责）

（十二）落实和完善国有创业投资管理制度。鼓励国有企业集众智，开拓广阔市场空间，增强国有企业竞争力。支持有需求、有条件的国有企业依法依规、按照市场化方式设立或参股创业投资企业和创业投资母基金。强化国有创业投资企业对种子期、初创期等创业企业的支持，鼓励国有创业投资企业追求长期投资收益。健全符合创业投资行业特点和发展规律的国有创业投资管理体制，完善国有创业投资企业的监督考核、激励约束机制和股权转让方式，形成鼓励创业、宽容失败的国有创业投资生态环境。支持具备条件的国有创业投资企业开展混合所有制改革试点，探索国有创业投资企业和创业投资管理企业核心团队持股和跟投。探索地方政府融资平台公司转型升级为创业投资企业。依法依规豁免国有创业投资企业和国有创业投资引导基金国有股转持义务。（国家发展改革委、财政部、国务院国资委、证监会按职责分工负责）

六、进一步完善创业投资退出机制

（十三）拓宽创业投资市场化退出渠道。充分发挥主板、创业板、全国中小企业股份转让系统以及区域性股权市场功能，畅通创业投资市场化退出渠道。完善全国中小企业股份转让系统交易机制，改善市场流动性。支持机构间私募产品报价与服务系统、证券公司柜台市场开展直接融资业务。鼓励创业投资以并购重组等方式实现市场化退出，规范发展专业化并购基金。（证监会牵头负责）

七、优化创业投资市场环境

（十四）优化监管环境。实施更多的普惠性支持政策措施，营造公平竞争的发展环境，深化简政放权、放管结合、优化服务改革，搞好服务，激发活力。坚持适度监管、差异监管和统一功能监管，创新监管方式，有效防范系统性区域性风险。对创业投资企业在行业管理、备案登记等方面采取与其他私募基金区别对待的差异化监管政策，建立适应创业投资行业特点的宽市场准入、重事中事后监管的适度而有效的监管体制。加强信息披露和风险揭示，引导创业投资企业建立以实体投资、价值投资和长期投资为导向的合理的投资估值机制。对不进行实业投资、从事上市公司股票交易、助推投资泡沫及其他扰乱市场秩序的创业投资企业建立清查清退制度。建立行业规范，强化创业投资企业内控机制、合规管理和风险管理机制。加强投资者保护，特别是要进一步完善产权保护制度，依法保护产权和投资者合法经营、合法权益和合法财产。加强投资者教育，相关投资者应为具有风险识别和风险承受能力的合格投资者。建立并完善募集资金的托管制度，规范创业投资企业募集资金行为，打击违法违规募集资金行为。健全对创业投资企业募集资金、投资运作等与保护投资者权益相关的制度规范，加强日常监管。（国家发展改革委、科技部、国务院国资委、证监会按职责分工负责）

（十五）优化商事环境。各地区、各部门不得自行出台限制创业投资企业和创业投资管理企业市场准入和发展的有关政策。建立创业投资行业发展备案和监管备案互联互通机制，为创业投资企业备案提供便利，放宽创业投资企业的市场准入。持续深化商事制度改革，提高工商登记注册便利化水平。促进创业投资行业加强品牌建设。（国家发展改革委、工商总局、证监会会同各有关部门按职责分工负责）

（十六）优化信用环境。有关部门、行业组织和社会征信机构要进一步建立健全创业投资企业、创业投资管理企业及其从业人员信用记录，实现创业投资领域信用记录全覆盖。推动创业投资领域信用信息纳入全国信用信息共享平台，并与企业信用信息公示系统实现互联互通。依法依规在“信用中国”网站和企业信用信息公示系统公示相关信息。加快建立创业投资领域严重失信黑名单制度，鼓励有关社会组织探索建立守信红名单制度，依托全国信用信息共享平台，按照有关法律法规和政策规定实施守信联合激励和失信联合惩戒。建立健全创业投资行业信用服务机制，推广使用信用产品。（国家发展改革委、商务部、人民银行、工商总局、证监会按职责分工负责）

（十七）严格保护知识产权。完善知识产权保护相关法律法规和制度规定，加强对创业创新早期知识产权保护，在市场竞争中培育更多自主品牌，健全知识产权侵权查处机制，依法惩治侵犯知识产权的违法犯罪行为，将企业行政处罚、黑名单等信息纳入全国信用信息共享平台，对严重侵犯知识产权的责任主体实施联合惩戒，并通过“信用中国”网站、企业信用信息公示系统等进行公示，创造鼓励创业投资的良好知识产权保护环境。（国家发展改革委、人民银行、工商总局、知识产权局、证监会等按职责分工负责）

八、推动创业投资行业双向开放

（十八）有序扩大创业投资对外开放。发展创业投资要坚持走开放式发展道路，通过吸引境外投资，引进国际先进经验、技术和管理模式，提升我国创业投资企业的国际竞争力。按照对内外资一视同仁的原则，放宽外商投资准入，简化管理流程，鼓励外资扩大创业投资规模，加大对种子期、初创期创业企业支持力度。鼓励和支持境内外投资者在跨境创业投资及相关的投资贸易活动中使用人民币。允许外资创业投资企业按照实际投资规模将外汇资

本金结汇所得的人民币划入被投资企业。(国家发展改革委、商务部、人民银行、国家外汇局按职责分工负责)

(十九)鼓励境内有实力的创业投资企业积极稳妥“走出去”。完善境外投资相关管理制度,引导和鼓励创业投资企业加大对境外及港、澳、台地区高端研发项目的投资,积极分享高端技术成果。(国家发展改革委、商务部、人民银行、国家外汇局按职责分工负责)

九、完善创业投资行业自律和服务体系

(二十)加强行业自律。加快推进依法设立全国性创业投资行业协会,鼓励具备条件的地区成立创业投资协会组织,搭建行业协会交流服务平台。充分发挥行业协会在行业自律管理和政府与市场沟通中的积极作用,加强行业协会在政策对接、会员服务、信息咨询、数据统计、行业发展报告、人才培养、国际交流合作等方面的能力建设,支持行业协会推动创业投资行业信用体系建设和社会责任建设,维护有利于行业持续健康发展的良好市场秩序。(国家发展改革委、科技部、民政部、证监会按职责分工负责)

(二十一)健全创业投资服务体系。加强与创业投资相关的会计、征信、信息、托管、法律、咨询、教育培训等各类中介服务体系建设。支持创业投资协会组织通过高等学校、科研院所、群团组织、创业投资企业、创业投资管理企业、天使投资人等多种渠道,以多种方式加强创业投资专业人才培养,加大教育培训力度,吸引更多的优秀人才从事创业投资,提高创业投资的精准度。(国家发展改革委、科技部、证监会按职责分工负责)

十、加强各方统筹协调

(二十二)加强政策顶层设计和统筹协调。国家发展改革委要会同有关部门加强促进创业投资发展的政策协调,建立部门之间、部门与地方之间政策协调联动机制,加强创业投资行业发展政策和监管政策的协同配合,增强政策针对性、连续性、协同性。建立相关政府部门促进创业投资行业发展的信息共享机制。(国家发展改革委、证监会会同有关部门按职责分工负责)

各地区、各部门要把促进创业投资持续健康发展作为深入实施创新驱动发展战略、推动大众创业、万众创新、促进经济结构调整和产业转型升级的一项重要举措,按照职责分工抓紧制定相关配套措施,加强沟通协调,形成工作合力，确保各项政策及时落实到位，积极发展新经济、培育新动能、改造提升传统动能，推动中国经济保持中高速增长、迈向中高端水平。

国务院

2016年9月16日

附录2-2 《财政部 税务总局关于创业投资企业和天使投资个人有关税收政策的通知》（财税［2018］55号）

各省、自治区、直辖市、计划单列市财政厅（局）、国家税务局、地方税务局，新疆生产建设兵团财政局：

为进一步支持创业投资发展，现就创业投资企业和天使投资个人有关税收政策问题通知如下：

一、税收政策内容

（一）公司制创业投资企业采取股权投资方式直接投资于种子期、初创期科技型企业（以下简称初创科技型企业）满2年（24个月，下同）的，可以按照投资额的70%在股权持有满2年的当年抵扣该公司制创业投资企业的应纳税所得额；当年不足抵扣的，可以在以后纳税年度结转抵扣。

（二）有限合伙制创业投资企业（以下简称合伙创投企业）采取股权投资方式直接投资于初创科技型企业满2年的，该合伙创投企业的合伙人分别按以下方式处理：

1.法人合伙人可以按照对初创科技型企业投资额的70%抵扣法人合伙人从合伙创投企业分得的所得；当年不足抵扣的，可以在以后纳税年度结转抵扣。

2.个人合伙人可以按照对初创科技型企业投资额的70%抵扣个人合伙人从合伙创投企业分得的经营所得；当年不足抵扣的，可以在以后纳税年度结转抵扣。

（三）天使投资个人采取股权投资方式直接投资于初创科技型企业满2年的，可以按照投资额的70%抵扣转让该初创科技型企业股权取得的应纳税所得额；当期不足抵扣的，可以在以后取得转让该初创科技型企业股权的应纳税所得额时结转抵扣。

天使投资个人投资多个初创科技型企业的，对其中办理注销清算的初创科技型企业，天使投资个人对其投资额的70%尚未抵扣完的，可自注销清算之日起36个月内抵扣天使投资个人转让其他初创科技型企业股权取得的应纳税所得额。

二、相关政策条件

（一）本通知所称初创科技型企业，应同时符合以下条件：

1.在中国境内（不包括港、澳、台地区）注册成立、实行查账征收的居民企业；

2.接受投资时，从业人数不超过200人，其中具有大学本科以上学历的从业人数不低于30%；资产总额和年销售收入均不超过3000万元；

3.接受投资时设立时间不超过5年（60个月）；

4.接受投资时以及接受投资后2年内未在境内外证券交易所上市；

5.接受投资当年及下一纳税年度，研发费用总额占成本费用支出的比例不低于20%。

（二）享受本通知规定税收政策的创业投资企业，应同时符合以下条件：

1.在中国境内（不含港、澳、台地区）注册成立、实行查账征收的居民企业或合伙创投企业，且不属于被投资初创科技型企业的发起人；

2.符合《创业投资企业管理暂行办法》（发展改革委等10部门令第39号）规定或者《私募投资基金监督管理暂行办法》（证监会令第105号）关于创业投资基金的特别规定，按照上述规定完成备案且规范运作；

3.投资后2年内，创业投资企业及其关联方持有被投资初创科技型企业的股权比例合计应低于50%。

（三）享受本通知规定的税收政策的天使投资个人，应同时符合以下条件：

1.不属于被投资初创科技型企业的发起人、雇员或其亲属（包括配偶、父母、子女、祖父母、外祖父母、孙子女、外孙子女、兄弟姐妹，下同），且与被投资初创科技型企业不存在劳务派遣等关系；

2.投资后2年内，本人及其亲属持有被投资初创科技型企业股权比例合计应低于50%。

（四）享受本通知规定的税收政策的投资，仅限于通过向被投资初创科技型企业直接支付现金方式取得的股权投资，不包括受让其他股东的存量股权。

三、管理事项及管理要求

（一）本通知所称研发费用口径，按照《财政部　国家税务总局　科技部关于完善研究开发费用税前加计扣除政策的通知》（财税〔2015〕119号）等规定执行。

（二）本通知所称从业人数，包括与企业建立劳动关系的职工人员及企业接受的劳务派遣人员。从业人数和资产总额指标，按照企业接受投资前连续12个月的平均数计算，不足12个月的，按实际月数平均计算。

本通知所称销售收入，包括主营业务收入与其他业务收入；年销售收入指标，按照企业接受投资前连续12个月的累计数计算，不足12个月的，按实际月数累计计算。

本通知所称成本费用，包括主营业务成本、其他业务成本、销售费用、管理费用、财务费用。

（三）本通知所称投资额，按照创业投资企业或天使投资个人对初创科技型企业的实缴投资额确定。

合伙创投企业的合伙人对初创科技型企业的投资额，按照合伙创投企业对初创科技型企业的实缴投资额和合伙协议约定的合伙人占合伙创投企业的出资比例计算确定。合伙人从合伙创投企业分得的所得，按照《财政部　国家税务总局关于合伙企业合伙人所得税问题的通知》（财税〔2008〕159号）规定计算。

（四）天使投资个人、公司制创业投资企业、合伙创投企业、合伙创投企业法人合伙人、被投资初创科技型企业应按规定办理优惠手续。

（五）初创科技型企业接受天使投资个人投资满2年，在上海证券交易所、深圳证券交易所上市的，天使投资个人转让该企业股票时，按照现行限售股有关规定执行，其尚未抵扣的投资额，在税款清算时一并计算抵扣。

（六）享受本通知规定的税收政策的纳税人，其主管税务机关对被投资企业是否符合初创科技型企业条件有异议的，可以转请被投资企业主管税务机关提供相关材料。对纳税人提供虚假资料，违规享受税收政策的，应按税收征管法相关规定处理，并将其列入失信纳税人名单，按规定实施联合惩戒措施。

四、执行时间

本通知规定的天使投资个人所得税政策自2018年7月1日起执行，其他各项政策自2018年1月1日起执行。执行日期前2年内发生的投资，在执行日期后投资满2年，且符合本通知规定的其他条件的，可以适用本通知规定的税收政策。

《财政部　税务总局关于创业投资企业和天使投资个人有关税收试点政策的通知》（财税〔2017〕38号）自2018年7月1日起废止，符合试点政策条件的投资额可按本通知的规定继续抵扣。

财政部　税务总局

2018年5月14日

附录2-3 《中华人民共和国国民经济和社会发展第十四个五年规划和2035年远景目标纲要》节选（2021.3）

（备注：在第二篇第五章第三节中，明确提出“……鼓励发展天使投资、创业投资，更好发挥创业投资引导基金和私募股权基金作用”。）

第二篇　坚持创新驱动发展　全面塑造发展新优势

……

第五章　提升企业技术创新能力

完善技术创新市场导向机制，强化企业创新主体地位，促进各类创新要素向企业集聚，形成以企业为主体、市场为导向、产学研用深度融合的技术创新体系。

第一节　激励企业加大研发投入

实施更大力度的研发费用加计扣除、高新技术企业税收优惠等普惠性政策。拓展优化首台（套）重大技术装备保险补偿和激励政策，发挥重大工程牵引示范作用，运用政府采购政策支持创新产品和服务。通过完善标准、质量和竞争规制等措施，增强企业创新动力。健全鼓励国有企业研发的考核制度，设立独立核算、免于增值保值考核、容错纠错的研发准备金制度，确保中央国有工业企业研发支出年增长率明显超过全国平均水平。完善激励科技型中小企业创新的税收优惠政策。

第二节 支持产业共性基础技术研发

集中力量整合提升一批关键共性技术平台，支持行业龙头企业联合高等院校、科研院所和行业上下游企业共建国家产业创新中心，承担国家重大科技项目。支持有条件企业联合转制科研院所组建行业研究院，提供公益性共性技术服务。打造新型共性技术平台，解决跨行业跨领域关键共性技术问题。发挥大企业引领支撑作用，支持创新型中小微企业成长为创新重要发源地，推动产业链上中下游、大中小企业融通创新。鼓励有条件地方依托产业集群创办混合所有制产业技术研究院，服务区域关键共性技术研发。

第三节 完善企业创新服务体系

推动国家科研平台、科技报告、科研数据进一步向企业开放，创新科技成果转化机制，鼓励将符合条件的由财政资金支持形成的科技成果许可给中小企业使用。推进创新创业机构改革，建设专业化市场化技术转移机构和技术经理人队伍。完善金融支持创新体系，鼓励金融机构发展知识产权质押融资、科技保险等科技金融产品，开展科技成果转化贷款风险补偿试点。畅通科技型企业国内上市融资渠道，增强科创板“硬科技”特色，提升创业板服务成长型创新创业企业功能，鼓励发展天使投资、创业投资，更好发挥创业投资引导基金和私募股权基金作用。

附录2-4 《深圳市天使投资引导基金申报指南及遴选办法》（2020.4）

一、天使母基金定位

深圳市天使投资引导基金有限公司（以下简称“天使母基金”）是由深圳市引导基金投资有限公司出资设立，委托深圳市天使投资引导基金管理有限公司（以下简称“管理公司”）按市场化方式运营。天使母基金主要通过投资各类天使投资基金（以下简称“子基金”），发挥市场资源配置作用和财政资金引导放大作用，引导社会资本投向天使类项目，大力培育战略性新兴产业，促进产业转型升级，助力深圳打造国际一流创新创业城市。

二、子基金申请机构应具备的条件

（一）境内申请机构：

1.依法设立且已在相关主管部门或行业自律组织登记备案；

2.实缴资本不低于1000万元人民币；

3.未被中国证券投资基金业协会列为异常机构且不存在不良诚信记录等情形；

4.最近三年不存在重大违法违规行为。

（二）境外申请机构：

1.经所在国家或地区监管机构批准从事股权投资管理业务，具备当地监管机构颁发的许可证件；

2.净资产不低于200万美元或等值货币；

3.经营管理境外投资基金，持续运营3年以上，有良好的投资业绩，健全的治理机构和完善的内控制度；

4.最近三年未受所在国家或地区监管机构的重大处罚，无重大事项正在接受司法部门、监管机构的立案调查；

5.至少拥有1名具备5年以上，2名具备3年以上境外基金投资管理经验和相关专业资质的主要投资人员。

（三）国内外知名高等院校、科研院所、重点实验室等技术源头单位、国际知名的技术转移机构及国家级科技企业孵化器等科技成果转化机构。

（四）申请机构的其他要求。

天使母基金重点投资于有行业或者产业经验及背景的投资人所管理的子基金，对以下机构所管理的子基金优先考虑：

1.有出色投资记录、行业排名在前50名的机构（具体参考清科、投中、中国风险投资研究院等第三方知名机构或中国证券投资基金业协会等行业自律组织近三年发布的相关行业排名）；

2.国内外知名高等院校（具体参考国家“双一流”建设高校名单或近三

年世界知名高校综合排名前100名高校名单）；

3.科研院所（具体参考在国家、省、市事业单位登记管理局登记的科研院所，或遴选世界顶级科研院所）；

4.重点实验室（具体参考国家实验室、国家重点实验室、国家研究中心等国家科技创新基地或遴选世界顶级实验室）；

5.国际知名的技术转移机构（具体参考科技部国家技术转移示范机构，且申请机构最近一次国家技术转移示范机构定期考核评价结果为“优秀”或“良好”，或遴选世界顶级技术转移机构）；

6.国家级科技企业孵化器［国家级科技企业孵化器是指《科技企业孵化器管理办法》（国科发区〔2018〕300号）有关规定，经科技部认定并公示的科技企业孵化器，且申请机构最近一次国家级科技企业孵化器年度考核评价结果为“优秀”或“良好”］。

三、子基金管理机构应具备的条件

（一）管理资质：子基金管理机构须由申请机构或其关联方担任，在与天使母基金正式签订合伙协议（或公司章程）前，实缴出资不低于1000万元人民币，并须在天使母基金对子基金投资决策前取得私募股权投资基金管理人相关登记备案资质。

关联方是指某一主体直接或间接控制的相关主体，或直接或间接控制该主体的相关主体，或与该主体受到同一主体直接或间接控制的相关主体。

（二）注册区域：子基金管理机构原则上须在深圳注册。经投委会批准，清科、投中、中国风险投资研究院等第三方知名机构近一年发布的相关行业排名前30名的机构首次申请天使母基金的除外。

（三）管理团队：子基金管理机构须在深圳设置固定的办公场所并配备专属且稳定的管理团队，至少有3名具备3年以上早期项目投资经验或相关行业经验的高级管理人员，至少1名核心人员常驻深圳办公或在深圳缴纳社保；管理团队主要成员未有受过行政主管机关或司法机关处罚的不良记录。

（四）投资能力：子基金管理机构须至少满足下列条件之一：

1. 子基金管理机构或其主要股东（公司制）、普通合伙人（合伙制）自有资金及管理的基金累计投资天使类项目（不含以发起人、雇员或主要股东亲属身份投资的天使类项目）资金规模不低于1亿元人民币（或等值货币），且有3个（含）以上成功投资的案例。成功投资的案例是指首两轮外部机构投资项目或者初创期、早中期项目，以现金方式退出部分或全部股权，且该退出部分股权投资收益率超过50%；

2. 子基金管理机构或其主要股东（公司制）、普通合伙人（合伙制）或3名以上管理团队主要成员以骨干身份，共同累计管理创业投资基金实缴规模不低于5亿元人民币（或等值货币），且有3个（含）以上成功投资的案例；

3. 子基金管理机构或其主要股东（公司制）、普通合伙人（合伙制）为国内外知名高等院校、科研院所、重点实验室等技术源头单位或国际知名技术转移机构等科技成果转化机构的，该单位最近5年内科技成果转化项目或技术转移项目融资总金额累计不低于1亿元人民币（或等值货币）；

4. 子基金管理机构或其主要股东（公司制）、普通合伙人（合伙制）为国家级科技企业孵化器等协助科技成果转化单位的，最近5年内与该单位签订含有融资服务条款协议的企业在签订协议后获得的投资金额累计不低于1亿元人民币（或等值货币）。

（五）风险控制：管理和投资运作规范，具有完整的投资决策程序、全面的风险控制机制和健全的财务管理制度。

（六）募资能力：子基金管理机构应向《私募投资基金监督管理暂行办法》等所规定的合格投资者募集资金。以合伙企业、契约等非法人形式，通过汇集投资者的资金直接或者间接投资于子基金的，子基金管理机构应当穿透核查最终投资者是否为合格投资者，并合并计算投资者人数。子基金管理机构应当勤勉尽责，核实各出资人是否符合国家相关政策法规规定的合格投资者要求；天使母基金申报方案由子基金申请机构负责提交。申请新设子基金的，子基金申请机构在提交基金申报方案时，须至少已经募集到拟设立子基金总规模的30%资金（不含天使母基金出资部分），并提供拟出资人的出资承诺函、出资能力证明等材料（拟出资人为各级人民政府或其职能部门直接出资的政府投资基金除外，但应提供同等效力的证明材料），子基金申报方案获得通过后，在签署合伙协议（或公司章程）时，该申报方案中已承诺出资的社会出资人变动调整不得超过50%。

（七）申请时限：申请天使母基金增资的子基金注册时间不超过12个月（自子基金工商注册之日起至天使母基金受理其申请之日止，天使母基金对已参股子基金的增资不受该条款时间限制，但须满足本申报指南及遴选办法第三条要求），同时须提供子基金现有全体出资人同意申请天使母基金出资且以平价增资并豁免天使母基金罚息及同意天使母基金享有子基金已投资项目收益（如有）的合伙人会议决议或股东会决议。

四、子基金设立要求

天使母基金参股设立子基金或对已设立子基金增资，子基金须符合下列要求：

（一）注册区域：子基金注册在深圳市。

（二）基金规模：子基金规模原则上应与其管理机构的投资能力［投资能力的标准参考本申报指南及遴选办法第三条第（四）款］相匹配。天使母基金对单只子基金出资规模原则上不超过2亿元人民币。

（三）出资比例：子基金向天使母基金申请的出资比例原则上不超过子基金认缴出资总金额的40%。

（四）子基金管理机构或其关联方对子基金的出资比例不低于1%。子基金采用有限合伙制设立的，子基金管理机构或其关联方作为普通合伙人出资比例不低于1%。

子基金管理机构不在深圳注册的，或受了基金委托仅作为基金管理人而未在子基金中出资的，应指定其在深圳注册的关联方出资并承担相应法律责任，且子基金申请机构、管理机构及出资关联方就子基金各项事宜须承担连带责任，并作出书面承诺。

（五）存续期限：子基金存续期限原则上不超过10年。

（六）天使母基金有权在其他出资人的出资款实际到位后再行出资。

（七）投资领域：主要投资于深圳市扶持和鼓励发展的战略性新兴产业、未来产业和其他市政府重点发展的产业。

（八）投资地域：子基金可投实缴金额中投资于在深圳注册登记的企业的比例原则上不低于天使母基金对子基金实缴出资比例的1.75倍，在子基金存续期内，以下情形可将子基金及其管理机构投资于深圳以外的被投企业的投资额计算为子基金投资于在深圳注册登记企业的投资金额，具体包括：

1.子基金投资的深圳以外的被投企业注册地迁往深圳，或被深圳注册登记企业收购（限于控股型收购）的情形。控股型收购是指被投企业被深圳注册登记企业收购后，深圳注册登记企业成为被投企业的控股股东，且深圳注册登记企业按照《企业会计准则》第33号合并财务报表的规定应当将被投企业纳入合并报表范围内；

2.子基金投资的在深圳以外的被投企业通过设立子公司形式将主要生产研发基地落户深圳（子公司资产须不低于子基金对该企业的对应投资金额）的情形；

3.子基金管理机构或其控股股东（公司制）、普通合伙人（合伙制）管理的其他基金或自有资金投资的天使项目注册地迁入深圳，并经市国资委或其指定机构认可同意的情形（该情形下的迁入深圳项目不享受本申报指南及遴选办法规定的让利奖励，不得在市区两级重复进行返投认定，且子基金实际投资于在深圳注册登记企业的金额不得低于天使母基金对子基金实缴出资额）。

（九）投资标的：子基金须全部投向天使类项目（子基金后续追加投资的项目除外），天使类项目被投资企业原则上须满足以下规定：一是子基金的投资须为其首两轮外部机构投资或子基金投资决策时企业设立时间不超过5年；二是从业人数不超过200人，资产总额或年销售收入不超过2000万元人民币。从业人数、资产总额、销售收入定义按照《关于创业投资企业和天使投资个人税收政策有关问题的公告》（国家税务总局公告2018年第43号）执行；三是从事产品研发、生产和服务等符合本申报指南及遴选办法第四条第（七）款要求的产业。

子基金后续追加投资的项目不受上述标准限制。追加投资是指子基金对已经投资的超出天使类项目标准的项目再次投资的行为。

（十）投资限额：除经子基金合伙人大会或股东（大）会审议通过外，子基金投资的项目总数不低于20个，单个项目的投资额原则上不超过子基金总规模的10%。投资期内，子基金可对其已投项目进行追加投资，用于追加投资的额度不超过子基金总规模的30%，追加投资后单个项目累计投资额不超过子基金总规模的20%。

（十一）管理费用：子基金收取的管理费率每年最高不超过实缴金额的3%，且对天使母基金收取管理费的标准不得高于其他出资人。所有与投资项目相关的考察、尽调和第三方合规性审查等费用均由子基金管理机构承担。

（十二）收益分配：子基金投资项目退出后，投资回收资金不得再用于对外投资，须及时按合伙协议（或公司章程）约定向投资人进行分配。分配采取整体“先回本后分利”方式，投资回收资金先按照子基金各出资人实缴出资比例分配给各出资人，直至各出资人收回全部实缴出资，剩余的投资收益再按照子基金合伙协议（或公司章程）等约定的方式予以分配。

（十三）回购及让利机制：

1.为更好地发挥政府资金的引导作用，鼓励子基金投资于在深圳注册的天使类项目，天使母基金设置以下奖励机制，子基金可选择任一方式：

（1）回购。子基金投资期结束后，满足本申报指南及遴选办法要求的子基金，其管理机构及其他出资人可以申请回购天使母基金持有的基金份额；

（2）让利。天使母基金在收回对子基金实缴出资后，以其享有的子基金全部超额收益为上限，向满足本申报指南及遴选办法要求的子基金管理机构及其他出资人进行让利，但不得承诺子基金管理机构及其他出资人投资本金不受损失，不得承诺最低收益，国家另有规定的除外。

子基金存续期结束仍未能完成清算又不选择回购的，天使母基金有权处置其持有的基金份额且不予让利。

2.回购及让利方式如下：

（1）回购方式为回购子基金份额。子基金投资期满后，若子基金满足本申报指南及遴选办法第四条第（八）款、第（九）款要求，且承诺至子基金清算日，满足本申报指南及遴选办法第三条第（三）款要求，子基金管理机构及其他出资人可申请回购天使母基金持有的基金份额，同等条件下，子基金的非财政出资人优先购买。回购价格按照子基金合伙协议（或公司章程）约定计算，并不低于投资本金余额及按中国人民银行公布的同期人民币存款基准利率（高于2%时，按2%计算）计算的收益之和；

（2）让利方式为让渡超额收益。子基金采取项目“即退即分”和基金整体“先回本后分利”原则，在各合伙人收回全部实缴出资后，若子基金满足本申报指南及遴选办法第四条第（八）款、第（九）款要求，天使母基金将投资于深圳地区项目所得全部收益让渡给子基金管理机构和其他出资人。

（十四）投资决策：子基金采取市场化机制运作，由子基金管理机构依据合伙协议（或公司章程）等相关约定进行投资决策。管理公司可向子基金派出代表，监督子基金的投资和运作，但不参与子基金的日常管理。管理公司有权对子基金拟投资项目是否符合合伙协议（或公司章程）、本申报指南及遴选办法及国家相关规定进行合规性审核，并对不合规项目享有否决权；经管理公司行使否决权的项目，子基金不得投资。

（十五）风险控制：

1.子基金不得从事以下业务：

（1）从事融资担保以外的担保、抵押、委托贷款等业务；

（2）投资二级市场股票、期货、房地产、证券投资基金、评级AAA以下的企业债、信托产品、非保本型理财产品、保险计划及其他金融衍生品；

（3）向任何第三方提供赞助、捐赠（经批准的公益性捐赠除外）；

（4）吸收或变相吸收存款，或向第三方提供贷款和资金拆借（以股权投资为目的可转债除外，但不得从事明股实债）；

（5）进行承担无限连带责任的对外投资；

（6）发行信托或集合理财产品募集资金；

（7）其他国家法律法规禁止从事的业务。

2.专注度要求。

子基金合伙协议（或公司章程）须对子基金投委会委员和管理团队的核心人员进行锁定，被锁定人员如发生人员变动须经合伙人大会或股东（大）会等子基金相关权利机构表决通过。在子基金完成70%的投资进度之前，被锁定人员不得作为其他天使基金的关键人参与投资相同领域及地域，子基金管理机构不得募集、管理相同投资领域及地域的其他天使基金。

3.资金托管。

子基金资产须委托一家商业银行深圳分支机构进行托管，托管银行由子基金管理机构选择并经子基金全体出资人一致同意。托管银行接受子基金委托并签订资产托管协议，按照托管协议开展资产托管、资金拨付和结算等日常工作，对投资活动进行动态监管，确保子基金按约定方向投资，定期向管理公司提交银行托管报告。

子基金的闲置资金只能投资于银行存款、国债、地方政府债、政策性金融债、政府支持债券等安全性和流动性较好的资产。

4.天使母基金强制清算及退出权。

子基金管理机构投资未按照本申报指南及遴选办法、子基金合伙协议（或公司章程）约定执行的，管理公司应责成其限期整改并暂停该基金投资。对整改合格的管理机构，管理公司可恢复其基金投资；对整改不合格的管理机构，管理公司有权启动子基金清算程序，并通报天使母基金出资人。

有下列情况之一的，天使母基金有权要求退出，子基金其他出资人须签署一切必要的文件或履行所有必要的程序以确保天使母基金退出，退出价格按照子基金合伙协议（或公司章程）约定计算，并不低于投资本金余额及按中国人民银行公布的同期人民币贷款基准利率计算的收益之和，因天使母基金退出而产生的风险和损失由子基金申请机构和管理机构共同承担：

（1）子基金未按合伙协议（或公司章程）约定投资且未能有效整改的；

（2）天使母基金与子基金管理机构签订投资或合作协议后，未在6个月内完成子基金工商设立登记的；

（3）子基金完成工商设立登记后，子基金其他出资人未在6个月之内完成首期出资的；

（4）天使母基金出资资金拨付至子基金账户后，子基金未开展投资业务超过6个月的；

（5）子基金投资项目不符合本申报指南及遴选办法政策导向的；

（6）子基金运营有违法违规行为并被依法查处的；

（7）子基金管理机构发生实质性变化且未经子基金相关权利机构审议通过的。实质变化包括但不限于：

①子基金管理机构的主要股东（公司制）或普通合伙人（合伙制）发生实质性变化；

②锁定的子基金投委会委员或管理团队核心人员半数（含）以上发生变

化等情况。

子基金设立方案自公示期结束且无异议之日起超过一年，子基金管理机构仍未与天使母基金签署合伙协议（或公司章程）的，天使母基金相关投资决策文件失效，子基金申请机构可另行申请。

5.信息披露。

子基金管理机构应当建立子基金重大事项披露制度。子基金须定期向管理公司提交子基金运营报告、经审计的子基金财务报告和银行托管报告等，管理公司视工作需要可委托专业机构对子基金进行审计。

6.奖惩机制。

（1）对子基金管理机构弄虚作假欺骗天使母基金或不按规定用途使用、截留挪用、挥霍浪费天使母基金资金等行为，管理公司将予以公开谴责并依法追究相关责任，同时有权启动子基金清算程序，并通报管委会；

（2）子基金管理机构在子基金运营中存在违法违规违约行为的，管理公司可视情节严重程度采取公开曝光、行业谴责、强制退出等措施，追究其相应责任。子基金管理机构存在本申报指南及遴选办法第四条第（十五）款第6项（1）的行为，或其他被管理公司认定为严重违法违规的情形，自该等行为或情形发生之日起五年内，子基金管理机构、申请机构以及相关人员皆不得向天使母基金申请设立新的子基金。对严格遵照本申报指南及遴选办法和带来良好回报的子基金管理机构设置信用加分项，优先通过下一期天使母基金的配资审批工作。

五、子基金申报流程

（一）公开征集。

管理公司按照年度投资计划和投资方向，面向社会发布天使母基金申报指南及遴选办法，请申请机构登录官网（www.tsfof.com）自助下载或电话咨询（0755–26165888）。申请采取递交电子材料和纸质材料相结合的方式。请申请机构先将包括盖章扫描版及Word版的电子材料发送至官方邮箱（tsfof@tsfof.com），经管理公司初审认为无须补充的，再提交纸质材料。纸质材料需要正本1本和副本6本，正副本均需加盖骑缝章。申请机构对申请材料的合法性、真实性、有效性、一致性负完全责任。

（二）尽职调查。

管理公司独立或委托第三方机构对子基金申请机构、管理机构（或拟设机构方案）及投资团队开展尽职调查，编制尽职调查报告，并提出投资建议。

（三）投资决策。

完成尽职调查后，管理公司将子基金设立方案、投资建议、尽职调查报告等相关资料提交投委会进行决策。

（四）社会公示。

管理公司将在投委会履行决策程序后10日内对拟投资子基金设立方案进行公示，公示期为5个工作日。公示有异议的，启动相关调查程序。

（五）法律文件的签署和资金拨付。

社会公示无异议或者有异议但经调查异议不成立的，管理公司将及时与子基金管理机构开展子基金合伙协议（或公司章程）等各项法律文件的起草、谈判、修订工作，形成最终版本后由天使母基金签署盖章和进行资金拨付。

（六）投后管理及退出。

管理公司负责开展投后管理，办理投资回收与退出。为营造良好的天使投资生态圈，提升子基金规范运营、业务拓展等方面的能力，管理公司对子基金投后管理措施包括但不限于运作情况信息汇总、绩效评价、子基金投后事项的合规性复核等。

附录2-5 《深圳市天使投资引导基金有限公司跟进投资合作机构筛选标准》（2021.5）

第一条 为推进深圳市天使投资引导基金有限公司（以下简称“天使母基金”）跟进投资业务的良性开展，增进天使母基金与优质机构的合作，根据《深圳市天使投资引导基金实施细则》（以下简称《实施细则》）和《深圳市天使投资引导基金直投业务暂行实施办法》，制定本筛选标准。

第二条 本办法所称跟进投资是指对满足条件的创业投资机构（以下简称“合作机构”）选定投资的深圳市及有意愿落地深圳市的天使类项目，天使母基金与合作机构以同等价格共同投资。

第三条 符合如下标准之一的私募基金管理机构可以认定为合作机构：

（一）入围清科近三年发布的“中国早期投资机构”“中国创业投资机构”中排名前30名、“中国私募股权投资机构”中排名前10名或上榜《实施细则》中投资领域相对应的行业细分榜单；

（二）入围投中近三年发布的“中国最佳创业投资机构”“中国最佳早期创业投资机构”中排名前30名、“中国最佳私募股权投资机构”中排名前10名或上榜《实施细则》中投资领域相对应的产业榜单；

（三）入围中国风险投资研究院近三年发布的“中国早期投资机构”“中国影响力VC投资机构”中排名前30名、“中国影响力PE投资机构”中排名前10名或上榜《实施细则》中投资领域相对应的产业榜单。

第四条 符合如下标准之一的企业创业投资机构可以认定为合作机构：

（一）入围近三年清科发布的“中国战略投资者/CVC”、投中发布的“中国最佳企业直投投资机构”、36氪发布的“中国最具影响力CVC”、融资中国发布的“CVC/战略投资者”或创业邦发布的“中国最活跃CVC”；

（二）企业入围近三年财富杂志评选的“世界500强”排行榜，主营业务属于七大战略性新兴产业（新一代信息技术、数字经济、高端装备制造、绿色低碳、海洋经济、新材料和生物医药）；

（三）企业在境内外上市，主营业务属于七大战略性新兴产业（新一代信息技术、数字经济、高端装备制造、绿色低碳、海洋经济、新材料和生物医药），近三年任意一年收入超过100亿元人民币（或等值外币）或者净利润超过5亿元人民币（或等值外币）。

第五条 符合如下条件的以自然人为主要出资人的开展创业投资业务的企业可以认定为合作机构：

（一）累计投资天使类项目资金规模不低于1亿元人民币或等值外币且自然人以现金方式出资金额占机构总出资金额比例不低于50%；

（二）有3个（含）以上成功投资案例，即以现金方式退出部分或全部股权，且该退出部分股权投资收益率超过50%，或者后续轮次融资金额累计超过1亿元人民币或等值外币。

第六条 满足上述筛选标准的主体，且拟合作的管理机构无尚在投资期内天使母基金参股子基金在管的，均可以认定为合作机构。

第七条 推荐非深圳项目入驻天使荟（深圳天使母基金为天使项目提供的集中创业空间）的，合作机构标准可以适当放宽。

第八条 本筛选标准由天使母基金投委会审议，管理公司负责解释，自发布之日起施行。

附录3 访谈提纲

Background背景信息：

1. Date访谈日期　Location地点　Time持续时间

2. Investor受访人　Company/Position单位及职务

Interview Questions访谈问题：

1. What is your investment strategy when you invest in a company? 当您投资一家公司时，您的投资策略是什么？

2. How long have you been investing in companies? 您开展天使投资有多长时间了（投资经验）？

3. How much capital do you have?（in US$） 您的可投资金总额有多少？

4. What was your work experience before becoming a private investor? 在成为个人投资者之前，您有哪些工作经历？

5. What is your educational level? 您的教育程度如何？

6.How many other investors do you typically work with? 您有几个联合投资伙伴？

Average deal平均每笔：______________ Total deals总共：______________

7. What is the total number of company investments? 您的总投资数量有多少？

8. How long are these investments typically held? 对于这些投资，您一般持股多长时间？

9. How many boards of directors are you serving on as a representative of your

investments? 在这些被投资企业中，您获得了多少个董事席位？

10. What type of industries have you invested in? 您过去都投资了哪些行业？

11. Why have you invested in these industries? 为什么选择投资这些行业？

12. Which industries will you invest in today? 您目前投资了哪些行业？（与过去是否有变化？）

13. What investment range are you comfortable with when you make your first investment in a company? 对于一个新投资的公司，您首次投资额通常是多少？

14. What investment range are you comfortable with when you make later, long-term investments? 如果追加投资某一个公司，您后期追加的投资额是多少？您长期性的投资额一般是多少？

15. Do you normally take a majority or minority position in your company investments? Why? 您在被投资企业持股比例是偏多还是偏少（控股还是参股）？为什么？

16.Where do you source your companies that you have invested in? 您一般在哪寻找创业公司？

17. Where do you source your investment funds? 您的投资金来自哪里？

18. What are the most important considerations for you when investing? Identify the three most important in order of importance. 您在投资决策时最看重哪些因素？请说出前三大因素。

19. Do you have any geographical preferences for your investments? Why/why not? 您在投资时有一定的区域偏好吗？为什么？

20. What exit strategies have you used in the past, if any? 您在过去采用了哪些退出策略？

21. What kinds of returns and/or payback period do you expect from your investments? 您预期的投资回报类型或投资回报期是怎样的？

22. How many investments (number of companies) have you made (or will make) during the following years? 您投资了多少家企业？（按照不同年度）

Next year 下一年________________ Current year 今年________________

Last year 上一年________________ 2 years ago 两年前________________

23. How many investments have you made in the following situations? 您投资了多少家企业?(按照不同投资阶段)

Seed Stage (pre-startup) 种子期________________

Early Stage 早期________________

Growth Stage 成长期________________

Late/Mature Stage 成熟期________________

Other (please specify) 其他________________

24. How many hours do you spend working with your investee companies? (Estimate this as a percent of total hours worked.)

您大概花多少工作时间与被投资企业在一起?(估算"投后时间"占总工作时间的比重)

25. Indicate how frequently you perform each of the following services for your investee companies (check the appropriate column).

For example: 50% ~ 75% for "Management recruitment" means that 50% ~ 75% of your investee companies receive this service from you.

请估算下列投后增值服务的覆盖面——有多大比例的被投资企业享受到这类增值服务。

例如,"招聘高管"对应的选项为50% ~ 70%,意味着您协助50% ~ 75%的被投资企业招聘高管。

Services 增值服务	0 ~ 25%	25%(含)~ 50%	50%(含)~ 75%	75%(含)~ 100%
Introduction to customers, suppliers, etc. 介绍客户				
Management recruitment 招聘高管				
Seeking additional financing 寻找额外资本				
Strategic planning and/or writing business plans 打磨商业计划书				

续表

Services 增值服务	0～25%	25%（含）～50%	50%（含）～75%	75%（含）～100%
Operational planning 运营计划				
Resolution of compensation issues 解决赔偿问题				
Entrepreneur's confidant 被投资企业的导师				
Introduction to service providers（lawyers，accountants，consultants，etc.）介绍服务提供者（律师、会计师、顾问等）				
Evaluate management 评估管理层				
Help form and manage the board 协助管理董事会				
Evaluate acquisitions 评估并购计划				
Access to resources of a large company 获取大企业资源				
Initial public offering 上市				
Monitoring financial performance 监督财务				
Selecting vendors and equipment 选择供应商和设备				
Developing production and/or service techniques 发展生产和/或服务技术				
Developing actual products and/or services 开发真实的产品和/或服务				
Testing and/or evaluating marketing plans 测试和/或评估市场计划				
Formulating marketing plans 制订市场计划				
Training 培训				
Providing government relations 建立政府关系				
Other（please specify）其他				

26. From the above services that you provide to your investee companies, identify and rank the 3 most important ones (rank from 1 – most important)? 上述增值服务中，您认为最重要的三个服务是哪些？

27. From the problems listed below, identify the top three that were major difficulties for your investee companies? 在下列问题中，您认为被投资企业遇到最主要的三个困难是哪些？

Ineffective senior management (Chief Executive Officer, President, Chief Operating Officer, Managing Director) 高管团队能力欠佳（CEO、总裁、首席运营官、总经理）

Ineffective functional management (Finance, Marketing, Operations, etc.) 业务管理失败（财务、市场、运营等）

End-user market failed to develop 最终用户发展失败

Channel problems 渠道问题

Competition 竞争力不足

Product/market fit 产品不切合市场需求

Development delayed 发展滞后

Manufacturing failure 生产/制造失败

Poor product performance 产品绩效不理想

Inadequate quality control 质量控制不充分

Excessive government regulations 政府监管过度

Other Categories 其他类别

28. How many times have you initiated the removal of an investee company's/President/Managing Director? 您是否有提议免职被投资企业总裁/总经理的经历？提议过几次？

29. How many times have you initiated the removal of an investee company's functional Manager? 您是否有提议免职被投资企业部门经理的经历？提议过几次？

30. What are the major characteristics and problems for private investors operating in China? 您认为中国投资人（市场）的主要特征是什么？投资时遇

到的主要问题是什么?

31. Evaluate the performance of your portfolio companies as follows：请对投资组合（被投资企业）进行绩效评估：

绩效	Below（低于预期）	Average（等于预期）	Above（高于预期）
交易数量占比			

32. How do you evaluate the effectiveness of your investee companies' performance? 您是如何评估投资绩效的?

33. How would you evaluate the overall performance of your company investments to date（Below, Average, or Above expectations）? Why? 您认为自己的总体投资绩效如何（低于、等于还是高于预期水平）? 为什么?

34. What would you like to see in the future for the informal investing industry in China? 您对中国天使投资市场的未来发展有何期许?